茶馬古道

보이차 향기를 따라 떠나는

차마고도(茶馬古道) 여행

"보이차와 차마고도의 매혹적인 세계"

지은이 | 오세록·김연욱

마이스터

- 일러두기 -

이 책에는 한국식 중국어 표현과 중국 현지 발음이 혼용되어 있습니다. 독자의 이해를 돕기 위해 표기법이나 발음이 일관되지 않을 수 있음을 미리 말씀드립니다.
중국어 발음은 한국어 독음과 원어민 발음이 함께 나타날 수 있으며, 일부 용어는 한국에서 널리 쓰이는 표기를 따랐습니다.
내용을 읽어보실 때 각 표기의 차이를 감안해 주시기 바랍니다.

추천의 글
"삶의 단면을 전해주는 인문 기행서"

차마고도(茶馬古道).

이름만 들어도 마음이 움직이는 길입니다. 그 길 위에 쌓인 시간의 층위와 사람들의 발자취를 따라가다 보면, 단순한 여행이 아니라 인류 문화의 깊이를 마주하게 됩니다. 이 책은 바로 그 여정의 기록입니다.

읽는 내내 감탄스러웠습니다. 보이차를 둘러싼 역사와 삶의 이야기, 그리고 진짜와 가짜를 구분해야 하는 오늘의 과제까지도 성실하게 담아낸 이 책은 단순한 여행서가 아닙니다. 길 위의 사색과 삶의 단면을 깊고 담담하게 전해주는 인문 기행서이며, 동시에 차(茶)를 매개로 사람과 문화, 시간을 연결하는 탁월한 기록입니다.

사진은 탁월하고, 문장은 수려하면서도 생각할 여지를 남깁니다. 무엇보다 글과 사진 사이에 흐르는 진정성이 독자를 자연스럽게 길 위로 이끕니다. 책장을 덮는 순간, '언젠가 나도 이 길을 걸어보고 싶다'는 마음이 들었습니다.

차를 좋아하는 분은 물론, 길 위에서 스스로를 다시 마주하고 싶은 이들에게 이 책을 권합니다. 누구에게나 각자의 '차마고도'가 있다는 사실을, 이 책이 조용히 일깨워 줄 것입니다.

이정식 前 고용노동부 장관

추천의 글
"한 모금의 향기로운 쉼이 되기를…"

좋은 차는 시간을 품는다.

마시는 그 순간보다, 기다린 시간이 더 진한 향으로 되돌아온다. 오세록의 이번 책 『보이차 향기를 따라 떠나는 차마고도의 여행』 역시 그렇다. 차마고도를 걸으며 만난 자연과 사람들, 그리고 차 한 잔에 담긴 역사와 삶의 이야기가 이 책 안에서 은은하게 피어난다.

나는 저자 오세록을 그의 고등학교 시절 담임교사로 처음 만났다. 반장이었던 그는 친구들과의 관계도 원만했고, 무엇이든 끝까지 책임지는 학생이었다. 그로부터 수십 년이 흘렀지만, 그는 변함없이 사람과의 인연을 소중히 여기며 살아왔다. 졸업 후에도 친구들과의 우정을 이어가며, 삶의 한 자락마다 스승을 기억해 주는 고마운 제자다. 그들과 나누는 시간 속에서 나는 종종 깊이 숙성된 보이차 한 잔을 떠올린다. 오랜 기다림 끝에 비로소 우러나오는 진한 향처럼, 그들의 우정과 삶도 시간이 빚어낸 것이다.

이 책은 단순한 여행의 기록이 아니다. 차마고도라는 오래된 길을 따라가며, 저자는 길 위의 삶과 기억을 차곡차곡 쌓아 올린다. 보이차가 단순한 음료를 넘어 한 시대의 흐름과 문화를 품듯, 이 책도 독자에게 사유의 여운을 남긴다. 무언가를 빨리 얻기보다, 오래 지켜보며 기다릴 줄 아는 이들에게 더 깊은 감동을 줄 것이다.

한때 나의 제자였지만, 이제는 삶의 길을 함께 걷는 소중한 제자 오세록. 그가 써 내려간 이 여정의 기록이 많은 이들에게도 한 모금의 향기로운 쉼이 되기를 바란다.

임인호 前 광주숭일고등학교 교장

프롤로그

　　2024년 8월 하순, 아직도 더위가 가시지 않은 늦여름에 우리 일행은 중국의 서남부, 운남성(雲南省·윈난성)의 대지를 밟았다. 차(茶)와 말(馬)의 고대 교역로인 차마고도(茶馬古道)를 직접 마주하기 위해서였다. 그리 길지 않은 일정이었지만, 우리에게는 그 여정이 특별했다. 시간을 거슬러 올라가 역사와 문화를 온몸으로 느낄 수 있는 특별한 통로처럼 느껴졌기 때문이다. 운남성의 울창한 숲과 깎아지른 계곡, 거기에 어우러진 소수민족들의 마을 풍경은 가 보지 않아도 머릿속에 생생하게 그려졌다. '옛길'을 볼 수 있다는 낭만이 우리를 더욱 들뜨게 했다.

　　운남은 산과 물이 어우러진 아름다운 자연경관을 자랑하는 곳이다. 하지만 이 지역의 매력은 단순히 자연에만 국한되지 않는다. 운남은 수천 년 동안 이어져 내려온 독특한 문화와 풍부한 역사가 깃든 곳이다. 그 중 가장 눈에 띄는 유산 중 하나는 차마고도다. 이 고대 무역로에는 중국 남부의 차와 티베트 고원의 말을 교환하던 상인들의 발자취가 고스란히 남아 있다. 차마고도는 단순한 길 이상의 의미를 지닌다. 이 길은 수 세기에 걸쳐 동서양을 연결하는 중요한 통로였다. 중국의 남부 지역과 티베트를 연결하며 두 지역 간의 경제적, 문화적 교류를 가능하게 했다. 차마고도를 오가던 상인들은 차, 말, 소금, 비단 등의 물품을 실어 날랐다. 길이 험난하고 높은 산악지대를 가로지르는 등 그 길을 걷는 것만으로도 상인들에게는 큰 도전이었다. 하지만 이 길을 걸어간 사람들이 끊임없이 이어져 그들의 경험과 이야기가 축적되었고, 이는 오늘날까지 전해지고 있다.

차마고도는 여러 갈래로 나누어져 있으며, 길마다 고유한 풍경과 역사를 간직하고 있다. 우리는 이 책에서 운남성의 차마고도를 따라 여행하며 그곳의 풍경을 소개하고자 한다. 또한, 길에서 만난 사람들의 이야기를 기록하고자 한다. 이 책은 단순한 여행기가 아니라, 차마고도의 역사적, 문화적, 인간적인 면모를 탐구한다.

처음 이 여정을 계획할 때, 우리의 목표는 운남성의 아름다운 자연경관을 감상하고 그 지역의 전통문화를 경험하는 것이었다. 그러나 기대 이상의 성과를 거뒀다. 차마고도를 따라가며 우리는 이 길이 단순한 무역로 이상의 의미를 지닌다는 사실을 깨달았다. 차마고도는 역사의 흐름 속에서 수많은 사람의 삶을 바꿔놓았다. 그 과정에서 형성된 이야기들은 지금까지 살아 숨 쉬고 있었다. 차마고도는 과거와 현재, 미래를 잇는 다리와도 같은 존재로 느껴졌다.

차마고도를 걷는다는 것은 단순히 길을 따라가는 것이 아니다. 그것은 오랜 세월 동안 이어져 온 삶의 흔적을 느끼고, 서로 다른 문화가 만나는 교차점을 경험하는 것이다. 우리는 이 길을 따라 여행하며 운남성의 자연과 문화, 그곳에서 만난 사람들의 삶을 기록하기로 했다. 이 책은 그 여정의 결과물이다. 독자들은 이 책을 통해 차마고도의 숨겨진 이야기를 발견하고, 그 길 위에서 만난 모든 것들을 간접적으로 경험할 수 있기를 희망한다.

이 여행에는 네 명이 함께 했다. 차에 대한 깊이 있는 연구와 발효 과학에 관심을 가진 오세록 ㈜씨에스글로비즈 대표, 한 분야의 전문가들을 연구하고 홍보하는 마이스터연구소 김연욱 소장, 중국 문화와 역사를 오랫동안 연구하고 강의한 중국 문화 전문 교수, 그리고 중국에서

박사 과정을 밟고 있는 연구자까지. 각자의 배경과 관심사는 조금씩 달랐다. 그러나 보이차의 본고장에 가서 직접 맛보고 체험하고 싶은 열망은 같았다. 우리를 단단히 묶어주었던 희망이었다.

　사실 차마고도를 처음 구상했을 때부터 우리는 막연히 '옛 상인들이 거친 길을 따라 걷는다'는 낭만적인 상상을 했다. 하지만 막상 현지에 도착하자 낭만은커녕 험난한 길을 가는 것이 쉽지는 않았다. 예상치 못한 현실의 무게가 눈에 들어왔다. 계곡과 산을 관통해야 하는 험준한 지형, 변화무쌍한 날씨가 계속되면서 우리는 여행 일정을 수정하기에 이르렀다. 그렇지만, 여전히 차나무를 지키며 전통을 이어가는 사람들, 현대의 자본과 투기의 그림자 속에서 갈림길에 서 있는 보이차 시장은 제대로 살펴보기로 했다. 이렇게 운남성은 한 잔의 차 안에 여러 겹의 표정을 담고 있었다. 우리나라와는 비교할 수 없는 거대한 땅덩어리를 짧은 기간에 어찌 다 둘러볼 수 있겠는가. 여행 코스를 대폭 줄이기로 했다. 차마고도를 걷고, 보이차를 알아가는 그 자체를 즐기기로 했다.

　보이차는 그저 '비싸고 맛있는 차'라는 단순한 차원을 넘어, 역사의 깊은 층위와 문화적 스토리를 알아보고 싶었다. 고대에는 말(馬)과 소금 같은 생필품을 교환하기 위해 이 길을 수십, 수백 리씩 오갔다. 상인들은 언덕을 넘고, 계곡을 건너며 땀과 먼지를 뒤집어쓰면서도 찻잎을 지켜냈다. 그들의 숨결이 전설처럼 오늘까지 남아 있다. 지금 보이차는 세계적인 주목을 받으며 투기의 대상이 되기도 하고, 가짜 제품이 넘쳐나 혼란을 일으키기도 한다. 우리가 떠난 이 여정은 겉으로 보이는 '맛'이나 '명성'만이 아닌, 차가 품고 있는 이야기를 온전히 이해하고 싶었다.

　보이차를 향기를 따라 차마고도를 둘러볼 계획을 세우고, 우리는 차마고도의 시작점이나 다름없는 곤명(昆明·쿤밍)을 첫 기착지로 삼았다. 이곳 시장과 골목을 누비며 맛본 현지 음식과 생생한 삶의 모습은 차마고도의 심장부로 들어가기 위한 예열처럼 느껴졌다. 찻집에 들러 현지인들과 스스럼없이 이야기를 나누다 보니, 보이차와 그 문화는 이 지역 사람들의 일상이었다. 그들의 삶 한가운데에 놓여 있었다. 차 한 잔이 마치 그들의 삶을 대변하는 듯 햇다. 이곳 사람들은 조상 대대로 내려온 차나무에서 내려오는 전통에 대한 자부심이 대단했다. 차가 주는 위안과 문화에 깊이 빠져 일상이 되었다.

우리는 차마고도와 보이차 생산의 주요 지점을 순례하듯 이동하며, 운남 소수민족들이 전통과 차 재배 현장을 생생하게 둘러봤다. 보이시(普洱市·푸얼시)에서는 보이차의 본고장다운 웅장함과 역사적 가치를 확인할 수 있었다. 고수차(古樹茶), 즉 수백 년 묵은 차나무에서 채엽(採葉)한 잎으로 만든 차는 묵직하고도 오묘한 풍미를 품고 있었다. 하지만 이런 값진 보이차가 폭발적인 인기에 힘입어 투기와 가짜 제품 문제에 시달리는 명암(明暗)이 교차하고 있었다.

이무산(易武山·이우산) 등 주요 보이차 산지를 둘러볼 때는 발효와 숙성 방식에 따라 맛이 천차만별임을 새삼 체감했다. 또한 서쌍판납(西双版纳·시솽반나) 지역 소수민족과 어우러진 차밭을 보는 순간, 경이 그 자체였다. 우리의 상상 속 '차밭' 풍경이 얼마나 단순했는지를 깨달았다. 더위와 습기를 머금은 짙은 녹음(綠陰), 곳곳에서 들려오는 새소리와 곤충 소리는 우리의 시름을 모두 잊게 해주었다.

이번 여행에서 우리는 여럿이 함께 떠났기에 더 풍성한 이야기를 담을 수 있었다. 대학 강의실에서만 접하던 역사적 사실과 연구 논문 속

통계와 자료들이 현장의 흙냄새, 사람 냄새와 얽혀 살아 움직이는 모습을 직접 목격했다. 시장에서 판매되는 '가짜 보이차'의 실상과 그 피해 사례를 알게 됐을 때는 씁쓸함을 느꼈다. 동시에 이를 막기 위한 정부·업계·연구자들의 노력이 가시화되어야 한다고 생각했다.

이 책은 그 며칠간의 여정에서 우리가 보았고, 느꼈고, 경험한 모든 것을 기록해놓은 여행에세이다. 그러나 단순한 여행기가 아니다. 차마고도와 보이차라는 단어를 통해 전통과 현대가 충돌하고, 협력하며, 다시 조화를 이루는 모습을 들여다본 기록이자 성찰이다. 독자들이 이 책을 펼치는 순간, 곤명의 분주함과 보이의 깊은 차향, 서쌍판납(西雙版納·시솽반나)의 정글 속 열기와 경매산(景迈山·징마이산) 고수차에서 묻어나는 묵직한 스토리가 생생히 전달되기를 바란다.

차마고도는 지금도 살아 숨 쉬고 있다. 그 길을 따라 걸으며 느낀 감동과 교훈, 그 속에 담긴 역사의 무게를 독자들과 나누고자 한다. 이 여정은 단순한 여행이 아닌, 우리 자신을 돌아보고 새로운 시각을 얻는 과정이었다. 독자들도 차마고도와 보이차의 이야기에 귀 기울이며, 그 속에서 무엇인가 하나라도 새로운 발견을 하길 바란다.

차(茶)는 우리가 하나로 연결되어 있음을 일깨워주는 매개체라고 생각한다. 고대 상인들이 차마고도를 오가며 교역했던 것처럼, 오늘날에도 차라는 한 잔의 음료는 사람과 문화를 이어주는 연결고리로 작용하기를 기대한다. 이 책이 여러분의 삶에도 향긋한 차 내음과 잔잔한 성찰을 불러일으키는 한 모금의 시원이 되길 소망한다. 우리가 걸었던 이 옛길이 독자들에게도 또 다른 출발점이자 새로운 발견의 무대가 되기를 진심으로 기원한다.

이제, 차마고도의 길을 따라 떠난다. 그 길 위에서 만나게 될 모든 것들이 여러분을 기다리고 있다. 이 여정이 여러분의 마음에 새로운 영감을 주고, 차마고도의 아름다움과 그 속에 담긴 이야기가 깊이 각인되기를 바란다. 보이차의 향기를 따라 떠나는 차마고도 여행, 이제부터다.

저자 오세록·김연욱

목 차

추천의 글 ··· 4
프롤로그 ··· 6

제1장 자연과 역사의 만남 ····································· 15
　1. 운남성의 관문, 곤명 ·· 16
　2. 곤명의 명소, 곤명노가 ····································· 21
　3. 운남성의 자연·문화·역사 ································· 27
　4. 운남성의 주요 도시와 마을 ······························ 37
　5. 차마고도를 향한 설레임 ··································· 44

제2장 보이차의 향기를 따라 ··································· 57
　1. 보이차란 무엇인가 ··· 58
　2. 보이차의 매력: 자연과 시간, 그리고 인간 ········· 67
　3. 보이차의 기원과 발전 ······································ 79
　4. 차마고도(茶馬古道)의 역사 ······························ 88
　5. 차마고도로 인해 형성된 차 문화 ······················ 97
　6. 교류의 통로, 차마고도 ···································· 103

제3장 보이차와 건강 ··· 119
　1. 항산화 작용과 노화 방지 ································ 120
　2. 소화 개선과 해독 작용 ··································· 130
　3. 혈당·체중 조절 및 심혈관 건강 ······················· 140

제4장 생차와 숙차, 발효와 숙성의 미학 ················ 151
　1. 생차(生茶)의 특징과 맛 ·································· 152
　2. 숙차(熟茶)의 특징과 맛 ·································· 163
　3. 발효와 숙성: 시간의 예술 ······························· 173

제5장 고수차·대수차, 고대 차나무 숲의 신비 ········ **183**
   1. 고수차(古樹茶): 시간과 자연이 빚은 걸작 ············ 184
   2. 대수차(大樹茶): 젊은 차나무의 다양하고 균형 잡힌 맛 ···· 193
   3. 차나무 숲 보전과 자연 친화적 재배 ················ 202

제6정 운남성 주요 생산지 ························ **211**
   1. 징마이산(景迈山): 고대 차나무 숲과 문화경관 ········· 224
   2. 이우산(易武山): 부드럽고 섬세한 풍미 ··············· 235
   3. 라오반장(老班章): 강렬하고 묵직한 '왕의 풍미' ········· 246
   4. 맹해(勐海)와 불해(布海): 대조적이면서 상호 보완적 매력 ···· 257

제7장 가짜 보이차의 세계 ························· **267**
   1. 폭발적 수요와 희소성의 아이러니 ················· 268
   2. 가짜 보이차의 유형 ··························· 281
   3. 가짜 보이차 식별법 ··························· 291

제8장 차와 함께하는 라이프스타일 ················· **301**
   1. 시간과 자연, 그리고 인간이 만들어낸 유산 ·········· 302
   2. 차와의 대화 ································ 312
   3. 명상과 힐링 ································· 321
   4. 보이차가 제안하는 삶의 풍요로움 ················· 332

부록 ·· **344**
에필로그 ····································· **354**

제1장
자연과 역사의 만남

1. 운남성의 관문, 곤명

　　중국 운남성에 막 도착했을 때의 기억은 강렬함 그 자체였다. 곤명 공항에 발을 딛는 순간, 확실히 '대국'이라는 표현이 어색하지 않을 정도로 크고 넓은 시설에 압도되었다. 비행기에서 내리자마자 거대한 공항 건물과 광장이 펼쳐졌고, 내부는 사람들로 북적였다. 이방인으로서 느끼는 설렘과 두려움이 공존했는데, 밀려오는 인파와 활기찬 분위기에 금세 들뜨고 말았다. 후텁지근한 바람이 얼굴에 와 닿았고, 이곳이 고원지대이면서도 아열대 기후라는 사실이 체감되었다. 공항에서 시내로 나가는 택시에 올라탄 뒤 한참을 달렸는데, 창밖으로는 공사 현장과 초록빛 거리가 번갈아 나타났다. 드넓은 간선도로를 따라 끝없이 달려도 도심이 쉽게 끝나지 않는다는 점에서, 역시 대국은 대국이구나 하는 생각이 다시금 들었다.

　　곤명은 '봄의 도시'라는 별칭을 갖고 있을 만큼 날씨가 온화하다고 들었다. 실제로도 한낮의 태양은 따사롭고, 공기가 맑았지만 그만큼 자외선이 강한 듯했다. 약간의 뜨거움이 몸에 배어오고, 땀이 찔끔 흘러내릴 무렵 시내에 도착했다. 숙소에 짐을 풀고 나서 곧바로 점심을 먹기 위해 근처 식당을 찾아나섰다.

　　숙소에서 도보로 10분쯤 걸으니 현지 식당들이 즐비한 거리가 나타났다. 간판마다 붉은색과 금색이 어우러진 전형적인 중국풍이었고, 어떤 가게들은 눈이 번쩍 뜨일 정도로 화려한 장식을 자랑하고 있었다. 가장 사람이 많아 보이는 식당을 골라 들어갔는데, 문을 열자마자 펼쳐진 광경이 정말 대단했다. 음식이 100여 가지 이상 진열되어 있었고, 반찬부터 고기 요리, 채소볶음, 면 종류까지 무척 다양해서 무엇을 골라야 할지 한동안 고민했다. 음식 종류마다 향신료의 농도가 달랐고, 진한 기름 향이 느껴졌다. 옆 테이블을 살펴보니 빠오즈(만두)나 탕수육 비슷한 요리를 시켜 놓고 먹고 있는 사람들이 눈에 띄었다. 메뉴판에는 생소한 이름들이 즐비했지만, 주방 앞에 각종 재료와 조리된 음식이 한눈에 들어와 마음이 편했다.

　직원에게 주문한 음식이 나온 뒤 첫술을 뜨자마자 입안에 퍼지는 향신료와 고추기름의 매콤함에 살짝 놀랐지만, 몇 번 씹다 보니 중독성 있는 풍미가 가득했다. 쫄깃하게 볶아낸 버섯과 고추, 부드러운 두부 요리 등이 잘 어우러져 오히려 입맛을 돋웠다. 다양한 음식이 주는 만족감

제1장 자연과 역사의 만남 17

에 신이 나서 식사를 마친 뒤, 후식으로 달콤한 음료까지 곁들였다. 한 껏 배를 채우고 나오니, 어느새 거리는 더욱 활기차게 변해 있었다.

점심 식사를 마친 뒤에는 곤명에서 꽤 유명하다는 차 문화 거리를 찾아가 보았다. 예로부터 운남성은 차의 고장으로 이름을 알렸고, 특히 보이차(普洱茶)는 전 세계적인 명성을 얻고 있었다. 그래서인지 차문화 거리에 도착했을 때 가게마다 빼곡히 진열된 보이차가 시선을 사로잡았다. 길 양옆으로 늘어선 상점들은 간판에 큼지막하게 '보이차' 혹은 '차'라는 한자를 내세우고 있었고, 문 안쪽을 들여다보면 각양각색의 차통과 상자들이 산더미처럼 쌓여 있었다. 일부 가게에서는 시음을 권유하기도 했는데, 자그마한 도자기 잔에 담긴 보이차를 건네받아 한 모금 마셔보니 구수하고도 진한 맛이 입안 가득 퍼졌다. 차를 우려내는 물건들, 예를 들어 작은 토기나 특이하게 생긴 도자기 찻잔 같은 도구들이 진열되어 있어 눈이 즐거웠다.

어떤 곳은 전통 대나무 바구니에 보관된 보이차를 아예 바닥에 펼쳐 놓았고, 또 다른 곳은 고급스러운 나무 상자에 차를 정성껏 포장해 놓았다. 판매되는 보이차의 가격대도 천차만별이었다. 수십 위안짜리부터 수천 위안을 호가하는 고수차, 수십 년 숙성된 빈티지 차까지 다양했다. 차마다 생산 지역이나 제작 방식의 차이가 있었고, 일부 상인은 그 특성을 장황하게 설명해 주었다. 비록 언어 장벽이 있었지만, 차 한 잔에 깃든 역사와 문화에 대한 자부심만큼은 충분히 느낄 수 있었다.

차문화 거리를 둘러본 뒤 건왕가(乾王街·첸왕거리)와 곤명노가, 마가대원 같은 번화가를 찾았다. 이곳들은 곤명을 대표하는 유흥가이자 쇼핑 거리로도 꼽히는데, 밤이 되면 한층 더 화려해진다고 했다. 낮에도 이미 엄청난 인파가 오가고 있어 거리를 지날 때마다 대형 쇼핑몰, 길거리 노점, 다양한 음식점들이 연이어 나타났다. 습기가 어우러진 더운 공기가 조금은 힘들게 느껴졌지만, 꺼져 가는 여름을 만끽하려는 사람들로 거리는 가득했다. 어딜 가든 명나라·청나라 시절부터 쌓인 문화의 흔적을 찾을 수 있다고는 하지만, 이곳은 비교적 현대적인 색채가 강하게 배어 있었다. 오래된 건물과 세련된 스카이라인이 조화를 이루는 모습이 묘한 매력을 풍겼다.

이렇게 하루를 바쁘게 보내고 나니 어느덧 저녁이 되었고, 첫날 일정을 마무리할 무렵에는 몸이 약간 지쳤다. 방에 들어와 침대 위에 풀썩 주저앉아 창밖 야경을 바라보았다. 화려한 네온사인과 빌딩 숲 너머로 보이는 먼 산의 실루엣이 대조적이었다. 이 도시는 빠르게 성장해 온 듯 보였고, 그 속에서 운남성 고원의 전통과 여유가 함께 공존하는 느낌이 들었다. 조금 더 시간을 두고 천천히 둘러보고 싶은 마음이 커졌다.

2. 곤명의 명소, 곤명노가

　　곤명 시내에서의 첫인상을 가슴에 품고, 우리는 곤명노가를 찾았다. 곤명노가는 운남성의 역사적 중심지 중 하나로 이곳에서 운남성의 전통과 현대가 조화를 이루며 살아 숨 쉬고 있었다. 곤명노가는 오래된 돌길과 고풍스러운 목조 건물들이 줄지어 있는 거리로 그 자체가 하나의 거대한 역사박물관처럼 느껴졌다.

　　곤명노가에 발을 들이자마자, 우리는 과거와 현재가 공존하는 독특한 분위기에 사로잡혔다. 거리의 양쪽에는 옛날의 모습 그대로 남아 있는 전통 건축물들이 줄지어 서 있었다. 이 건물들은 수백 년의 세월 동안 이곳을 지켜온 역사적 증인들이었다. 곤명노가의 길을 걸을 때마다 발 아래에서 느껴지는 질감은 마치 그 시대로의 시간 여행을 하는 듯한 느낌을 주었다.

　　이곳은 관광객들뿐만 아니라, 현지인들에게도 중요한 장소였다. 거리의 상점들은 전통 공예품과 다양한 기념품을 판매하고 있었으며, 곳곳에는 현지인들이 운영하는 작은 식당과 찻집이 자리 잡고 있었다.

　　곤명노가는 단순한 관광지가 아니었다. 이곳에는 오랜 세월 동안 이 도시를 지켜온 사람들의 삶과 이야기가 깃들어 있었다. 작은 골목길을 따라 걷다 보면, 어느새 우리는 옛날 상인들이 이곳을 오가던 모습을 상상하게 되었다. 그들의 발걸음 소리와 상점에서 들려오는 활기찬 목소리가 아직도 이곳에 남아 있는 듯했다.

이곳의 건축물들은 하나하나가 예술 작품 같았다. 오래된 나무로 만들어진 문과 창문, 섬세하게 조각된 지붕의 모양새는 전통 건축의 아름다움을 그대로 보여주고 있었다. 이 건물들은 시간이 지남에 따라 자연스럽게 색이 바래고, 곳곳에 흔적이 남아 있었지만, 오히려 그 점이 이곳의 매력을 더해주었다. 건물 하나하나가 그동안 지나온 시간의 흔적을 고스란히 담고 있었다.

곤명노가의 골목길을 걷다 보면 다양한 냄새와 소리가 감각을 자극한다. 길가에서 들려오는 전통 음악과 상점에서 풍겨 나오는 향신료 냄새는 이곳의 독특한 정취를 더욱 풍부하게 만들어주었다. 특히 곤명노가의 작은 찻집에서는 차를 즐기는 사람들이 모여 앉아 담소를 나누고 있었다. 그들의 웃음소리와 여유로운 대화는 이곳의 느긋한 일상을 상징하는 듯했다.

곤명노가에서 가장 인상 깊었던 것은 그곳에 흐르는 시간의 느림이었다. 현대적인 도시의 빠른 속도와는 달리, 이곳에서는 시간이 천천히 흘러가고 있는 느낌이 들었다. 사람들은 급하지 않고, 여유롭게 하루를 보내고 있었다. 이곳에서 우리는 운남성의 진정한 매력을 느낄 수 있었다. 그것은 바로 전통과 현대가 공존하는 가운데 잃어버리지 않은 여유와 평온함이었다.

곤명노가를 떠나기 전, 이곳의 모습을 사진으로 담아두었다. 하지만 이곳의 진정한 매력은 단순히 사진으로 담아낼 수 없는 것이었다. 곤명노가에서 느낀 감정과 분위기는 오롯이 그곳을 걸었던 사람만이 이해할 수 있을 것 같았다.

곤명노가에서의 탐방은 곤명 시내의 다양한 얼굴을 보여주었다. 이곳은 운남성의 과거와 현재, 그리고 미래가 공존하는 특별한 장소였다. 곤명노가를 걷는 동안 우리는 이 도시가 가진 다양한 매력에 매료되었고, 운남성의 진정한 모습을 조금 더 이해할 수 있었다. 이곳에서의 경험은 우리에게 운남성을 더 깊이 탐험하고 싶은 열망을 심어주었다.

곤명에서의 여정을 이어가며, 우리는 운남성의 현대적이면서도 전통적인 매력을 동시에 느낄 수 있는 첸왕거리로 향했다. 첸왕거리는 곤명 시내에서 가장 번화한 지역 중 하나로, 현대적인 상업시설과 전통적인 건축물이 조화를 이루며 독특한 분위기를 자아내는 곳이다. 이곳은 운남성의 과거와 현재가 만나 새로운 문화를 창조하는 공간이자, 도시의 활기와 에너지를 온몸으로 느낄 수 있는 장소였다.

첸왕거리에 도착하자마자, 우리는 이곳의 활기찬 분위기에 사로잡혔다. 거리를 가득 메운 상점들은 다양한 상품을 판매하고 있었고, 거리 양쪽에는 사람들이 끊임없이 오가고 있었다. 각양각색의 간판들이 거리를 화려하게 수놓고 있었고, 사람들은 활기차게 쇼핑을 즐기고 있었다. 현대적인 상점과 전통적인 상점이 어우러진 이곳은 마치 하나의 거대한 시장 같았다.

첸왕거리의 상점들은 매우 다양한 상품을 판매하고 있었다. 현대적인 패션 아이템과 전자제품부터 전통적인 공예품과 기념품까지, 이곳에서는 거의 모든 것을 찾아볼 수 있었다. 특히, 이 지역의 특산물인 차와 관련된 상품들이 많이 눈에 띄었다. 전통적인 차 도구와 보이차, 차와 관련된 다양한 기념품들이 관광객들의 관심을 끌고 있었다.

첸왕거리를 둘러본 후, 우리는 근처 마가대원으로 향했다. 마가대원은 운남성의 전통적인 가옥의 모습을 잘 보존하고 있는 곳으로 이곳에서 과거 운남성 사람들의 생활방식을 체험할 수 있었다.

마가대원은 운남성의 전통적인 주거 양식을 그대로 보여주고 있었다. 대원의 건물들은 모두 나무로 지어졌으며, 곳곳에 섬세한 조각들이 새겨져 있었다. 대원은 소박하면서도 정교하게 꾸며져 있었고, 마치 그 옛날의 생활이 그대로 남아 있는 듯한 느낌을 주었다.

마가대원과 첸왕거리를 보면서 이 두 장소는 서로 대조되는 분위기를 가지고 있었지만, 그 속에서 우리는 운남성의 과거와 현재가 어떻게 조화를 이루며 살아가고 있는지를 느낄 수 있었다. 첸왕거리와 마가대원에서의 경험은 우리에게 운남성의 다채로운 매력을 보여주었고, 이 지역의 깊이 있는 문화를 이해하는 데 큰 도움을 주었다.

이제 우리는 이곳에서의 경험을 가슴에 품고 다음 여정을 준비했다. 첸왕거리와 마가대원에서의 탐방은 우리에게 운남성의 다양한 얼굴을 보여주었고, 그 속에서 이 지역의 진정한 매력을 발견할 수 있었다. 이 두 장소에서의 시간은 짧았지만, 그 안에 담긴 경험과 감동은 오랫동안 마음속에 남아 있을 것이다.

밤이 되면 곤명은 또 다른 얼굴을 보여준다. 도시의 야시장은 밤의 주인공으로, 현지인과 관광객들로 가득 차며 각종 음식과 기념품, 거리 공연이 펼쳐진다. 특히 음식은 곤명 야시장의 핵심으로 운남성 특유의 향신료와 조리법을 활용한 다양한 요리가 사람들의 미각을 자극한다. 대표적인 예로, 쌀국수는 신선한 재료와 독특한 육수로 만들어져 지역 주민들에게는 일상적인 음식이지만, 여행자들에게는 특별한 미식 경험이 된다. 또한, 두부요리는 매콤하면서도 부드러운 풍미로 사랑받으며, 바삭한 튀김 요리나 새콤달콤한 소스를 곁들인 요리들도 인기다. 이 모든 음식을 즐기는 동안, 보이차 한 잔을 곁들이면 더욱 완벽한 밤이 된다. 차의 따뜻함과 음식의 풍미가 어우러져, 곤명에서의 하루를 마무리하는 특별한 순간을 만들어 준다.

그렇지만 우리는 다음날 아침 일찍 차마고도의 길을 찾아나서야 해서 곤명의 밤을 늦게까지 경험하지 못하고 일찍 잠자리에 들었다.

3. 운남성의 자연·문화·역사

보이차의 본고장인 운남성(雲南省)은 중국 남서부에 위치한 고원·산악 지역으로 고지대 특유의 기후와 토양이 차나무가 자라기에 이상적인 환경을 가지고 있습니다. 이곳은 한족 외에도 다이족, 하니족, 야오족 등 다양한 소수민족이 공존하며, 각기 다른 언어·의상·문화를 유지하고 있습니다. 이러한 문화적·민족적 다양성은 보이차가 단순히 음료를 넘어 자연과 역사의 복합적 산물임을 보여주는 중요한 배경입니다.

운남성은 적도 인근의 열대 및 아열대 기후, 풍부한 강수량, 고도 차이에 따른 다양한 미세 기후대를 지녀 차 재배에 최적화된 토양과 기후를 제공합니다. 운남성의 차나무 숲에서는 고수차(古樹茶)라 불리는 오래된 나무들이 여전히 살아 있고, 이 나무들에서 채취된 찻잎은 독특하고 복합적인 풍미를 만듭니다. 이는 나무뿌리가 깊게 뻗어 토양의 영양분을 고루 흡수하기 때문이며 자연과 인간이 장기간 함께 이룬 결실이라고 볼 수 있습니다.

처음 운남성을 찾아갔을 때 가장 먼저 느낀 것은 이곳이 지대가 높은 고원지대이면서도 아열대의 기후를 동시에 품고 있다는 사실이었다. 택시에서 창밖을 바라보면 해발이 제법 높은 언덕과 산자락이 보였다. 한쪽에는 짙푸른 열대우림이 펼쳐지고 또 다른 쪽에는 깎아지른 절벽이 이어지기도 했다. 날씨는 대체로 온화했지만, 한낮에는 뜨거운 햇살이 쏟아졌다. 아침저녁으로는 서늘한 바람이 불었다. 옷차림을 어떻게 해야 할지 고민이 될 정도로 온도의 폭이 큰데, 이런 기후가 다양한 생태계를 만든다는 것이 흥미로웠다. 실제로 길을 따라 달리면서 마주하게 되는 경관은 놀랍도록 다채로웠다. 마치 봄과 여름, 가을과 겨울이 섞여 있는 듯한 모습이었다.

운남성은 중국 남서부에 자리해 있는데, 서쪽으로는 미얀마, 남쪽으로는 라오스·베트남 등 동남아 국가와 국경을 맞대고 있다. 지도를 펼치면 이곳이 마치 중국의 변방처럼 보이지만, 사실 오랜 역사 속에서 동서남북을 연결하는 통로 역할을 해 왔다고 한다. 예를 들어 차마고도(茶馬古道)가 이 일대를 관통하며 티베트, 쓰촨, 더 멀리 내륙 지방으로 향했는데, 그 길을 통해 보이차가 전파되고 사람과 물자의 교류가 활발히 이뤄졌다. 그래서 운남성을 바라볼 때는 단순히 한 지역의 풍광이나 문화만 생각하는 것이 아니라, 복잡다단한 교역과 이주, 전쟁과 공존의 역사를 함께 떠올려야 할 것 같았다.

자연환경만 놓고 봐도 운남성은 상당히 입체적이다. 해발이 높은 곳은 2천 미터 이상의 고원지대가 이어지고, 낮은 지역은 열대우림에 가까운 습한 기후가 많다. 곳곳에서 돌출된 카르스트 지형도 볼 수 있었다. 석회암이 오랜 세월 침식된 후 기괴한 바위 숲을 이루는 경우다. 이른바 '석림(石林)'이라고 불리는 풍경은 마치 돌기둥들이 자라난 숲처럼 보이는데, 실제로 관광객들이 많이 찾는 명소 중 하나다. 또한, 웅장한 협곡과 맑게 흐르는 강, 경사지에 계단식으로 조성된 논이나 차밭 등은 운남성 특유의 풍광을 완성한다. 여행하다 보면 어느 한 지점을 기준으로 시야를 돌릴 때마다 전혀 다른 세계가 펼쳐진다는 점이 경이로웠다.

이처럼 다양한 지형과 기후는 풍부한 생태계를 낳았고, 이는 곧 많은 소수민족이 이 땅에서 살아가며 자신들만의 문화를 꽃피울 수 있게 한 원동력이 되었다. 운남성에는 다이족, 하니족, 야오족, 이족, 바이족, 나시족, 리수족, 티베트족 등 많은 민족이 거주한다. 그들은 각기 독자적인 언어와 의상, 전통을 유지해 왔다. 도심을 조금만 벗어나면 소수민족 마을을 쉽게 만날 수 있고, 전통 건축 양식이나 축제를 체험할 수 있다. 이를테면 하니족의 '계단식 논 관리 기술'이나, 다이족의 불교 사원 문화 같은 것은 이미 세계유산이나 민속 관광 자원으로서도 각광받고 있다. 흥미로운 점은 이렇게 다양한 민족이 모여 살면서도 서로 다른 종교나 언어를 존중하며 오랜 세월 공존해 왔다는 사실이다.

역사를 보면 운남성은 한족(漢族)의 주류 문화권과는 조금 다른 길을 걸어왔다는 것을 알 수 있다. 고대에는 '뎬(滇)'이라는 이름으로 불리던 왕국이 있었다고 전해지는데, 이후 남조(南詔)나 대리국(大理國) 같은 독립된 정권도 형성되었다. 이 왕국들은 중원왕조와 교역이나 전쟁을 오가며 자신들의 문화를 발전시켰다. 그 과정에서 불교가 들어오고, 티베트·인도·동남아시아의 영향을 받은 독특한 종교적 색채도 발달했다. 나중에 원나라나 명나라, 청나라 시기에 이 지역은 제국의 지배하에 편입되었지만, 중앙정부의 힘이 미치는 방식이 매우 제한적이었다고 한다. 워낙 험준한 산악 지형과 다채로운 민족 분포 때문에 중앙이 획일적으로 통치하기도 힘들었을 것이다.

그 결과 운남성은 중앙과의 교류도 유지하면서, 동시에 변방으로서 고유한 전통과 문화를 지켜 왔다. 이러한 역사의 흔적은 곳곳에서 발견된다. 가령 옛 성곽 도시나 전통가옥, 일부 지역에서 지켜지는 축제의식이나 혼례 풍습 등은 한족 문화와 소수민족 문화, 더 나아가 동남아권 문화가 복합적으로 녹아 있는 것을 볼 수 있다. 지역마다 달라지는 언어도 흥미롭다. 표준 중국어인 '푸통화(普通話)'만으로는 의사소통이 어려운 경우가 많고, 심지어 운남성 내부에서도 여러 종류의 방언과 소수민족 언어가 뒤섞여 있다. 시장에서 장을 보거나 버스를 탈 때, 혹은 골목길에서 마주치는 노인과 대화를 시도하면, 서로 말이 통하지 않아 손짓발짓을 하게 되는 상황도 적지 않다는 것이다.

그렇다고 운남성이 과거에만 머물러 있는 것은 아니다. 최근 수십 년간 급격한 도시화와 개발이 진행되면서 곤명(昆明) 같은 대도시는 현대적인 빌딩과 인프라로 가득 차게 되었다. 공항이나 철도, 도로망 역시 빠르게 발전해 예전에는 산골짜기 안에 고립되어 있던 지역도 외부 세계와 쉽게 연결되고 있다. 곤명에 가 보면 세계 각지에서 온 관광객이나 비즈니스 인력들이 모여들고, 대규모 쇼핑몰과 오피스 건물이 줄지어 들어선 광경을 어렵지 않게 볼 수 있다. 여느 중국 대도시와 마찬가지로 밤이 되면 화려한 네온사인과 차량의 불빛으로 거리가 빛나는 것도 이젠 익숙한 풍경이다.

하지만 도시 중심에서 조금만 벗어나면, 운남성 특유의 오래된 풍경이 여전히 살아 숨쉰다. 대표적으로 차마고도 유적이 남아 있는 길이나 소수민족 마을의 전통가옥이 그렇다. 어떤 곳에서는 아직도 전통 방식으로 차를 재배하고, 대나무 바구니에 찻잎을 담아 운반한다. 특히 보이차(普洱茶)는 운남성의 가장 큰 상징이자 자랑거리로 찻잎을 채엽하고 발효·숙성하는 과정 자체가 오랜 전통이자 생활 문화로 자리 잡고 있다. 이를 통해 사람들은 과거와 현재를 연결하고, 민족 간의 차이를 넘어 함께 살아가는 길을 찾았다. 게다가 보이차는 명나라·청나라 때부터 티베트나 내륙 지방은 물론 동남아시아까지 전파되어 매개체 역할을 톡톡히 했다. 그 매개 역할이 단순히 경제적 가치만을 의미하지 않고, 문화와 의식의 교류로 이어졌다는 점이 참으로 인상 깊다.

자연환경 측면을 보면, 운남성은 '생물 다양성의 보고'라는 평가를 받기도 한다. 해발 차이가 워낙 크고 북위 저지대부터 남쪽 열대우림까지 이르는 범위가 넓기 때문이다. 흑목단 같은 희귀한 식물, 열대 새나 동물들도 서식한다. 호랑이와 코끼리, 원숭이 등이 서식하는 보호구역도 일부 있다. 삼림 보호 문제나 환경 오염 문제가 제기되고 있지만, 정부 차원에서 국립공원이나 자연보호구를 지정해 생태계를 지키려는 노력이 이어지고 있다. 외곽으로 가 보면 대나무 숲이나 잡목림이 우거진 곳에서 이름 모를 새소리와 곤충의 울음소리가 교차하는 장면을 쉽게 마주하게 된다. 이곳 사람들에게 숲은 단순히 자원을 얻는 대상이 아니라 생활과 문화가 녹아 있는 터전이다.

문화적으로도 운남성은 다채로운 축제와 의례로 유명하다. 소수민족마다 연중행사가 여럿 있는데, 음력으로 날짜를 정해 농경이나 어로, 수확 등을 기념하거나 조상과 신에 대한 제사를 지낸다. 가령 다이족의 물 뿌리기 축제나 하니족의 긴 춤 행사 등은 외부 관광객에게도 널리 알려져 있어 축제철이 되면 많은 사람이 몰려든다. 축제에서는 전통악기와 춤, 의상이 등장하며, 서로에게 복을 빌어 주거나 용기를 주는 노래를 부르기도 한다. 일부 행사에서는 민족별로 다르게 빚은 술을 마시며 합동 축하 파티를 벌이는데, 언어가 달라도 함께 춤추고 노래하며 하나 되는 모습을 볼 수 있다. 그 에너지와 열정이 대단해 구경하는 이들도 모르게 끌려간다.

역사적으로 운남성은 그 위치상 수많은 무력 충돌과 정치적 변화를 겪었다. 먼저 원나라 시절에는 몽골 제국의 남쪽 진출 과정에서 중요한 거점이 되었고, 명나라와 청나라에 이르러서는 중앙에서 파견된 관료들이 소수민족 지역을 통치하거나 회유하려 했다. 하지만 산악지대 깊숙한 곳까지 완전히 장악하기는 어려워 흔히 '토사(土司) 제도'라는 간접 통치 방식도 실시되었다. 각 지역의 소수민족 지도자를 '토사'로 임명해 자치권을 부여하고, 중앙정부에 조공을 바치거나 일종의 조세를 걷는 식이었다. 이는 마찰을 줄이는 동시에 지역 주민이 자발적으로 반발하지 않도록 한 타협책이었다고 한다.

시간이 흐르며 운남성은 정치적으로도 문화적으로도 조금씩 통합과 분화를 거듭해 왔다. 근대에 들어서는 국공내전, 중일전쟁, 문화대혁명 등 중국 현대사의 커다란 물결 속에서 운남성 역시 수난을 피해 갈 수 없었다. 전쟁 시기에는 국경 지대라는 점 때문에 분쟁이 잦았고, 사람들이 일시적으로 피난하거나 이주하는 일도 많았다. 그 과정에서 소수민족 문화가 제대로 보존되지 못하고 파괴된 면도 있었다. 하지만 최근 들어 중국 정부의 소수민족 지원 정책과 관광 산업 활성화가 맞물리면서 운남성의 전통문화를 복원하고 알리려는 작업이 다방면에서 이루어지고 있다. 그래서 지금은 전 세계 관광객이 운남성을 찾아와 이곳의 자연과 문화, 역사를 체험하는 데 큰 관심을 보이고 있다.

관광객 입장에서는 운남성을 방문할 때, 먼저 곤명에서 시작해 석림(石林)이나 취호(滇池) 같은 명소를 둘러보는 것이 일반적이다. 곤명 시내에는 대규모 쇼핑센터와 음식점이 밀집해 있어 현대적인 도시 문화를 느낄 수 있지만, 조금만 외곽으로 나가면 전통 마을과 자연경관이 쉽게 나타난다. 이어서 따리(大理)나 리장(麗江) 등 옛 성곽 도시로 이동하는 사람도 많다. 이곳들은 중세 시대의 모습이 어느 정도 남아 있어 낯선 풍경을 선사한다. 하얀 벽과 파란 기와가 어우러진 전통가옥이 밀집된 골목 사이를 걸어 다니면, 마치 시공간을 초월해 옛날로 돌아간 듯한 기분이 든다. 오래된 골목길 끝에서는 민족의상을 입은 노인들이 장작불을 피워 놓고 구수한 국물을 끓이거나, 작은 다실에서 나직한 목소리로 전설이나 설화를 이야기해 주기도 한다.

이런 풍경을 뒤로하고 더 남쪽으로 내려가면 날씨가 점차 습해지고 열대에 가까운 풍경이 펼쳐진다. 하니족이나 이족이 주로 사는 고산지대에서는 계단식 논이 산허리를 타고 끝없이 이어져 장관을 이룬다. 바닥까지 내려가기 전에 구름이 깔리기도 하므로, 정상에서 내려다볼 때면 새하얀 안개와 초록빛 논이 서로 겹쳐 몽환적인 분위기를 만든다.

운남성의 역사와 문화를 더욱 실감하려면, 차마고도의 흔적을 찾아

보는 것도 좋다. 차마고도는 한때 보이차와 말(馬)을 교환하기 위해 형성된 고대 무역로이며, 운남성에서 시작해 티베트 고원까지 이어지는 험난한 길이었다. 이 길을 따라 차 상인과 말 상인, 온갖 물건을 사고파는 사람들이 오갔고, 소수민족들의 언어와 풍습, 종교가 교류하며 혼합되었다. 지금도 운남성 곳곳에는 차마고도 유적지나 옛길을 표시해 놓은 마을이 존재한다. 그 길을 직접 걸어 보거나, 현지 마부를 따라 당나귀나 말을 빌려 타고 가는 체험도 가능하다. 길 위에서 만나는 사람들, 깎아지른 절벽 아래 흐르는 계곡과 작은 마을은 마치 세월이 거꾸로 흐르는 듯한 인상을 준다. 그 속에서 보이차가 단순한 상품이 아니라 이 지역의 삶과 정체성이 결합한 존재임을 새삼 깨닫게 된다.

운남성을 돌아다니다 보면 음식 문화도 다양하다는 사실에 놀란다. 또한, 버섯 산지로도 유명해 여름철 우기에는 산과 들에서 채취한 온갖 버섯 요리를 맛볼 수 있다. 독특한 식감을 가진 버섯을 매콤한 소스나 구수한 조리 방식으로 즐기는 것도 별미다.

이 모든 자연·문화·역사적 요소가 어우러져 운남성은 중국에서도 손꼽히는 '소수민족 문화의 보고'이자 '관광 명소'가 되었다. 관광객들은 대도시의 번잡함에서 벗어나 이곳에서 계절의 변화를 피부로 느끼고, 사람들과 소소한 대화를 나누며, 차와 음식을 통해 다른 삶의 방식을 체험한다. 어떤 이들은 운남성의 광대한 산과 계곡을 트레킹하며 원시림을 만나고, 또 어떤 이들은 옛 도시에서 예술적인 건축물을 감상한다. 누구에게나 새로운 시선과 감동을 안겨 주는 장소인 셈이다.

운남성은 대외적으로는 보이차의 고장이며, 소수민족 문화의 대표적 집산지로 알려졌지만, 그 내부를 들여다보면 훨씬 복잡하고 다양한 이야기가 숨겨져 있다. 산과 강, 협곡, 평야가 한데 뒤섞여 빚어낸 자연환경, 중원왕조와 변방 왕국이 부딪히고 융합되어 만들어 낸 역사, 대를 이어 전해 내려오는 전통 의례와 축제. 이 모든 것이 마치 커다란 직조물의 서로 다른 실타래처럼 얽혀 있어 운남성을 여행하는 이들에게는 마치 무한한 퍼즐 같은 매력을 선사한다.

오늘날 운남성은 여전히 변화 중이다. 빠른 발전과 국제 교류의 시대를 맞이해 새로운 산업과 문화가 들어오면서 농촌의 풍경도 바뀌고 있다. 젊은 세대는 도시로 나가 현대적 삶을 지향하기도 하고, 어떤 이들은 역설적으로 전통문화를 지키고 되살리겠다는 사명감을 갖고 움직이기도 한다. 관광업의 발달이 때로는 부정적 영향을 주기도 하지만, 동시에 지역 주민들의 경제 수준을 높이고, 세계에 운남성을 알리는 계기가 되기도 한다. 이렇듯 긍정과 부정이 교차하면서도 운남성은 끊임없이 자기 정체성을 찾아 나가고 있다고 볼 수 있다.

여행자가 봤을 때 운남성은 모순과 조화가 공존하는 현장으로 다가온다. 하룻밤 사이에 곤명 같은 대도시의 고층 건물과 외곽의 좁은 시골길을 모두 체험할 수 있다. 아침에 대형 쇼핑몰에서 현대식 커피를 마시고, 오후에는 소수민족 마을에서 전통 방식으로 만든 보이차를 홀짝이며 담소를 나눌 수 있다. 한쪽에선 최신식 전기차가 도로를 달리는 반면, 다른 쪽에선 농민들이 노새를 이용해 짐을 나르는 광경이 펼쳐진다. 이처럼 과거와 현대, 전통과 글로벌 문화가 공존하고 충돌하며 새로운 길을 만들어 가는 곳이 바로 운남성이라고 생각한다.

이런 면모는 운남성의 자연·문화·역사를 관통하는 키워드가 '다양성'과 '융합'이라는 사실로 귀결된다. 수많은 민족이 공존하고, 산과 강이 얽혀 있으며, 오랜 시간 쌓인 전통 위에 현대 문명이 더해져 독특한 혼종 문화를 형성해 온 것이 운남성이다. 그래서 한 번쯤 이곳을 찾는 이들은 자신도 모르게 운남성에 스며든 색다른 분위기에 매료되고 만다. 풍부한 자연경관과 소수민족의 환대, 깊은 역사적 배경이 제공하는 이야깃거리는 어느 하루나 이틀 만에 다 채우기 어려운 수준이다. 돌아가고 나면, 마치 미완성의 책을 덮은 듯한 기분이 들어서 언젠가 다시 이 땅을 찾아 미처 보지 못한 장면을 더 살펴보고 싶다는 마음이 생긴다.

　운남성은 중국의 여느 지방과도 구분되는 독특한 개성을 가지고 있고, 동시에 다민족 문화권이 보여 줄 수 있는 극적인 융합과 변화를 생생히 보여주는 무대라고 할 수 있다. 높은 산과 깊은 계곡, 맑은 호수와 생동감 넘치는 숲, 자신들만의 언어와 의상을 지켜 온 소수민족. 여기에 중원 왕조의 역사와 동남아시아의 영향이 중첩되어 하나로 요약하기 어려운 다층적 스펙트럼이 완성된다. 보이차가 세계적으로 명성을 얻으면서 더 많은 사람이 운남성에 대해 관심을 가졌지만, 그 차 맛 뒤에는 이처럼 수많은 이야기와 문화, 자연의 숨결이 깃들어 있다는 점을 잊어선 안 되겠다.

　여행을 마치고 돌아와 가만히 떠올려 보니, 운남성에서 가장 감명 깊었던 순간은 사람들이 소박하게 살아가면서도 자신들만의 정체성을 잃지 않으려 애쓰는 모습이었다. 운남성은 시간을 두고 천천히 살펴볼수록 더 많은 보물을 품은 땅이라는 생각이 든다. 과거의 영화(榮華)가 남긴 유적, 찬란한 자연풍경, 현재진행형인 현대화와 소수민족의 전통 문화가 한데 어우러진 무대. 그것이 바로 운남성이 가진 진짜 매력이라고 믿는다.

4. 운남성의 주요 도시와 마을

차마고도는 중국 남서부 운남성에서 티베트까지 이어지는 고대 무역로로 이 길을 따라 중요한 도시와 마을들이 형성되었다. 이곳들은 상인들이 오가며 교역을 하던 중심지이자, 다양한 문화와 역사가 공존하는 장소였다. 차마고도의 주요 도시와 마을들은 오늘날에도 그 역사적 유산을 간직하고 있다.

차마고도를 따라 이어진 주요 도시와 마을들은 단순히 차와 물품이 오가는 경로가 아니라, 각 지역의 역사와 문화를 품은 중심지였다. 보이시(普洱市), 시솽반나(西双版纳), 리장(丽江)은 차마고도의 중요한 지점으로, 이곳들은 단순히 중간 기착지가 아닌 보이차의 생산, 교역, 문화적 융합이 이루어진 핵심 공간이었다. 각 지역은 고유한 풍경과 특색을 가지고 있으며, 차마고도의 이야기를 완성하는 중요한 퍼즐 조각이다.

곤명(昆明)

곤명은 운남성의 수도이자, 차마고도의 출발점 중 하나로 여겨지는 도시이다. 곤명은 기후가 온화하여 '봄의 도시'로 불리며, 차마고도를 통해 운남성의 차가 티베트와 외부로 운송되기 전 중요한 집산지 역할을 했다. 이곳은 현대적인 도시이면서도 오래된 사찰과 전통 건축물이 공존하는 곳이다. 곤명은 차마고도를 여행하는 이들에게 첫 번째 주요 거점이 된다.

따리(大理)

　따리는 백족(白族)의 고향이자, 운남성에서 가장 아름다운 고대 도시 중 하나로 꼽힌다. 따리 고성(古城)은 잘 보존된 전통 건축물과 문화적 유산으로 유명하다. 차마고도에서 따리는 중요한 중간 기착지로 상인들이 이곳에서 차와 다른 물품을 거래하며 잠시 쉬어가는 곳이었다. 따리는 아름다운 얼하이(洱海) 호수를 끼고 있으며, 고성의 거리와 골목에서 백족의 전통과 문화를 체험할 수 있다.

리장(丽江)

　리장은 차마고도의 북쪽 끝자락에 있는 도시로 고대부터 문화와 예술의 중심지로 자리 잡았다. 이곳은 나시족의 고향으로 유네스코 세계문화유산으로 등재된 고대 마을인 리장고성(丽江古城)이 있다. 리장의 좁고 구불구불한 골목길을 걷다 보면 돌로 포장된 길과 전통적인 목재 건축물이 조화를 이루는 모습을 볼 수 있다. 리장은 차마고도의 마지막 중간 기착지로 이곳에서 차를 포함한 다양한 물품이 집결한 후 티베트로 이어졌다.

　리장의 찻집과 전통 시장은 차마고도의 역사를 깊이 느낄 수 있는 장소다. 이곳에서는 차와 함께 다양한 예술품과 공예품을 판매하며, 차와 관련된 전통적인 도구와 장식을 감상할 수 있다. 리장의 찻집은 운남성에서 생산된 다양한 차를 시음하며, 보이차가 어떻게 차마고도를 통해 전파되었는지 직접 체험할 수 있는 공간을 제공한다.

　리장은 유네스코 세계문화유산으로 지정된 아름다운 고대 도시로 나시족(纳西族)의 전통과 문화가 살아 숨 쉬는 곳이다. 리장 고성은 전통적인 나시족의 건축 양식이 잘 보존되어 있으며, 차마고도의 중요한 허브 역할을 했다. 이곳은 상인들이 티베트로 가기 전 마지막으로 휴식을 취하는 장소였으며, 다양한 민족들이 모여 상거래를 하는 중심지였다. 리장은 또한 옥룡설산(玉龙雪山)과 같은 자연경관으로도 유명하다.

샹그릴라(香格里拉)

샹그릴라는 차마고도의 고산지대를 대표하는 도시로 원래 이름은 중디엔(中甸)이다. 이곳은 티베트 문화의 영향을 강하게 받은 지역으로 고산지대 특유의 아름다운 자연경관과 티베트 불교 문화가 공존하는 곳이다. 샹그릴라는 높은 고도에 있어 상인들이 티베트로 향하기 전 마지막으로 고산병에 대비하며 적응하는 장소였다. 오늘날 이곳은 차마고도의 영적인 중심지로 여겨지며, 수많은 순례자와 여행자들이 찾는 명소가 되었다.

보이(普洱)

보이시는 차마고도의 출발점이자 보이차의 고향으로 불리는 도시로 보이차 생산의 중심지로 잘 알려져 있다. 이곳의 차밭은 운남성 특유의 기후와 토양 덕분에 고품질의 보이차를 생산하며, 이는 차마고도를 통해 세계로 전파되었다. 보이시의 차밭은 끝없이 이어진 푸른 언덕으로 펼쳐져 있다. 그곳에서 일하는 농부들의 모습은 차마고도의 역사를 지금도 이어가고 있음을 보여준다. 차밭에 들어서면 차나무에서 풍겨 나오는 독특한 향기와 신선한 공기가 여행자의 감각을 사로잡는다. 특히 오래된 고수차(古樹茶)는 이 지역의 대표적인 유산으로 수백 년 된 차나무에서 채취한 찻잎은 깊고 풍부한 풍미를 자랑한다.

보이시의 시장은 차마고도의 과거와 현재를 연결하는 공간이다. 시장에서는 신선한 보이차부터 숙성된 고급 보이차까지 다양한 차 제품을 만날 수 있다. 상인들은 차의 산지와 생산 과정을 설명하며, 각 제품의 특성과 품질을 자랑스럽게 소개한다. 시장은 단순히 상품을 판매하는 공간이 아니라, 보이차에 얽힌 이야기를 나누는 장소다. 이곳에서 만나는 상인들과의 대화는 보이차가 단순한 음료가 아니라, 운남성 사람들의 삶과 전통, 차마고도의 역사를 담고 있음을 깨닫게 한다.

보이는 차마고도에서 중요한 차 생산지 중 하나로 특히 보이차로 유명하다. 이곳은 차를 생산하고 가공해 다른 지역으로 운송하는 중요한 중심지였으며, 차마고도를 따라 차가 운반되기 시작하는 출발점 중 하나였다. 보이는 차 재배지와 관련된 전통문화와 깊은 역사적 배경을 가지고 있으며, 오늘날에도 보이차는 전 세계적으로 유명한 차로 자리 잡고 있다.

시쌍반나(西双版纳)

시쌍반나는 차마고도를 따라 이어지는 또 다른 중요한 지점으로 이곳은 열대우림과 다채로운 소수민족 문화가 어우러진 독특한 지역이다. 이 지역은 운남성의 남쪽에 위치하며, 다이족, 하니족, 야오족 등 다양한 소수민족이 거주하고 있다. 시쌍반나의 풍경은 열대우림과 강줄기, 그 사이사이에 자리 잡은 차밭으로 이루어져 있으며, 자연과 인간이 조화를 이루는 모습을 보여준다. 이 지역의 차밭은 해발 고도가 높아 독특한 기후 조건에서 자란 찻잎은 특별한 향과 맛을 지닌다.

시쌍반나는 단순히 차를 생산하는 지역을 넘어 차 문화를 중심으로 한 소수민족의 독특한 전통과 관습을 체험할 수 있는 곳이다. 이곳의 시장과 마을 축제에서는 차를 활용한 다양한 음식과 음료를 맛볼 수 있으며, 전통의상을 입은 주민들이 직접 차를 우려내어 손님을 대접하는 모습을 볼 수 있다. 또한, 시쌍반나의 열대우림은 차나무가 자라기에 이상적인 환경을 제공하며, 이곳에서 자란 차는 그 풍미가 깊고 묵직한 것으로 유명하다.

징마이산(景迈山)

징마이산은 차마고도에서 중요한 차 재배 지역으로, 수백 년 된 고대 차나무들이 자라고 있는 곳이다. 이곳은 차마고도를 따라 이동하던 상인들이 차를 구입하고 교역을 했던 주요 마을 중 하나였다. 징마이산의 고차산(古茶山)은 오늘날에도 차 재배와 관련된 전통을 유지하고 있으며, 이곳에서 생산된 차는 높은 품질로 평가받고 있다.

라싸(拉萨)

라싸는 차마고도의 종착지 중 하나로 티베트의 중심지이자 불교 문화의 심장부이다. 이곳은 티베트 불교의 성지로 상인들이 티베트로 차를 운반해오며 가장 먼저 도착하는 중요한 도시였다. 라싸는 포탈라궁(布达拉宫)과 조캉사원(大昭寺) 등 티베트 불교의 중요한 사원이 있는 곳으로 티베트의 종교적, 문화적 중심지 역할을 하고 있다.

차마고도를 따라 형성된 주요 도시와 마을들은 그 자체로도 역사와 문화를 간직한 소중한 유산이다. 이곳들은 단순한 무역 거점이 아니라, 다양한 문화와 전통이 교차하며 융합된 장소로 오늘날에도 그 매력을 잃지 않고 있다. 차마고도의 도시와 마을들을 여행하며, 과거 상인들의 발자취를 따라가며 그들이 만들어낸 문화적 유산을 직접 체험할 수 있다. 이들은 과거와 현재를 연결하는 중요한 장소로 차마고도의 역사적 의미를 되새기게 하는 중요한 거점들이다.

차마고도의 핵심 지점들이 남긴 유산

보이시, 시쌍반나, 리장은 각기 다른 특성과 매력을 지니며, 차마고도의 이야기를 완성하는 중요한 퍼즐 조각들이다. 이 지역들은 단순히 보이차를 생산하고 운반했던 곳이 아니다. 차마고도를 따라 문화와 전통이 융합되고 발전한 장소다. 이러한 도시와 마을들은 오늘날에도 보이차의 역사와 문화를 보존하며, 여행자들에게 운남성과 차마고도의 매력을 깊이 준다.

차마고도의 주요 지점들은 단순한 교역로의 중간 기착지가 아니라, 인간과 자연, 문화가 어우러진 공간이었다. 이곳에서 이루어진 상호작용은 보이차를 단순한 상품이 아닌 문화적 유산으로 승화시켰으며, 오늘날에도 차마고도의 역사를 이해하는 데 중요한 단서를 준다. 보이시의 차밭, 시솽반나의 열대우림, 리장의 고대 도시를 따라가다 보면, 차마고도가 단순한 길이 아니라 삶과 문화를 잇는 다리였음을 느낄 수 있다.

5. 차마고도를 향한 설레임

둘째 날 아침, 본격적인 여행을 위해 일찍 일어나 곤명역으로 향했다. 숙소를 나설 때는 아직 해가 다 떠오르지 않았는데, 이미 거리에는 사람들의 발걸음이 분주했다. 택시를 잡아 곤명역으로 가는 동안 창밖으로 스산한 이른 아침 풍경이 스쳐 지났다. 도시가 깨어나기 시작하는 모습은 어느 나라를 가든 비슷하면서도 이곳 특유의 색다른 기운이 감돌았다. 겉으로 보기에는 화려했지만, 구석구석에는 오랜 역사가 서린 건물들이 있어서인지, 마냥 현대적이지만도 않았다.

곤명역에 도착해 보니 그 규모에 또 한 번 놀랐다. 비행장 크기만큼 큰 기차역이었고, 넓은 대합실과 길다란 승강장이 시선을 사로잡았다. 입구에선 신분증 검사가 엄격히 이루어졌고, 외국인인 우리에게도 여권 제시를 요구했다. 이른 아침임에도 불구하고 이리도 많은 사람이 몰려 있는 광경을 보니, 그야말로 대국다운 모습이라는 말이 절로 떠올랐다. 줄을 서서 수속을 마친 뒤 기차를 기다렸다.

승차 시간이 되어 플랫폼으로 이동했다. 이 기차는 보이차의 본고장이라는 보이시(普洱市)로 가는 노선이었는데, 신식 열차답게 외관이 깔끔했고, 안쪽도 좌석이 넓어 편안해 보였다. 일행과 함께 자리를 잡고 앉아 창밖을 내다보았다. 방송에서 안내 메시지가 나오고, 곧 기차가 천천히 움직이기 시작했다. 기차 창문을 통해 스쳐 가는 풍경은 커다란 빌딩 숲에서 시작해 점차 오래된 단층 건물과 작은 상점들로 바뀌었다. 그리고 도시 외곽을 빠져나오자 넓은 평야와 경작지가 펼쳐졌다. 얼마 지나지 않아 완만한 구릉과 빽빽한 산들이 연이어 모습을 드러냈다.

열차가 속도를 높여 시속 150km로 달릴 때쯤, 짐칸 사이로 이동하는 음료 판매원들이 보였다. 우리도 마실 것이 필요해서 식당칸으로 가 보았다. 이곳에서는 간단한 스낵과 음료를 팔고 있었다. 우리는 중국의 아이스 아메리카노가 마시고 싶었다. 20위안짜리 커피였고, 맛은 기대했던 것과 달리 다소 밍밍했다. 그러나 이 정도 맛이라도 '중국판 아이스 아메리카노'라는 새로운 경험을 할 수 있다는 사실에 흥미로웠다. 조금 맛이 떨어져도 자본주의적 문화가 이곳까지 파고들고 있다는 상징처럼 느껴졌다. 기차 안에서 시원한 음료를 즐길 수 있다는 점도 나름대로 편리했다. 플라스틱 컵에는 영어로 'Americano'라고 적혀 있었고, 빨대를 꽂아 한 모금씩 마시면서 창밖을 바라보았다.

한참을 달리자 점차 해발이 높아지고, 연이어 터널이 등장했다. 애로산(哀牢山)과 무량산(無量山)을 지나고 있었다. 이 산들은 이름부터가 심상치 않았다. "슬플 애(哀), 감당하기 힘들다는 의미를 품고 있는 산을 지나는구나"라고 생각하니 왠지 모르게 마음이 묘해졌다. 터널이 많아 자주 어두워졌다가 다시 밝아지곤 했고, 창밖을 보면 아찔한 산비탈이 이어졌다. 그러다가 어느 순간부터는 시야가 트이면서 넓다란 차밭이 나타나기 시작했다. 전에 보던 옥수수나 쌀 논 대신, 다소 낮은 키를 한 차나무들이 끝없이 펼쳐진 풍경이 장관이었다. 운남성 특유의 초록빛 물결이 자연스럽게 이어져 보였다. 이곳이야말로 보이차의 고장이라는 사실이 실감났다.

그런데 이 산맥을 넘어가면서 기묘한 생각이 들었다. 우리 일행 중 중국 문화를 전공한 교수가 중국 역사에 대해 자세히 설명했다. 이 지역이 예전에 사람들이 피난해서 넘어온 곳이라는 이야기를 해 주었다. 명나라 군대에게 쫓기거나, 원나라·청나라 시기에 이르기까지 곤명 주변에서 밀려난 소수민족들이 산을 넘어 이 지역으로 들어왔다는 것이다. 처음에는 척박한 땅에서 힘겹게 살아야 했지만, 훗날 보이차를 재배하면서 차츰 부를 쌓았다고 한다. "슬픔의 종자가 부의 열매가 되었다"라는 말이 딱 들어맞았다. 사람들은 쫓겨 온 지역에서 새 삶을 일구었고, 지금은 그 후손들이 차 산업을 통해 풍족하게 살아가고 있다니 묘하게 가슴이 뭉클했다.

또한, 이 지역 사람들에게 차가 중요한 이유는 피난길에서 체력과 건강을 유지하기 위해 차를 마셔야 했다는 설도 있었다. 워낙 험준한 산을 넘나드니, 소화 기능을 돕고 기력을 보충할 차가 필수적이었다고 한다. 그래서 선조들은 차 씨앗을 곳곳에 뿌려 두었고, 그것이 자라 후손들에게 거대한 유산이 된 셈이다. 열차 창밖으로 보이는 낡은 집들은 마치 작은 빌라 같아 보였는데, 흔히 '가난한 시절을 간직하고 있다'는 인상을 주는 건물들 속에서도 차와 관련된 흔적들이 남아 있는 듯했다.

　기차가 중간 정차역에서 잠시 멈춰 섰을 때, 밖으로 나가 바람을 쐬어 볼 수 있었다. 차창 밖에는 의외로 시원한 바람이 불었다. 고도가 높아서인지 기온이 조금 내려간 듯했다. 플랫폼 끝에 앉아 있는 사람들은 대부분 현지인으로 보였다. 그중 몇몇 사람은 짐을 커다랗게 싸 들고 기차에 오르려 대기하고 있었고, 짙은 갈색 보이차 덩어리를 휴대용 가방에 넣어 둔 모습이 눈에 띄었다. 아마 시장에 내다 팔 보이차이거나, 집에서 마실 용도로 직접 생산한 차일 수도 있겠다 싶었다.

　열차는 다시 출발했고, 창문 밖으로는 조금 전보다 더 광활한 차밭이 이어졌다. 몇 시간을 달리자 해가 더욱 쨍하게 내리쬐었고, 풍경은 노을에 물들 준비를 하는 듯했다.

　열차는 속도를 유지하며 달렸고, 차창 너머의 지형은 점점 남쪽으로 이어지는 듯 보였다. 이쯤에서 이미 북쪽과는 전혀 다른 풍경이라는 생각이 들었다. 초록빛이 짙어지고, 하늘에는 구름이 엷게 깔려 있었다. 아마 이곳이 낮은 구릉 지대가 아닌 조금 높은 곳이라 그런지, 하늘이 더 가깝게 느껴졌다. 소수민족들이 모여 사는 마을이 곳곳에 펼쳐져 있었고, 간혹 전통의상을 입은 사람들이 걸어가는 장면이 보였다.

제1장 자연과 역사의 만남

어느덧 철로 주변의 풍경은 다시 한번 변화했다. 약간 부옇게 보이는 빛 속에서 차밭 사이로 흐릿하게 보이는 집들은 정겹게 느껴졌다. 그 집들 중에는 앞마당에 햇빛을 가리는 차양이나, 실내에 차를 보관하는 창고처럼 보이는 시설이 보였다. 보이차가 이 지역 사람들의 삶을 얼마나 바꾸어놓았는지 조금씩 실감 났다. 불과 몇 세대 전만 해도 척박하고 소외된 땅으로 여겨졌을지 몰라도, 지금은 '보이차의 성지'라 불릴 정도로 세계인의 이목을 끄는 곳이 되었으니 말이다. 나라에 의해 쫓겨난 소수민족들의 애환이 이렇게 훗날 전화위복이 되어 부를 이루고 문화를 발전시키는 계기가 되었다고 생각하니, 역사라는 것이 참 아이러니하게 느껴졌다.

중국 문화 전공 교수가 이 지역의 역사를 좀 더 자세히 들려주었다. 명나라 때 반란을 일으킨 세력이라든가, 혹은 원나라 멸망 이후 밀려난 백성들이 운남성 곳곳으로 숨어 들어갔다는 이야기였다. 그들은 고원을 지나면서 차를 징용받기도 했고, 군대가 먹을 식량과 함께 차를 억지로 바쳐야 했다는 것이다. 하지만 시간이 흐르면서 오히려 그 차가 이들의 새로운 생계 수단이 되었고, 후세에는 귀한 자산이 되었다. 어찌 보면 역사와 차가 인간의 삶에 교차하는 지점은 참 묘했다.

기차는 계속 남쪽을 향해 나아갔고, 중간중간 잠깐씩 멈추었다가 승객을 태우고 또 달렸다. 통로를 지날 때마다 각종 방언과 외국어가 들렸다. 운남성에는 다양한 소수민족이 공존한다고 들었는데, 정말로 옆 좌석 사람들이 사용하는 말이 내 옆자리 사람들과 다를 정도로 다채로웠다.

그렇게 시간은 흘렀고, 기차 방송이 "곧 보이시(普洱)에 도착한다"

는 안내를 전했다. 창밖으로 보이는 도시의 모습이 한눈에 들어오진 않았지만, 산비탈을 깎아 세운 듯한 도심이 아련히 펼쳐져 있었다. 도시의 규모가 예상보다는 크다는 느낌이 들었는데, 확실히 보이차가 발전의 원동력이 되었을 거라는 추측이 들었다. 기차가 드디어 역에 도착해 멈춰 서자, 모든 승객이 우르르 내리기 시작했다. 서둘러 짐을 챙기고 열차 밖으로 나가자, 묵직하게 내려앉는 공기가 새로운 도시의 환영인사처럼 느껴졌다.

역 밖은 생각보다 조용했다. 곤명이나 곤명역처럼 인파가 밀려드는 대도시는 아니었다. 그 대신 역 앞 광장에는 보이차 관련 홍보물이나 조형물들이 놓여 있어, 이 도시가 차 문화에 매진하고 있음을 드러내고 있었다. 역 주변으로 사람들이 모여 앉아 있었고, 그 뒤쪽으로 택시와 작은 버스들이 손님을 싣고 있었다. 숙소는 예약해 둔 곳이어서 우리는 차량을 불러 이동하기로 했다. 차창 너머로 신호등과 상점 간판이 번갈아 눈에 들어왔다. 간판에는 '보이차 전문점', '차창(茶廠) 직판장' 같은 문구가 자주 보였다. 확실히 이곳은 '차의 도시'라는 별칭에 걸맞아 모든 것에 보이차가 스며든 듯한 인상이었다.

많은 산을 넘고 터널을 지나 여기까지 오면서 차마고도의 흐름 일부를 간접적으로나마 체험한 느낌이었다. 그 길 위에서 만났던 낡은 집과 터널, 차나무 숲은 과거 피난민들의 발자취를 담고 있었고, 지금은 또 다른 활력과 자원을 공급하는 거대한 중심지로 바뀌어 있었다.

이제 본격적으로 보이차 생산지와 차밭을 둘러볼 계획이었다. 하지만 우선은 숙소 인근을 가볍게 거닐며, 저녁 식사를 해결할 작정이었다. 골목 사이로 들어가 보니, 저마다 차를 주제로 한 카페나 레스토랑이 있었다. 어떤 곳은 차를 이용한 디저트를 만들어 팔고 있었고, 다른 곳은 찻잎을 곁들인 각종 요리를 주메뉴로 선보이고 있었다.

이곳에 처음 정착했던 선조들은 도망자나 피난민 출신이 많았고, 험준한 산속에서 살아남기 위해 자연스럽게 차를 재배했다. 처음에는 그다지 가치가 크지 않았던 찻잎이 시간이 지나며 명나라 황실에까지 전해져 이름을 알렸고, 차마고도를 통해 전 세계로 퍼져 나갔다. 그 과정을 "가난했던 과거가 빚어낸 미래의 보물"이라고 표현하며, 지금도 많은 사람이 차로 인생을 바꾸고 있다.

다음 날 아침이 밝았다. 숙소에서 간단히 조식을 해결하고, 현지 가이드를 만나 보이차 가공 공장을 방문할 계획이었다. 도시 중앙부로 가자 길가에 대형 조형물이 보였다. 찻잎이 펼쳐진 모양에 '보이차의 고장'이라는 문구가 새겨져 있었다. 그 곁에 있는 안내문에는 이 도시가 얼마나 차산업으로 성장했는지, 전통문화 보존을 위해 어떤 노력을 기울이고 있는지 간략히 적혀 있었다. 옆에서는 관광객들이 기념사진을 찍고, 현지인들이 바쁘게 이동하고 있었다. 과거 쫓겨난 민초들의 땅이 지금은 이렇게 사람들로 북적이는 관광지가 된 것을 보니, 역사란 정말 알 수 없는 것이라는 생각이 들었다.

가이드와 합류해 차창(茶廠)으로 향했다. 차창은 보이차를 대량으로 생산·가공하는 시설을 가리키는데, 이곳에서는 옛날 방식과 현대적 시설이 조화를 이루고 있었다. 입구에 들어서자 종업원들이 쉴 새 없이 움직이며 찻잎을 다듬고, 기계를 돌리는 소리가 들렸다. 들어가는 길목에는 조금 전까지 수확된 신선한 찻잎들이 잔뜩 쌓여 있었는데, 진한 녹색의 색감이 싱그러웠다. 군데군데 말리는 과정 중인 찻잎들도 있었는데, 사람의 손으로 수시로 뒤집어 주어야 골고루 잘 마른다고 했다. 숙차(熟茶)를 만들기 위한 습열 발효 공간도 구경할 수 있었다. 여기서는 커다란 더미로 쌓인 찻잎을 한데 모아 물을 뿌리고, 적정 온도와 습도를 유지해 주어야 한다고 했다. 종업원들이 삽으로 찻잎을 부지런히 뒤엎는 모습이 꽤나 고된 작업처럼 보였다.

차창 관계자는 생산과정을 설명해 주면서, 시간과 자연, 인간의 노력이 결합된 결과물이 보이차라는 말을 여러 번 했다. 마치 몸소 실험실처럼 느껴지는 창고 안에서, 발효가 진행 중인 찻잎에서 고소한 냄새와 구수한 흙내음이 올라왔다. 그 독특한 향을 맡으면, 왜 보이차가 발효차의 정수로 불리는지 금세 알 수 있었다. 가까이 다가가 보니, 찻잎이 미세하게 덮여 있는 흰색 균사나 다른 색을 띠는 균체들도 발견할 수 있었다. 미생물이 찻잎 내부 성분을 분해하거나 새롭게 합성하는 과정이 바로 보이차의 깊은 풍미를 만들어낸다는 설명이었다. 밖으로 나가니, 햇볕 아래에 펼쳐 둔 찻잎들도 있었다. 생차(生茶)를 만드는 과정은 한결 단순해 보였지만, 그만큼 오랜 시간을 거쳐 천천히 숙성해야 한다고 했다.

공장 견학을 마친 뒤에는, 근방의 작은 전통 시장으로 이동했다. 이 시장은 현지 농부들이 직접 재배한 찻잎이나 지역 특산물을 팔고 있었는데, 사람들의 표정이 밝았다. 각종 농산물과 곡식, 향신료가 뒤섞인 가운데 차를 파는 가판대가 많았다.

시장 한쪽 구석에서는 다양한 먹거리도 팔았다. 두부를 발효시킨 스낵, 고추기름에 버무린 국수, 각종 꼬치 등 현지 음식이 풍성했다. 현지인들이 소주처럼 즐겨 마신다는 도수가 낮은 술도 있었다. 와자지껄한 분위기 속에서 가끔 외국인 관광객을 본 마을 아이들이 신기한 듯 따라다니기도 했다. 그들과 잠시 눈을 맞추고 웃어 보니, 순수한 호기심이 느껴졌다. 어쩌면 이곳 사람들도 우리가 마치 이국적인 존재처럼 보일 테니, 서로에게 신기한 존재가 되는 것은 당연하다는 생각이 들었다.

보이차와 관련된 박물관도 구경할 수 있었다. 작은 박물관이었지만, 차나무의 생태부터 차마고도에 얽힌 역사, 소수민족들의 문화까지 일목요연하게 정리되어 있었다. 벽면에는 옛 사진들이 걸려 있었고, 피난민들의 안타까운 사연이나 전쟁과 반란의 흔적도 자료로 남아 있었다. 그 사이로 운반용 말과 함께 찍힌 사진이 있었다. '차마고도'라는 말이 괜히 붙은 게 아니라, 정말 말과 함께 험준한 길을 오르내리며 차를 옮겼다는 것이다. 그러다 보니 차가 단순히 '음료'가 아니라, 생존과 교류의 수단이었다는 사실이 실감났다. 전시실 구석에는 다양한 차 도구들이 진열되어 있었는데, 고대 방식으로 만들어진 다관, 죽통, 다반(茶盤) 등이 눈길을 끌었다.

박물관을 나서니 어느덧 해가 기울어, 붉은빛이 서서히 하늘을 물들이고 있었다. 숙소로 돌아와 휴식을 취한 뒤, 다음 날은 실제 차밭에 가 볼 계획이 있었다. 흥분된 마음으로 잠자리에 들었고, 새벽녘에 일어나 간단히 아침을 해결했다. 현지 안내인과 함께 차량을 타고 산길을 돌고 돌았다. 좁고 구불구불한 도로를 꽤나 오래 달리니, 차 창문 너머로 전통가옥들이 간간이 나타났다. 길가에는 산물이나 농작물을 파는 간이 노점도 있었고, 가끔은 아이들이 장난을 치며 달려가기도 했다. 속도를 내지 못하는 차량이 답답했지만, 덕분에 풍경을 차근차근 볼 수 있었다.

한참을 올라가니 드디어 차밭이 모습을 드러냈다. 경사진 산비탈에 층층이 조성된 밭은 마치 계단식 논을 연상케 했다. 자세히 보니 차나무가 줄지어 심어져 있었고, 밭 사이사이에는 가느다란 길이 있었다. 그 길을 따라 내려가며 찻잎을 채집하는 모습이 보였는데, 현지 일꾼들이 커다란 바구니를 등에 지고, 조심스럽게 찻잎을 손으로 뜯고 있었다. 조금 더 깊은 곳으로 들어갔을 때, 수령이 꽤나 오래되어 보이는 차나무들도 발견할 수 있었다. 굵은 줄기에 뒤엉킨 가지들이 올라와 있었고, 높이가 사람 키를 훌쩍 넘었다. 이런 고차나무들에서 나는 찻잎이 최상급으로 보이차의 깊은 맛을 살려 주는 것 같았다.

차밭 사이를 거닐며, 푸른 잎 사이로 비치는 햇살을 만끽했다. 습기가 많았지만, 높은 곳이라 기온이 상대적으로 시원한 편이어서 견딜 만했다. 한낮이 되니 거기서도 꽤 더위가 찾아왔지만, 차나무가 뿜어내는 싱그러움 덕에 상쾌했다. 이곳에서 나오는 차가 세계를 누비면서 수많은 사람의 입맛을 사로잡는다는 사실이 신기했고, 동시에 대견스러웠다. 예전 피난민들이 이 험한 길을 넘어오면서 생계를 위해 차를 재배하기 시작했다는 이야기가 떠올랐다. 그들의 땀과 눈물이 서린 땅이 지금은 온갖 향미를 전 세계로 퍼뜨리는 보석 같은 곳이 되었다니, 이보다 극적인 반전이 또 있을까 싶었다.

오후가 되자 다시 차량을 타고 마을 쪽으로 내려왔다. 슬슬 하산길을 걷다 보니, 이 지역의 독특한 경관이 서서히 뒤로 물러나고 있었다. 산 아래쪽에는 운남성의 또 다른 풍경이 펼쳐졌다. 논밭과 가옥이 복잡하게 얽혀 있었고, 중간중간에는 옛 건물로 보이는 벽돌집이 서 있었다. 그 사이사이로 보이차 판매 간판이 달려있는 것을 보며, 이 지역 생활이 차와 얼마나 밀접하게 연결되어 있는지를 다시금 깨달았다.

저녁 무렵에는 현지 전통음식을 맛볼 기회가 있었다. 은은하게 우려낸 차를 곁들여서 장작불에 구운 닭고기와 생선, 독특한 향신료를 넣은 찹쌀밥 등을 맛보았다. 보이차로 김을 낸 듯한 느낌의 요리가 있었는데, 씁쓸한 차 맛과 고기가 어우러져 묘한 감칠맛이 났다.

며칠간 이 도시와 주변을 돌아다닌 결과, 보이차에 대한 새로운 시각을 얻게 되었다. 첫날 곤명에서 맛보았던 간단한 시음과 차문화 거리는 사실 서막에 불과했다. 본격적으로 차의 본고장으로 내려와 보니, 보이차가 단순히 상품이 아니라 역사·문화·삶 전반에 스며 있는 귀중한 자원임을 깨달았다. 사람들은 차를 통해 생계를 이어 가고, 또 차를 통해 전통문화를 지키며, 동시에 현대적 발전을 추구하고 있었다. 겉보기에는 소박해 보이는 차밭에서 생산된 찻잎이 오랜 시간의 발효와 숙성을 거쳐 세계 시장에서도 주목받는 고급 차가 된다. 그 과정 속에는 수많은 사람의 손길과 자연의 섭리가 어우러져 있었다.

돌이켜 보면, 곤명에 첫 도착했을 때 만났던 100여 가지의 음식이 진열된 식당, 차문화 거리를 가득 메운 보이차 가게들이 이미 이 여행의 예고편이었다. 대규모로 펼쳐진 중국의 스케일과 함께 그 안에 깃든 다양한 민족과 역사가 녹아들어 있다는 사실을 보여 준 것이다. 이어진 곤명역의 어마어마한 규모는 또 다른 충격이었고, 오래된 산맥과 터널을 지나며 듣게 된 소수민족 피난 역사는 마음을 울리는 이야기였다. 이 모든 것이 어우러져 보이차가 지금의 명성을 얻었고, 사람들의 삶을 풍요롭게 만들었다는 데 묘한 감동이 있었다.

여행 중간에 기차에서 마셨던 아이스 아메리카노를 떠올려 보면, 그 맛은 솔직히 별로였다. 하지만 그 경험마저도 이 지역이 세계화와 자본주의의 흐름을 어떻게 받아들이고 있는지를 보여주는 장면이었을 것이다. 커피가 본래 서양에서 건너온 문화라면, 보이차는 거꾸로 서양으로, 또 동남아·티베트 등으로 수출되는 대표적인 중국 차다. 서로 다른 문화가 이렇게 섞이고 뒤섞여 새로운 모습으로 발전해 가는 과정이야말로 거대한 흐름 속에 놓인 인간사라 할 수 있겠다.

곤명에 막 도착해서 겪은 낯선 충격에서부터 철로를 따라 깊은 남방의 산들과 차밭을 만나고, 피난민의 애환과 역사를 되새기기까지 이번 여행은 운남성이라는 땅이 지닌 다층적인 면모를 조금이나마 들여다볼 기회를 주었다. 이곳에서 만난 사람들, 맛본 음식, 경험한 풍경은 모두 보이차라는 공통분모로 이어져 있었다. 언젠가 이 땅을 다시 찾는다면, 아마도 그때는 한층 더 새롭게 발전한 차 문화를 목격하게 될지도 모르겠다. 동시에, 오래된 전통이 퇴색되지 않고 계속 이어져 후손들에게도 귀중한 유산으로 남아 있을 것이라고 기대해 본다.

제2장
보이차의 향기를 따라

1. 보이차란 무엇인가

보이차(普洱茶)는 중국 운남성(雲南省)에서 생산되는 발효차로 그 독특한 맛과 향, 시간을 거치며 깊어지는 숙성의 미학을 통해 전 세계적으로 사랑받고 있습니다. 차마고도(茶馬古道)를 통해 티베트·동남아·내륙 지방으로 퍼져나가며 오랜 역사를 만들어 왔고, 지금도 '빈티지 차'라는 고유한 가치로 인해 고가에 거래되기도 합니다.

보이차를 구성하는 핵심적인 키워드는 '발효'와 '숙성'입니다. 녹차나 홍차와 달리 보이차는 찻잎이 후발효 과정을 거치면서 세월에 따라 맛과 향이 끊임없이 변화합니다. 보이차는 크게 생차(生茶)와 숙차(熟茶)로 구분되는데, 생차는 전통적인 자연 발효를 통해 천천히 변화하고, 숙차는 인위적 발효(습열 발효)를 통해 빠르고 짙은 맛을 얻는 방식입니다. 보이차는 옛날부터 약재로도 활용되어, 소화·해독·심혈관 건강 등에 도움을 준다는 전통이 전해져 내려왔습니다. 현대에 이르러 과학적으로도 항산화, 체중 관리, 혈당 조절 등 다양한 건강 효능이 확인되고 있습니다.

보이차(普洱茶)는 운남성(雲南省)에서 생산되는 발효차로 그 명칭은 운남성 한 지역이자 행정 단위였던 '보이(普洱)'에서 기원했다. 오랜 역사를 통해 서서히 정착되고 발전해 온 이 차는 독특한 발효·숙성 과정을 거침으로써 다른 차들과는 구별되는 독특한 맛과 향을 갖추게 되었다. 이에 따라 현지뿐만 아니라 중국 전역, 국제 시장에서도 주목받고 있다. 보이차라는 차를 이해하기 위해서는 우선 운남성이라는 지역적 배경과 이곳에서 형성된 차 재배의 역사와 전통, 발효·숙성이라는 핵심적 특징을 함께 살펴볼 필요가 있다.

운남성은 해발이 높은 고원과 산악지대가 광범위하게 분포된 지역으로 따뜻하고 습윤한 기후와 풍부한 생물 다양성을 지니고 있다. 이러한 자연조건은 차나무가 자라기에 적합한 토양과 기후이며, 특히 장기간 축적된 유기물과 고도 차이에 따른 다채로운 미세 기후가 차에 복합적인 풍미를 준다. 실제로 운남성에서는 야생 상태로 몇백 년 이상 자라온 거대한 차나무(고수차로 부른다)가 발견되기도 하는데, 이들의 존재는 운남성이 전 세계 차 산업에서 차지하는 특별한 위치를 잘 보여주는 사례로 거론된다. 운남성의 다양한 소수민족 역시 차나무와 밀접하게 연관된 문화를 형성해 왔으며, 전통적인 차 재배와 가공 방식을 지켜 오면서 보이차의 기원과 발전에 기여해 왔다.

보이차는 크게 생차(生茶)와 숙차(熟茶)로 구분된다. 생차는 전통적인 자연 발효 과정을 통해 수년에서 수십 년에 걸쳐 천천히 숙성되며, 찻잎 자체가 오랜 시간에 걸쳐 자연스럽게 변화한다. 생차를 처음 만들었을 때는 녹차나 기타 불발효차와 비슷한 채도와 향을 지닌다. 시간이 흐를수록 떫고 쓴맛이 점차 가라앉고 부드러운 단맛과 함께 복합적인 향미가 생성된다는 점이 특징이다. 이러한 생차의 장기 숙성 과정은 와인의 빈티지 개념과 비슷하며, 차 애호가들은 5년 숙성, 10년 숙성, 혹은 20년 이상 숙성된 생차들을 종류별로 모으고 맛을 비교하기도 한다. 오랜 세월 동안 미생물과 효소 작용이 천천히 진행됨에 따라 차의 화학 성분이 바뀌어 가는 과정을 직접 경험할 수 있다는 점이 생차의 묘미다.

반면 숙차(熟茶)는 인위적으로 발효와 숙성을 가속화하는 습열 발효 공정을 거친다. 생산 공정에서 온도와 습도를 인위적으로 조절해 미생물의 활동을 활성화시키면서 단기간(통상 몇 달 정도) 안에 진하고 구수한 풍미를 형성한다. 숙차는 특유의 짙은 갈색빛, 흙 내음과 유사한 부드럽고 묵직한 향을 지니는 경우가 많다. 쓴맛이나 떫은맛이 상대적으로 적어 차를 처음 접하는 사람도 쉽게 즐길 수 있다는 장점이 있다. 이러한 공정상의 차이 덕분에 생차와 숙차는 맛과 향, 소비자들에게 전달되는 이미지 면에서 꽤 다른 양상을 보인다. 생차가 "시간이 지나면서 점진적으로 깊어지는 차"라는 인상을 준다면, 숙차는 "처음부터 완성도 높은 구수함과 부드러움을 갖춘 차"라는 느낌으로 요약될 수 있다.

보이차를 다른 차들과 구별하는 가장 중요한 키워드는 단연 '후발효(後發酵)'다. 전통적으로 녹차나 홍차는 찻잎을 가열해 효소 작용을 멈추게 하거나, 일정 부분 산화시켜 홍차 특유의 맛을 내는 식으로 제조된다. 이때 산화와 발효는 엄밀히 구분되어야 하지만, 보통 차 종류를 분류할 때는 산화 정도에 따라 녹차(불발효), 백차(경발효), 우롱차(반발효), 홍차(전발효), 흑차(후발효) 등으로 묶는다. 이때 흑차(黑茶) 계열에 속하는 대표적인 차가 보이차이다. 후발효란 이미 1차 가공을 마친 찻잎에 미생물과 효소 작용이 지속해 일어나도록 하는 과정을 말한다. 시간을 두고 적절한 온도와 습도가 유지되는 환경에 차를 보관하면, 잎 내부 성분들이 서서히 변화하고 분해되면서 중후한 맛과 향이 생겨난다. 그로 인해 장기간 숙성된 보이차는 독특한 풍미뿐만 아니라, 오랜 역사를 통해 전해 내려온 다양한 건강상 효능까지 함께 주목받게 되었다.

전통적으로 운남성 지역에서 보이차는 단순한 기호 음료가 아니라,

약용으로도 활용되어왔다는 구전이 많이 전해진다. 대표적으로 소화 기능을 돕고, 해독 작용을 돕는 차로 여겨져 왔다. 이는 지방질이 풍부한 음식을 자주 섭취하는 고산 지역에서 차가 필수품이 된 배경과도 맞물려 있다. 오늘날에는 여러 실험과 연구를 통해 보이차의 항산화 성분이나 혈당 조절, 콜레스테롤 수치를 낮추는 데 도움을 줄 가능성 등이 거론되기도 한다. 특히 발효 과정에서 생성되는 폴리페놀류, 카테킨 등의 항산화 물질이 현대인들의 노화 방지나 면역력 증진에 이롭다는 점에 주목하는 연구가 활발하다. 또한, 숙차 특유의 미생물 발효로 인해 장내 환경을 개선하는 기능이 있을 수 있다는 가설도 있다. 물론 차의 효능은 개인차나 섭취 방식, 생활 습관에 따라 달라질 수 있어 그저 건강 유지의 보조 역할 정도로 이해하는 것이 적절하다는 의견도 있다.

보이차가 오랜 세월 이어져 오면서 중요한 역할을 해 온 요소 중 하나가 바로 차마고도(茶馬古道)다. 차마고도는 운남성부터 티베트, 더 멀리 몽골이나 내륙 지방으로 이어지는 옛 무역로를 통칭하는 용어다. 이 길을 통해 차와 말, 소금 등의 물자가 교환되었다. 보이차는 이동과 보관이 용이하도록 압착된 형태(병차, 전차, 방차 등)로 운반되었고, 그 과정에서 자연 발효와 숙성이 동시에 진행되었다고도 알려져 있다. 티베트 등지에서는 동물성 지방이 많고 식물 섬유가 상대적으로 부족한 식단을 주로 섭취했기 때문에 소화를 돕는 차가 필수품으로 여겨졌다. 이처럼 보이차가 티베트와 내륙 각지로 퍼져 나가면서 그 지역 사람들의 삶과 문화를 변화시키는 데에도 적잖은 영향을 끼쳤다. 차마고도 주변에 거주하던 소수민족들도 보이차 생산과 유통에 관여하게 되면서, 이 무역로는 단순한 물자 교환 경로 이상의 정치·문화적 의미를 갖게 되었다.

현대에 이르러 보이차는 '빈티지 차'라는 고유의 가치로 인해 국내외 시장에서 상당한 인기를 누리고 있다. 그 이유 중 하나는 바로 시간에 따라 차의 품질과 맛이 달라진다는 점이다. 오래 묵힐수록 향미가 깊어지고 부드러워진다는 인식이 확산하면서 희귀한 오래된 보이차일수록 높은 가격에 거래되곤 한다. 실제로 수십 년 이상 숙성된 생차 등은 상당한 수집 가치가 있다고 평가된다. 일부 차는 예술 작품이나 투자 대상으로까지 취급되기도 한다. 그러나 이러한 고가 거래와 수요 급증은 동시에 가짜 보이차 문제가 대두되는 배경이 되기도 한다. 희소한 고수차를 표방하거나 연도를 조작하는 등의 방식으로 소비자들을 기만하는 사례가 발생해 시장 투명성을 위협한다. 이에 대응하기 위해 브랜드 단위의 정품 인증, 정부 차원의 규제 및 품질 검사, 소비자 교육 강화 등이 이루어지지만, 여전히 가짜 보이차는 완전히 근절되지 못하고 있다.

보이차는 그 제조 공정이나 산지, 나무의 나이 등에 따라 매우 다양한 유형과 맛을 지닐 수 있다. 예를 들어, 운남성 안에서도 이우산(易武山)이나 라오반장(老班章), 징마이산(景迈山), 맹해(勐海), 불해(布海) 등 각지의 차밭이 조금씩 다른 자연조건을 지니고 있다. 거기에 더해 차나무가 자라는 숲 생태계와 재배·제조 방식에 따라 차의 풍미가 달라진다. 전통적으로 이우산 보이차는 부드럽고 섬세한 특성을 띤다. 라오반장은 강렬한 쓴맛과 묵직한 바디감을 자랑하는 것으로 유명하다. 징마이산은 오래된 차나무 숲과 인근 소수민족 마을의 전통 재배 방식이 조화를 이루어 독특한 향미를 선보인다. 맹해는 숙차 생산이 활발한 지역으로서 구수한 풍미가 강한 것이 많다. 불해는 가벼운 향과 상쾌함을 지닌 생차가 잘 알려져 있다. 이런 세부적 차이는 현지의 지형·기후, 그 지역에서 오랫동안 전수되어 온 가공법 등이 결합된 결과물이다.

최근에는 보이차가 지닌 문화적, 역사적 가치가 더욱 강조되는 흐름도 나타난다. 운남성의 소수민족 공동체가 전통적으로 유지해 온 차 재배 방식, 즉 화학비료나 살충제를 최소한으로 사용하는 자연친화적 재배법, 숲 생태계를 해치지 않는 방식의 간벌 등이 한층 주목받고 있다. 이런 방식으로 자란 차나무에서 채엽한 잎은 생산량이 많지 않고, 거기에 장기간 숙성이 필요한 보이차 특성까지 더해지므로 희소성이 높아지게 된다. 하지만 그만큼 가격이 비싸지며, 일부 생산자나 중간 상인이 이를 오남용해 허위 정보를 유포하거나 과장 광고를 하는 문제도 무시할 수 없다. 따라서 소비자들은 보이차의 등급과 산지, 브랜드 정보를 신중히 살피고 신뢰도 있는 채널을 통해 구매하는 것이 좋다는 권고가 이어진다.

보이차를 이해하는 또 다른 단서는 바로 운남성의 민족 다양성과 역사적 층위가 결합된 풍부한 문화적 배경이라 할 수 있다. 운남성은 다이족, 하니족, 이족, 야오족 등 수십 개의 소수민족이 공존하는 지역이다. 이들은 각자 독자적인 언어와 의상, 생활방식을 지녔다. 이러한 문화적 요소가 차를 재배하고 소비하는 형태에도 많은 영향을 주었다. 예를 들어 일부 소수민족은 해마다 차 농사를 지으며 전통 축제를 열어 서로의 차를 교환하거나, 종교의식에 차를 활용하기도 했다. 차마고도를 통한 외부와의 교역 덕분에 새로운 문화가 흡수되고 변용되면서 운남성 전체가 차 문화를 중심으로 한 독특한 정체성을 형성하게 되었다는 분석도 있다.

이처럼 보이차는 기후와 지리, 생태계와 문화가 오랜 세월에 걸쳐 어우러지며 만들어진 복합 유산이라 할 수 있다. 단순한 기호 음료나 시장 상품이 아니라, 지역사회와 사람들, 자연환경이 합작해 빚어낸 상징적 결과물이다. 그래서인지 보이차 한 잔을 마실 때, 단순히 입안에 머무는 풍미 이상의 의미가 전달된다고 말하는 애호가들도 많다. 이 차에 녹아 있는 시간성과 자연, 역사적 맥락을 함께 생각하다 보면, 보이차가 왜 '시간을 마시는 차'라고 불리는지 스스로 깨닫게 된다는 것이다.

현대적인 감각과 결합한 새로운 보이차 문화도 흥미롭다. 온라인을 통해 전 세계 차 애호가들이 보이차 정보를 공유하며, 각종 SNS나 커뮤니티에서 자신이 소장한 보이차의 사진과 시음기를 올리는 풍경도 쉽게 찾아볼 수 있다. 무수히 다양한 빈티지와 산지, 브랜드가 존재하다 보니, 보이차를 전문적으로 리뷰하는 블로그나 영상 채널도 나타났다. 그중에는 발효와 숙성 상태를 수치화하거나, 특정 산지를 상세히 분석하는 시도도 있다. 이러한 콘텐츠들은 보이차에 대한 일반인들의 이해도를 높이고, 시장 참여자들의 안목을 강화해 준다는 측면에서 긍정적인 영향을 미친다. 동시에 보이차의 상품 가치가 지나치게 강조되어 가격이 폭등하거나, 투기적 수단으로 악용되는 경향이 생길 우려도 언급된다. 실제로 한때 중국의 차 시장이 과열되면서 고급 보이차가 지나친 거품을 형성한 적도 있었다. 이는 곧 가격 폭락과 가짜 보이차 범람이라는 후폭풍을 낳았다는 지적이 있다.

그러나 보이차가 지닌 근본적 가치는 결국 이 차가 만들어지기까지의 긴 시간과 오랜 문화, 자연과 인간의 조화에 있다고 보인다. 발효와 숙성이라는 과정은 하루아침에 완성되지 않으며, 찻잎 하나하나가 지닌 특성과 이를 다루는 사람의 기술, 환경적 조건이 복합적으로 맞물려야 비로소 의미 있는 결과물이 나온다. 이런 과정을 존중하면서 제대로 만든 차가 맛과 향에서 큰 감동을 주는 것은 어찌 보면 당연한 일이다. 그렇기에 보이차를 오랫동안 마셔 온 사람들 사이에서는 단순히 우수한 차를 찾는 것보다 어떤 과정을 거쳐 만들어진 차를 이해하고, 그 차에 담긴 이야기를 존중하는 태도가 더욱 중요하다.

보이차를 둘러싼 오늘날의 담론은 맛과 향, 건강 효능, 역사·문화적 배경, 시장 가치 등 다채로운 분야를 넘나든다. 과거에는 차마고도라는 험난한 길을 통해 운반되었고, 지역 주민들에게는 일상 속 중요한 식음료이자 약재였다. 현대에는 국제 무역과 온라인 판매망을 타고 전 세계로 뻗어나가고 있다. 한편, 발효 과정에서 형성되는 미생물 생태계와 효소 작용에 대한 과학적 연구 역시 더욱 활발해지고 있어 보이차가 여러 측면에서 지속적으로 재발견되고 있다는 점도 눈여겨볼 만하다. 이런 배경 덕분에 보이차는 그저 한낱 차를 넘어 하나의 문화 현상으로 자리 잡았다고 해도 과언이 아니다.

"보이차란 무엇인가"라는 질문에 대한 답은 간단치 않다. 운남성의 자연환경이 키워 낸 찻잎이 오랜 시간과 발효 과정을 거쳐 깊고 풍성한 풍미를 갖춘 차가 되었다는 사실이 가장 기본적인 정의이겠지만, 그 뒤에는 수많은 인간의 역사, 문화, 기술, 교역망, 사회·경제적 변동이 얽혀 있다. 이러한 맥락을 종합적으로 살펴볼 때, 보이차는 단순한 차 종류의 하나가 아니라 '자연과 사람이 함께 만들어 낸 하나의 생활·문화유산'으로 이해하는 것이 적절해 보인다. 시간이 지날수록 맛이 달라지는 차 특유의 후발효 특성은 사람들에게 '시간의 예술'을 마시는 경험을 선사한다. 한 잔을 마실 때마다 수십 년에 걸쳐 숙성된 찻잎의 변화를 감각적으로 체험할 수 있으며, 그 안에 잠재된 옛이야기와 문화적 전통까지 공유하게 된다. 이처럼 보이차는 오랜 세월 동안 지속되어 온 중국 차 문화의 한 축이면서도, 꾸준히 현대화·글로벌화를 이루며 앞으로도 계속 새롭게 해석될 여지를 남긴 특별한 차이다.

2. 보이차의 매력: 자연과 시간, 그리고 인간

보이차는 자생적 차나무(고수차·대수차)가 만들어낸 찻잎에 인간의 손길이 더해져 발효와 숙성이라는 과정을 통해 끊임없이 변신하는 예술 작품이라 할 수 있습니다. 특히 수백 년 된 고차나무에서 채취된 잎으로 만든 차는 깊고 복합적인 풍미를 지닌 고품질로 평가받습니다. 또한, 오랜 시간 숙성된 보이차는 맛이 계속 바뀌어 '시간을 마시는 차'라고 불릴 정도로 세월의 흔적을 고스란히 보여줍니다.

이렇듯 자연과 인간, 시간이 어우러진 결과물로서의 보이차는 차 문화의 정수로 자리매김해 왔으며, 국내외 차 애호가들 사이에서 높은 가치를 인정받고 있습니다. 보이차는 단순한 음료가 아니라, 산지의 자연 생태계와 소수민족 문화, 차를 매개로 한 교류와 유통의 역사를 담고 있는 특별한 문화적·역사적 유산입니다.

보이차의 매력은 운남성 특유의 자연환경에서부터 비롯되었다. 차나무가 자라기에 적합한 온난다습한 기후와 비옥한 토양, 높은 고원지대가 만들어 낸 다채로운 미세 기후는 찻잎에 다양한 풍미를 부여했다. 운남성에 뿌리를 내린 소수민족들의 전통적인 재배 방식과 오랜 문화적 배경은 그 자체로 보이차가 가진 자연의 숨결을 더욱 짙게 담아냈다. 산길을 오르내리며 뿌리내린 오래된 차나무들은 사시사철 바뀌는 햇살과 비, 안개를 흡수하면서 찻잎 속에 깊은 향을 축적했고, 이러한 자연이

자아낸 풍성한 향미는 보이차가 지닌 매력의 시작이었다.

사람들은 예로부터 이 고원의 숲속에서 자라는 차나무를 관찰했고, 그중에서도 오랫동안 살아남은 거대한 차나무들에서 독특한 맛이 우러난다는 사실을 체득했다. 아주 먼 옛날부터 이 지역 주민들은 차나무 잎을 채집해 다양한 방식으로 덖거나 말려서 음용해 왔다. 그 시간이 쌓이는 동안 자연스레 개발된 가공 방식이 후발효를 통해 얻어지는 보이차의 특징을 완성했다. 특히 운남성 전역에 분포한 고차나무, 즉 수백 년에서 천년 이상 자라 온 차나무들은 뿌리가 깊이 박혀 있어서 토양에서 얻어내는 영양분과 미생물이 풍부했다. 그러한 자연조건에서 생겨난 찻잎은 수확할 때 이미 농밀하고 진한 향을 품고 있었으며, 후발효와 숙성을 거치면서 그 진가를 발휘했다. 이는 인간의 손길이 미치는 영역을 훌쩍 넘어서는 자연의 선물과도 같았다.

운남성의 산과 숲, 이곳을 둘러싼 여러 소수민족의 문화가 어우러진 결과물로 보이차가 자리 잡게 되었다고 볼 수 있다. 보이차의 매력은 이러한 환경과 사람들의 전통이 만나는 접점에서 더욱 빛을 발했다. 실제로 운남성의 여러 지역을 거닐다 보면, 하니족이나 이족 등 소수민족 마을에서 차밭을 가꾸는 풍경을 쉽게 발견하게 된다. 그들은 대대로 전해 내려오는 지식에 따라 화학비료보다는 자연적으로 발생하는 거름과 전통 농법을 사용해 차를 재배했다고 전해진다. 그 과정에서 생태계를 최대한 보존하는 방식으로 차나무를 기른 것으로 알려졌다. 이를 통해 자연이 주는 순수한 맛을 최대로 이끌어낼 수 있었고, 덕분에 생차든 숙차든 운남성 차밭에서 생산된 찻잎들은 고유의 풍미를 갖추게 되었다.

시간 역시 보이차의 매력을 규정하는 핵심 요소였다. 보이차는 발효와 숙성이 진행될수록 맛과 향이 달라지는 특징이 있다. 녹차나 홍차가 비교적 짧은 시간에 제맛을 내는 것과 달리, 보이차는 몇 년, 혹은 수십 년이라는 긴 세월을 품에 안고 변화를 이어 간다. 이러한 숙성의 매력은 마치 사람의 인생에서 경험이라는 것이 쌓여 가며 깊이가 생기는 것과 비슷하다. 생차를 처음 우려냈을 때 느껴지는 쌉쌀함과 떫음은 시간이 흐르면서 점차 부드러워지고 달콤한 여운을 남긴다. 반면 숙차는 몇 달에서 1~2년간의 습열 발효 과정으로 이미 묵직한 풍미를 갖추지만, 그 이후에도 해를 거듭하며 풍미가 조금씩 변모한다. 이러한 과정은 단순히 차의 화학 성분이 바뀌는 것을 넘어 마시는 이에게 '시간을 마신다'라는 특별한 감각을 선사했다.

시간은 단지 차의 풍미와 향을 변화시키는 물리적 요소일 뿐 아니라, 차를 둘러싼 문화적·역사적 의미도 함께 축적하게 만든다. 차마고도를 통해 옛 상인들이 보이차를 말에 싣고 왕래하던 시절, 차는 단순한 음료가 아니라 교역의 핵심 자원이자 서로 다른 문화를 잇는 매개체 역할을 했다. 시간이 흐르며 무역로가 확장되고 생활양식이 변했지만, 이러한 역사적 배경이 남긴 흔적은 여전히 보이차 곳곳에서 묻어난다. 운남성의 산골 마을에서 만나는 낡은 차 창고, 오래된 차를 보관해 온 대나무 바구니, 과거를 풍미하던 압제 방식 등은 모두 긴 세월과 함께 전해 내려온 보이차의 매력이다. 오늘날에도 보이차를 마실 때면, 그 잎 안에 오롯이 담긴 시간의 기억이 입안 가득 펼쳐지는 듯한 인상을 준다.

이처럼 자연과 시간이 결합해 만들어 낸 차에 인간의 손길이 더해지면, 비로소 '보이차'라는 한 잔이 완성된다. 인간은 차나무를 찾아내고, 찻잎을 채집하고, 덖고, 말리고, 쌓아두고, 때로는 압제해 운반하기 쉽게 만들었다. 그렇게 완성된 찻잎은 적절한 환경에 보관되면서 서서히 숙성하고, 특정 시점이 되었을 때 우리는 찻잎을 우려내며 그 맛을 확인한다. 이 전체 과정 속에서 인간의 역할은 자연을 억지로 변형하는 데 있지 않고, 자연의 흐름에 순응하면서 최적의 상태를 만들어내는 데 가까웠다. 특히 숙차 공정에서 이루어지는 습열 발효 역시 차창(茶廠) 관계자들이 오랜 경험을 통해 쌓은 노하우를 활용해 찻잎에 적합한 온도·습도·뒤섞기 횟수를 결정하는 기술적 측면이 중요하다. 그렇게 사람들은 자연이 준 찻잎을 매개로 시간의 흐름을 체화하는 경험을 공유했다.

보이차의 매력은 여기서 끝나지 않는다. 앞서 언급한 자연과 시간, 인간의 결합이 결국 한 잔의 차를 마주했을 때 새롭게 꽃핀다는 점이 흥미롭다. 뜨거운 물을 부어 차를 우리면, 찻잎이 물속에서 서서히 풀어지며 그동안 축적해 온 향미를 조금씩 발산한다. 처음 한 모금에서 느껴지는 맛과 우려낼수록 변하는 맛이 달라질 때마다 시음자는 그 작은 변화에 집중하게 된다. 쌉쌀한 첫맛이 어느새 단맛으로 이어지고, 차를 삼킨 뒤 입안에 은은하게 남는 향이 무언가를 떠올리게 할 때, 사람들은 이 차가 지닌 사연과 역사를 자연스레 궁금해한다. 즉, 보이차가 주는 미각적 즐거움은 곧 그 차가 자라 온 곳과 시간, 그 과정을 지켜 온 사람들을 되짚어 보는 계기가 되었다.

특히 생차의 경우, 아주 어렸을 때의 신선함이 마치 녹차와 같은 면모를 보여준다. 하지만 몇 해만 지났을 뿐인데 떫고 쓴맛이 줄어들고, 감칠맛이 살아나는 등 눈에 띄는 변화를 확인할 수 있다. 이러한 변화는 술이나 치즈처럼 발효·숙성 과정이 필요한 다른 음식과도 통하는 면이 있지만, 찻잎이 지닌 성분과 보관 환경, 미생물의 역할이 결합해 만들어지는 결과물이라 더욱 섬세하고 미묘한 차이가 생긴다. 차 애호가들은 이를 두고 "차는 살아 숨 쉰다"라고 표현했다. 실제로 후발효차인 보이차는 온도와 습도, 통풍 상태에 민감하게 반응하므로 보관 환경에 따라 발효 속도와 방향이 크게 달라진다. 이런 섬세함 때문에 생차를 모으고 숙성시키는 일은 단순히 물건을 수집하는 것이 아니라, 시간을 투자해 한 음료의 변화를 관찰하는 독특한 취미로 자리 잡았다.

숙차도 마찬가지다. 습열 발효를 거쳐 나온 숙차는 이미 짙은 갈색의 우린 물과 함께 구수하고 매끄러운 맛을 갖추고 있다. 하지만 그 맛이 완전히 고정된 것은 아니어서 보관 방식이나 시간에 따라 또 다른 변화를 겪는다. 발효가 어느 정도 끝난 뒤에도 찻잎 내부에 남아 있는 미생물이나 효소, 혹은 외부 환경의 영향을 조금씩 받기 때문이다. 그래서 출시 직후에 맛본 숙차와 몇 년 뒤에 맛본 숙차는 느낌이 다를 수 있다. 이렇게 특정 시점에 맛을 보면, 그 차가 세월을 통해 다듬어지는 모습을 직접 확인할 수 있어 특별한 감흥을 준다. 이것이 보이차가 가진 두 번째 매력, 즉 '시간과 사람이 함께 만들어 가는 맛'이라는 점이다.

보이차가 품고 있는 자연과 시간, 인간의 이야기는 운남성 사람들의 삶과도 떼려야 뗄 수 없는 관계에 있다. 운남성에는 차나무만 있는 것이 아니라 그것을 둘러싼 많은 생물과 숲, 계곡, 소수민족 공동체가 존재한다. 이들은 오랫동안 서로 영향을 주고받으며 공존했으며, 이를 통해 형성된 생활양식은 다른 지역에서 쉽게 찾아볼 수 없는 독특한 차문화를 낳았다. 예를 들어, 일부 소수민족은 해마다 찻잎을 수확할 때 산령(山靈)과 조상들에게 감사하는 의식을 치른다. 이런 전통 의식은 단순히 미신적 풍습이 아니라, 대대로 이어져 온 자연관과 세계관이 녹아든 문화의 산물이다. 차나무를 살아 있는 존재로 대하고, 숲을 함께 가꾸며 보호해야 한다는 인식이 바탕이 되었기에 가능한 일이다.

덕분에 보이차를 만들어내는 과정 전반에서 인간은 자연에 대한 경외감을 잃지 않는 태도를 보였다. 차나무 숲을 무분별하게 훼손하기보다는 그곳에서 나는 찻잎을 조금씩 채엽하면서도 다음 세대에 전해 줄 차나무의 건강을 먼저 생각했다. 화학비료나 농약 대신 옛날부터 내려온 지혜를 활용해 병충해를 예방하고 토양을 비옥하게 만드는 방식을 사용했다. 이러한 재배 철학은 오늘날에도 지속 가능한 농업과 생태계 보전이라는 측면에서 높은 가치를 지닌다. 실제로 국제 사회에서는 이러한 운남성 전통 차 숲을 세계적으로 중요한 유산으로 평가하며, 보전의 필요성을 강조하는 목소리가 나오고 있다. 이는 보이차가 단순한 상품이 아니라 인간과 자연이 오랜 세월 동안 함께 쌓아 온 역사의 일부임을 보여주는 증거다.

보이차를 마실 때마다 느끼게 되는, 과연 이 찻잎은 언제 어디서 자랐고, 어떤 과정을 거쳐 지금 내 손에 이르렀는가 하는 궁금증은 곧 이 차가 품고 있는 문화적 스토리와 연결된다. 예컨대 어떤 사람은 오래된 고차나무에서 딴 찻잎으로 만든 라오반장 보이차를 맛본 뒤 그 묵직하고 강렬한 맛에 매료되어 라오반장 지역을 찾아가고 싶다는 생각을 품었을 것이다. 다른 이는 이우산에서 생산된 차를 접하고는 부드럽고 섬세한 풍미에 감동받아 이우산이 어떤 지형적 특색을 가졌는지 알아보기 시작했을 것이다. 이렇게 보이차 한 잔을 마시다가 시작된 작은 호기심은 종종 운남성의 지리와 역사, 그곳 소수민족들의 생활양식에 대한 더 큰 관심으로 이어진다. 그래서 보이차는 한 지역의 문화를 체화하거나, 여행을 꿈꾸게 만드는 매개체로도 작용한다.

    또한, 보이차는 차에 얽힌 여러 전통 의식과 예절, 혹은 다례(茶禮)의 측면에서도 매력을 발휘한다. 물론 보이차를 마시는 데 반드시 엄격한 예법이 필요한 것은 아니다. 그러나 오랫동안 전해져 내려온 차를 우려내는 방식, 잔을 돌리는 순서, 마시는 태도 등은 이 차가 품고 있는 정신적인 맥락을 잘 드러낸다. 일부 지역에서는 보이차 시음이 손님을 대접하는 가장 정중한 방법으로 여겨져 왔다. 이는 차에 담긴 정성이 가볍지 않음을 시사한다. 잔을 돌려가며 서로에게 차를 따라 주고, 함께 맛을 음미하는 순간에는 사람들 사이에 교류와 소통의 기회가 생긴다. 차를 마시는 행위가 그저 갈증을 해소하고 기호를 충족시키는 일에 그치지 않고, 인간관계를 풍요롭게 만드는 역할까지 맡는 셈이다.

    보이차가 건강에 미치는 영향에 대해서도 여럿이 관심을 기울이는 이유 역시, 자연과 시간, 인간이 만나는 지점에서 이 차가 만들어 낸 또 다른 매력과 관련이 있다. 전통적으로 소화에 좋고 해독 작용을 돕는다는 믿음이 내려온 데 이어 현대 과학 연구에서도 일부 유효성분이 항산화나 지방 대사 등에 긍정적인 영향을 끼칠 가능성이 제기되고 있다. 물론 보이차 한 잔만으로 모든 건강 문제가 해결되는 것은 아니겠지만, 자연 발효 과정을 거치며 생성된 여러 성분이 우리 몸에 나름의 도움을 줄 수 있다는 사실은 많은 이들의 관심을 끄는 요인이 되었다. 더욱이 이런 발효 과정을 촉진하거나 보조하는 미생물들이 찻잎에 서식한다는 점은 미생물학적으로도 흥미로운 연구 주제가 된다. 보이차는 맛과 향 뿐 아니라, 몸에 대한 영향과 자연생태학적 가치까지 모두 아우르며 사람들의 시선을 붙들었다.

　시간이 흐르고 시장이 확장되면서 보이차는 중국 내수 시장을 넘어 해외에서도 알려지게 되었다. 차 애호가들을 중심으로 특히 '빈티지 차'라는 개념이 강조되었고, 예전부터 숙성된 보이차는 고가에 거래되기도 했다. 이는 보이차가 지닌 자연과 시간의 조화가 곧 희소성과도 직결된다는 사실을 반영한다. 오랜 기간 좋은 환경에서 숙성된 차는 단순한 기호품을 넘어 예술품처럼 여겨지며, 투자 대상으로까지 거론되기도 한다. 물론 그로 인해 시장이 과열되면서 가짜 보이차가 대거 유통되거나, 실제 가치보다 터무니없이 높은 가격을 부르며 판매하는 사례도 생겼다. 그러나 이런 혼란 속에서도 보이차가 처음부터 가지고 있던 '자연과 시간이 빚은 독특한 맛'이라는 본질은 크게 흔들리지 않았다. 오히려 정통 보이차를 찾으려는 사람들의 관심은 더욱 높아졌고, 제대로 된 생태 재배와 정직한 숙성 과정을 거친 차가 주목받게 되었다.

　보이차의 매력은 사람들에게 '자연을 존중하는 태도'와 '시간을 기다리는 인내', '인간이 만들어 낸 협업의 가치'를 일깨워주는 데 있다. 그것은 산속의 오랜 차나무 숲을 훼손하지 않고 보존하려는 노력이 있었기에 가능한 일이었고, 짧은 기간에 빨리 결과물을 얻으려 하기보다는 차가 스스로 변화해 가는 과정을 지켜보며 가치를 부여해 온 사람들의 철학이 뒷받침되었기에 지금까지 이어졌다. 물리적으로 소량 생산되는 오래된 차나무 찻잎은 당연히 희소성을 갖게 되지만, 동시에 그것을 취급하는 모든 이가 차에 담긴 시간과 노력을 존중해야 비로소 보이차다운 품격이 나타난다는 점이 중요하다. 이는 소비자들 역시 제품의 출처와 숙성 과정을 꼼꼼히 살펴보게 된다. 그만큼 보이차를 마시는 행위는 단순한 소비를 넘어 하나의 문화적 경험이 될 수 있다.

　　보이차에 대한 관심이 높아지면서, 이 차를 통해 운남성을 직접 찾아가고 싶어 하는 사람들이 적잖이 생겼다. 이들은 차나무가 살아 있는 숲을 체험하고, 실제로 농민들과 대화를 나누며, 차마고도의 흔적이 남아 있는 옛길을 걸어 보고 싶다는 마음을 품는다. 그 과정에서 인간과 자연이 상호작용하며 쌓아 온 긴 역사와 현재까지 이어지는 풍습의 진정한 가치를 체감하기도 한다. 어떤 이들은 차밭에서 직접 찻잎을 따 보고, 전통 방식으로 덖는 체험을 하며, 그날 만든 차를 마시는 특별한 경험을 통해 보이차의 매력을 더욱 생생하게 느낀다. 그렇게 차를 매개로 한 체험과 교류가 쌓이는 만큼, 보이차가 지닌 자연과 시간, 인간의 의미는 한층 깊어져 간다.

　　보이차는 한 잔으로도 그 매력을 모두 설명하기 어려운 음료다. 자연이 주는 다양한 조건, 긴 시간의 경과, 여러 사람의 손길이 모여 탄생한 결과물이어서 마실 때마다 다른 모습을 보여주는 것처럼 느껴진다. 오늘은 묵직하고 구수한 느낌이었다가, 내일은 어느새 한층 부드럽고 달달한 맛이 올라오기도 한다. 사람마다 취향과 감성이 다르기에 어떤 이는 처음 마셔 본 보이차가 다소 텁텁해 낯설었다고 말하고, 또 다른 이는 한 모금에 빠져들어 곧바로 다양한 종류의 보이차를 찾아 시음하기 시작하는 일도 있다. 이러한 다채로운 반응들은 모두 보이차가 지닌 매력의 일부이며, 그만큼 풍부하고 포용력이 큰 차라는 방증이기도 하다.

　　이렇게 보이차는 자연의 섭리와 시간의 흐름, 인간의 전통과 기술이 얽혀 빚어낸 하나의 유산이다. 좋은 자연조건과 배경 속에서 자란 차나무가 미생물 발효와 숙성 과정을 거치면서 새로운 풍미를 창출하고,

이를 받아들이는 사람들은 옛 무역로와 문화를 통해 차를 연결해 왔다. 그리고 그 모든 풍경을 한 잔의 차에 담아내면서도, 각자에게 다른 매력을 선사하는 신비로움을 간직하고 있다. 보이차가 지닌 본질은 바쁘고 소모적인 삶의 한가운데서 쉽게 완성되기 어렵다는 점에서 오히려 현대인에게 귀중한 깨달음을 전해주는 것인지도 모른다. 땅과 하늘, 사람과 시간 모든 것이 조화를 이뤄야 비로소 완성되는 이 차는 한편으로는 자연과 공존하며 느리게 익어 가는 삶의 가치를 시사하기 때문이다.

따라서 보이차를 음미한다는 것은 그 안에 담긴 자연과 시간을 대면하는 일이자 동시에 보이차를 존재하게 한 수많은 이들의 노력과 흔적을 함께 공감하는 일이기도 하다. 차 한 잔을 입에 머금고 천천히 삼키며, 그 뒤에 따라오는 은은한 향과 여운을 즐길 때, 우리는 이 차가 걸어온 험난한 역사와 미래까지도 잠시나마 그려 볼 수 있다. 세월 속에서 변모해 온 찻잎처럼, 우리 또한 다양한 경험을 통해 변화를 거듭하고 성숙해 간다. 그렇게 보이차는 마시는 이의 감각과 인생관에 부드럽게 스며들면서 자연과 시간, 인간이 펼쳐 낸 놀라운 협업의 결과물이라는 사실을 다시금 일깨워 준다.

보이차의 매력은 복합적이고 다면적이어서, 단순히 그 맛이 좋아서 혹은 건강에 좋아서라고만 정의하기에는 부족하다. 운남성의 독특한 자연환경과 소수민족들이 간직해 온 전통, 차마고도를 따라 형성된 무역과 문화의 흐름, 후발효 과정에서 드러나는 미생물 생태학적 다양성, 이런 요소들을 존중하고 지켜나가려는 수많은 사람의 열정이 모여 만들어 낸 독보적인 차다. 그 한 잔에 담긴 이야기를 조금씩 풀어 가다 보면, 어느새 보이차가 단순한 음료가 아니라 우리에게 자연의 섭리를 깨닫게 하고, 긴 호흡으로 삶을 돌아보게 만들며, 사람과 사람을 연결하는 문화적 교량이 될 수 있음을 알게 된다. 이처럼 자연과 시간, 인간이 어우러진 총체적 예술품이라 할 수 있는 보이차를 대할 때, 우리는 차 속에 깃든 감동과 깨달음을 차분히 음미하면서 운남성 숲 어딘가에 굳건히 서 있을 그 오래된 차나무를 떠올리게 된다.

3. 보이차의 기원과 발전

보이차의 기원은 기원전까지 거슬러 올라가며, 운남성의 원시 숲에서 자라난 차나무를 소수민족들이 약용으로 사용했던 것이 그 시초라고 전해집니다. 이후 명나라·청나라 시기에 차마고도를 통한 교역이 활발해지면서 보이차는 북쪽 지방과 티베트, 몽골, 심지어 동남아시아에까지 전파됩니다. 특히 티베트인들에게 보이차는 고산지대 생활에 필수적인 음료로 지방질이 많은 음식을 소화시키는 역할을 했으며, 이로 인해 보이차는 '교역상품 이상의 문화적 상징'으로 자리 잡았습니다.

보이차의 기원을 이야기할 때 가장 먼저 떠올릴 수 있는 장면은 기원전부터 운남성 일대의 원시 숲에 살던 소수민족들이 차나무를 발견하고 이를 생활 속에 받아들였던 모습이다. 이들은 처음에는 차를 일종의 약초로 사용했다고 전해진다. 기후가 습하고 일교차가 심한 산악지대에서 각종 질병이나 체력 저하를 막기 위해 찻잎을 씹거나 달여 마시는 방식으로 병을 다스렸다는 구전이 오래전부터 전해 내려온다. 당시에 차나무라고 해 봤자 지금처럼 재배 기술이 발달한 것도 아니고, 그저 숲에 자연스럽게 뿌리내린 야생의 고차나무에서 잎을 뜯어내기만 했을 것이다. 자연과 공존하며 살아가던 소수민족들은 찻잎에서 쓰고 떫은맛뿐 아니라 은은한 감칠맛과 몸을 데워 주는 성질을 발견했고, 그것이 곧 질병 예방과 기력 보충에 상당한 도움을 준다고 믿었다. 이런 이유로 차가 단순 식재료 이상으로 취급되었으며, 그 시작점이 보이차의 원형이 되었다고 할 수 있다.

기원을 전후로 해 운남성 일대의 부족들이 차에 대한 지식을 조금씩 쌓아 가면서 찻잎을 손질하고 저장하는 여러 방식이 시도되었다고 한다. 흔히 알려진 것처럼 찻잎을 데쳐 말리는 과정을 통해 보관 기간을 늘렸고, 시간이 지날수록 발효가 진행되며 맛이 부드러워지는 현상을 경험했다. 차의 성질이 시간이 흐를수록 달라지고, 다른 지역에선 쉽게 맛볼 수 없는 독특한 향을 지니게 된다는 사실은 이들에게 신선한 충격이었다. 그렇게 '시간의 맛'이라고도 불리는 발효·숙성의 가치가 천천히 싹트기 시작했다. 특히 운남성의 더운 날씨와 고지대 특유의 높은 습도는 차를 자연스럽게 '후발효' 시키기에 적합한 조건을 제공했고, 지금 우리가 알고 있는 보이차의 기원적 형태가 조금씩 모습을 갖춰 나갔다.

이후 시대가 변함에 따라 보이차의 운명 역시 커다란 전환점을 맞이한다. 명나라나 청나라 시대를 대표로 들 수 있는데, 이 시기에 소위 '차마고도(茶馬古道)'라고 불리는 운송로가 더욱 활발히 운영되면서 운남성에서 생산된 차가 대규모로 북쪽 지역, 티베트, 몽골, 심지어 동남아시아까지 흘러 들어갔다. 차마고도는 이름 그대로 차와 말을 교역했던 길이다. 당시에 말은 군사력과 농사 등 다양한 방면에서 귀중한 자원이었고, 차는 이 말과 물물교환되는 품목 중 하나였다. 물론 소금을 비롯한 다른 물품도 오갔지만, 운남성의 차는 특히 고산지대인 티베트나 몽골 지방에 큰 매력으로 다가왔다. 지방질이 많은 음식을 즐겨 먹을 수밖에 없는 티베트인들에게 차는 소화를 돕고 몸의 열을 적절히 다스리는 중요한 음료 역할을 했다. 그들은 고산 생활의 특수성 때문에 산소가 희박하고 음식물 섭취나 소화에 부담이 있었는데, 보이차가 기름진 음식을 먹은 뒤 속을 편하게 해 준다고 믿었다.

차마고도를 통해 보이차가 북방이나 서쪽 지역으로 전해지게 되면서 자연스럽게 보이차의 가치는 단순한 약초나 지역 특산품을 넘어선 문화적 상징으로 부상했다. 티베트나 몽골 지역에서는 차가 부족하면 안 될 정도로 필수품이 되었다. 일부 지방에서는 보이차를 더 가치 있게 여기기 위해 자체적인 가공법을 추가하거나, 숙성 기간을 늘려서 맛을 강하게 만들기도 했다. 이렇게 다양한 방식으로 변형된 차들이 각 지역에 스며들었고, 그와 함께 수많은 문화적 교류와 이야기가 축적되었다. 보이차는 이제 물물교환의 매개체에 그치는 것이 아니라, 말 그대로 시대와 지역, 문화를 잇는 일종의 다리 역할을 하게 된 것이다.

명나라와 청나라 시기에 국가 차원의 교역이 활발히 이뤄지고, 운남성의 산물인 차가 전국 각지로 유통되면서 상인들은 보이차를 좀 더 효율적으로 운반하기 위해 쪄서 뭉치는 압제(壓制) 형태를 개발했다. 우리가 흔히 아는 '병차(餅茶)'나 '타차(沱茶)', '전차(磚茶)'가 바로 그 결과물이다. 낱잎 상태로 운반하면 부피가 크고 운반 중에 잘 부서지는 문제가 있었는데, 찻잎을 증기로 쪄서 뭉치거나 벽돌 모양으로 만든 뒤 말려서 운반하면 훨씬 간편했다. 이때부터 차마고도를 오가던 상인들은 말을 이용해 병차나 전차를 대량으로 실어 날랐다. 먼 길을 이동하는 동안 차가 자연스럽게 숙성되면서 특유의 향미가 더욱 깊어지는 현상을 관찰했다. 이를 일명 '운송 중 발효'라고 불렀는데, 많은 이들이 "오히려 오래 이동할수록 차가 더 맛있어진다"고 반가워했던 것이다.

나아가 티베트 지역에서는 보이차를 버터와 소금을 섞어 마시는 '짠차(酥油茶)' 문화가 형성되기도 했다. 해발이 높은 지역에서는 육류나 유제품 섭취가 필수적이었지만, 그만큼 소화에 부담이 컸다. 버터와 보이차를 섞은 음료는 열량과 영양을 보충하는 동시에 속을 편하게 해주는 효과가 있었다고 전해진다. 이런 형태로 다양한 지방 문화와 결합한 보이차는 점점 교역상품 이상의 상징성을 가지게 되었다. 사람들은 보이차 한 덩이로 말 한 필을 살 수도 있다는 이야기까지 만들어냈다. 물론 이는 다소 과장된 면도 있지만, 그 정도로 보이차가 귀중한 물품이었다는 사실을 짐작케 한다.

이렇듯 보이차는 운남성의 한 구석에서만 즐기는 차가 아니라, 광범위하게 사용되고 사랑받는 음료로 발전해 갔다. 그러면서 자연스럽게 생산 지역도 확장되고, 다양한 맛과 향을 가진 보이차들이 태어났다. 많은 산지에서 저마다의 토양, 기후, 해발 고도, 차나무 나이 등에 따라 독특한 특징을 띠는 찻잎을 수확했다. 제조 방식 역시 각 가문이나 지역 전통에 따라 조금씩 달랐다. 생차(生茶)는 오랜 시간을 두고 천천히 발효시키는 전통적인 방식을 고수해 떫고 쓴맛이 초반에는 강하지만, 시간이 지날수록 부드러운 감칠맛과 단맛이 살아난다. 반면 숙차(熟茶)는 1970년대 이후 본격적으로 확립된 인위적 발효 방식, 즉 '습열 발효'를 통해 짧은 기간 안에 깊고 구수한 맛을 내는 특징이 있다.

청나라 말기부터 중화민국 시기를 거치면서 중국 대내외 정세가 매우 불안정해지고 전쟁과 혼란이 이어지면서 차마고도 자체가 예전만큼 활기를 띠지 못하던 시대가 도래하기도 했다. 하지만 그 시기에도 북방을 비롯해 운남성 인근 국가들로 보이차를 구하기 위해 찾아오는 상인들이 끊이지 않았다. 내륙 지방의 귀족층이나 상류층 일부에서도 오래 숙성된 보이차는 몸에 좋은 약차라는 인식이 퍼져 가며, 각자의 저장 창고에서 보이차를 몇십 년간 묵히는 문화가 생겨나기도 했다. 이런 사회적·문화적 변화 속에서 보이차는 저평가되기도 했고, 다시 주목받기도 하면서 서서히 자리를 잡았다.

특히 20세기 후반에 들어서면서 보이차는 또 한 번 중요한 변화의 물결을 타게 된다. 중국의 경제 발전과 함께 운송 수단이 획기적으로 발전했고, 공장 시스템이 도입되면서 대규모 생산이 가능해졌다. 운남성 정부와 여러 차창(茶廠)들은 보이차를 해외 시장에 적극적으로 내보내기 시작했다. 그 과정에서 보이차가 '빈티지 차'라는 독특한 이미지를 얻게 되었다. 오랜 시간 숙성될수록 맛이 좋아지는 차, 세월의 흔적이 고스란히 묻어나는 차라는 콘셉트는 차 애호가들의 호기심을 자극했다. 이는 홍차, 녹차처럼 신선함을 강조하는 다른 종류의 차와 차별되는 지점이었고, 보이차만의 정체성을 한층 공고히 하는 계기가 되었다.

이처럼 보이차가 상품으로서의 가치를 높여 가자 시장에서는 자연스럽게 고수차(古樹茶)와 오래된 빈티지 차에 대한 열풍이 일어났다. 수백 년 된 차나무에서 딴 찻잎, 또 몇십 년간 구비구비 숙성 과정을 거친 차는 말 그대로 희소가치가 있었다. 이런 희소성은 보이차의 가격을 폭등시켰고, 일부는 투기 대상이 되기까지 했다. 그러나 그 이면에는 전통을 지키고 자연과 조화를 이루며 살던 소수민족들의 노고와 오랜 시간 이어진 역사적·문화적 맥락이 깔려 있었다. 그럼에도 보이차에 몰린 관심이 너무 커지자 가짜 보이차나 과장 광고 등이 시장을 교란하는 부작용도 생겨났다. 보이차는 전통과 현대 자본주의의 역학 속에서 끊임없이 자기 자리를 모색해야 하는 상황을 맞이하게 된 것이다.

보이차의 가장 근본적인 매력은 기원전부터 지속되어 온 발효와 숙성의 예술이라는 점에 있다. 보이차는 단순히 제조 시점에서 맛이 결정되는 것이 아니라, 시간과 환경에 따라 맛이 유동적으로 변하고 깊어지는 특성이 있다. 이는 운남성의 독특한 자연환경과 역사적 배경, 소수민족의 차 재배·가공 전통이 합쳐져 만들어 낸 결과물이다. 심지어 오늘날에도 새로 수확한 생차를 일부러 오래 보관하며, 몇 년 뒤에 변해가는 맛을 음미하는 사람도 많다. 이런 문화가 쌓이고 쌓여 보이차는 이제 '차를 마신다'는 행위를 넘어 '시간을 마신다'는 표현이 어색하지 않을 만큼 깊이 있는 음료가 되었다.

가장 최근의 흐름을 살펴보면, 보이차는 더 이상 중국 내수 시장에만 국한되지 않는다. 대만, 홍콩, 동남아시아를 넘어 유럽이나 북미, 한국 등지에서도 이미 탄탄한 애호가층이 형성된 지 오래다. 차 전문점뿐 아니라 고급 취미의 하나로 보이차 수집을 하는 이들도 부쩍 늘었다. 인터넷과 SNS가 발달하면서 보이차와 관련된 정보가 빠르게 공유되고, 이를 계기로 보이차 입문자들의 숫자도 꾸준히 증가하고 있다. 과거에는 생소하게 여겨졌던 후발효 차에 대한 이해도가 높아지면서, '보이차는 몸에 좋고, 장기 숙성으로 가치가 오르는 차'라는 인식이 퍼진 것도 이러한 확산의 배경 중 하나다.

보이차가 지금 이 자리에 오기까지는 수천 년에 걸친 자연·인간·문화의 상호작용이 있었다. 기원전부터 이어져 온 소수민족들의 약용 문화, 명·청 시대의 차마고도를 통한 교역의 번성, 20세기 들어서 산업화와 세계화의 파고를 타며 이루어진 대규모 생산과 해외 시장 진출까지. 보이차의 기원과 발전이라는 여정은 결코 단일한 길만을 걸어온 것이 아니었다. 전쟁과 혼란 속에서 명맥이 위태롭던 시절도 있었고, 너무 큰 인기로 인해 투기 열풍에 휩싸인 적도 있었다. 하지만 그런 우여곡절 속에서도 보이차는 끊임없이 자신의 정체성을 지켜 왔다. 그것은 바로, 차는 시간과 함께 익어 간다는 믿음, 발효와 숙성을 통해 인간의 손길과 자연의 선물이 만나는 지점을 구현한다는 철학이다.

오늘날 보이차를 마시는 사람들은 그 한 잔에 담긴 오랜 역사를 떠올리며 비로소 이 차가 왜 특별한지 깨닫게 된다. 대지의 기운, 수많은 세대의 노동과 지혜, 차마고도를 넘어 이어져 온 무수한 인연과 스토리, 발효가 쌓아 온 긴 시간의 흔적이 어우러져 만들어 낸 향미이기 때문이다. 이는 차를 마시는 행위가 단순히 목을 축이는 것을 넘어 한 문화와 역사를 음미하는 일이 될 수 있다는 사실을 우리에게 일깨워준다. 그리고 그 '시간의 예술'을 다시 다음 세대에게 전해 줄 수 있다는 점, 바로 그 지점에서 보이차의 가치는 지금도, 앞으로도 계속 이어질 것이다.

이처럼 보이차의 기원은 대단히 오래되었고, 그 발전 과정은 일직선이 아니라 여러 갈래와 굴곡을 거듭해 왔다. 그렇기에 보이차 한 덩이를 손에 쥐고 있으면, 마치 유구한 역사와 전통을 손안에 담아 둔 듯한 무거운 묵직함을 느끼게 된다. 현대로 넘어오면서 많은 이들이 보이차를 동양의 와인에 비유한다. 이는 발효와 숙성, 빈티지라는 개념이 작동하기 때문이기도 하고, 문화적·역사적 이야기가 짙게 깔려 있기 때문이기도 하다. 특히 발효 과정을 통해 해를 거듭할수록 변해가는 맛, 생산 연도와 저장 방식에 따라 품질과 가격이 천차만별로 갈리는 점은 와인 세계와 닮았다.

그러나 아무리 와인에 비유해 본다 해도 보이차만이 가진 독특함은 분명 있다. 그것은 바로 운남성 고지대 특유의 자연환경과 소수민족들이 대대로 이어 온 생활양식 속에서 피어났다는 점이다. 기원전부터 형성된 야생 차나무 숲, 수백 년 수령의 고수차, 차마고도의 험준한 길을 넘나들던 교역의 역사 등은 보이차라는 이름의 서사를 더욱 풍성하게 만드는 원천이다. 한 잔의 보이차 안에는 그러한 시간과 공간, 사람들의 숨결이 녹아들어 있다.

보이차의 기원과 발전을 하나의 선으로 단순하게 요약하기란 어렵다. 그만큼 다층적인 요소가 얽혀 있고, 시대와 지역에 따라 다채로운 변용이 일어나 왔기 때문이다. 하지만 우리가 분명히 알 수 있는 건, 보이차가 단순히 하나의 차 품종을 넘어 자연과 인간이 오랜 세월 함께 빚어 온 거대한 이야기라는 사실이다. 그리고 이 이야기는 여전히 현재진행형이다. 오늘도 운남성 어딘가에서는 새로운 차나무가 자라고, 누군가는 차밭을 일구고, 또 다른 누군가는 오래된 보이차를 뒤늦게 개봉해 맛을 확인한다. 그렇게 보이차는 세대를 넘어, 또 국경을 넘어, 사람들의 일상과 문화 속으로 스며들며 확장되고 있다.

  이 모든 역사와 과정을 거쳐 왔기에 보이차는 교역상품 이상의 문화적 상징으로 자리매김할 수 있었다. 기원전의 사람들부터 시작해 명·청나라의 상인들, 현대의 소비자들에 이르기까지 무수히 많은 손길과 시간, 사연이 깃들어 있다는 점이 바로 보이차의 진정한 힘이다. 그것을 알면 알수록 우리는 한 덩이 차나 한 잔의 차를 대하는 태도가 달라진다. 단지 맛이 좋고 나쁘다는 평가를 넘어 이 차가 어디에서 왔으며 어떤 과거를 지녔는지, 앞으로 어떤 미래를 향해 가고 있는지에 대해 생각하게 된다. 이처럼 보이차는 과거와 미래를 잇는 고리이자, 자연과 인간을 연결하는 매개체가 되었다. 그리고 그 기나긴 여정을 지금도 쉼 없이 이어 가고 있다.

4. 차마고도(茶馬古道)의 역사

차마고도는 운남성을 비롯해 쓰촨, 티베트 등을 잇는 옛 무역로로 보이차와 말(馬)의 교역이 이루어지던 길이었습니다. 이 길을 통해 보이차는 티베트, 내륙 지방, 더 나아가 동남아시아까지 전파되며, 그 과정에서 단순한 음료 이상의 역사·문화적 가치를 지니게 되었습니다.

차마고도는 험준한 산악지대를 관통하는 위험하고 힘든 길로 상인들은 길 위에서 다양한 민족과 문화를 마주하며, 차를 통해 상호 소통하고 교류했습니다. 이러한 과정에서 보이차는 단순한 상품이 아닌 문화를 연결하는 매개체로서의 의미를 지니게 되었고, 오늘날 보이차와 차마고도의 역사는 다채로운 이야기와 전통을 통해 우리에게 전해지고 있습니다.

차마고도(茶馬古道)는 보이차의 역사에서 빼놓을 수 없는 무대이자 인간의 의지와 생존 본능이 얼마나 강인한지 보여주는 현장이었다. 이 길을 따라 수많은 상인이 말을 이끌고 험준한 산길을 오르내렸고, 그 과정에서 보이차는 운남성의 경계를 넘어 광활한 대륙 곳곳으로 퍼져나갔다. 말 한 필과 차 한 덩이가 서로 교환되던 시절, 차마고도의 흔적 위에는 크고 작은 이야기들이 쌓였다. 보이차는 당시만 해도 오늘날처럼 화려하고 값비싼 상품이기보다는 생존의 필수품 중 하나였다. 몸을 따뜻하게 하고 소화를 돕고 갈증을 해소하는 차가 북방 생활에 긴요하다는 사실을 일찌감치 알아챈 상인들과 유목민들이 있었기에 보이차는 산을 넘고 골짜기를 건너 먼 길을 떠날 수 있었다.

　　차마고도(茶馬古道)는 말 그대로 차(茶)와 말(馬)이 오가던 길이었다. 운남성에서 시작되어 쓰촨과 티베트, 더 멀리 몽골이나 내륙 지방, 동남아시아로까지 이어지는 이 옛길은 보이차를 비롯한 온갖 차와 물자를 교환하던 무역로이자, 다양한 민족과 문화가 뒤섞여 새로운 역사를 써 내려간 현장이었다. 지금의 관점에서 보면 길 자체가 다소 불편하고 위험해 보이지만, 과거 사람들은 이 차마고도를 통해 서로의 존재를 확인하고, 물건을 주고받았다. 때로는 전쟁을 치르고, 때로는 문화를 교류하며 수백 년이 넘는 시간을 이어 왔다. 특히 보이차가 이 길에서 차지하는 의미는 각별했다. 단순히 음료를 파는 상인들의 무역품을 넘어 이 길을 걷는 사람들에게는 몸을 보호하고 피로를 덜어 주는 귀중한 동반자였다. 어떤 지역에서는 의료와 의식(儀式)의 기능까지 담당하는 소중한 자원이 되었다.

　　차마고도의 시작점은 운남성의 여러 지방 중 한 곳이었다고 알려져 있다. 사실 이 길은 그 형태가 하나의 직선으로 이루어진 것이 아니라,

거미줄처럼 여러 갈래로 퍼져 있었다. 운남성에서 티베트의 라싸를 향해 뻗어나가는 길이 있었다. 또 다른 지선은 쓰촨성의 차산지와 합류했으며, 남쪽으로는 동남아 각지로 이어지는 소로(小路)들도 있었다. 이 길을 따라서 사람들은 차를 말에 싣고 고원지대를 넘나들거나, 반대로 차를 얻으려는 티베트나 몽골인들은 말을 몰고 운남성 일대로 찾아오곤 했다. 차 한 덩이를 구하기 위해 혹독한 날씨와 산악 지형을 기꺼이 감수해야 했던 이유는 고산지대 생활에 필수적인 영양 보충과 소화 촉진, 무엇보다도 지방질이 많은 음식을 섭취하는 데 필요한 '차'가 매우 중요했기 때문이다.

보이차가 이 길 위에서 유독 빛났던 이유는 발효와 숙성 과정에서 특유의 풍미와 보관성을 갖게 되었기 때문이다. 차마고도의 경로는 길고 험난했다. 절벽에 매달린 좁은 길이나 물살이 세찬 협곡을 지나야 했고, 기후 변화도 심해 차를 운반하는 상인에게는 유지·보관에 각별히 신경 써야 했다. 보이차는 떫은맛과 쌉싸름함이 비교적 적고 시간이 흐를수록 오히려 맛이 깊어지는 후발효 특성이 있었다. 그래서 몇 달, 길게는 1년 가까이 이어지는 이동 과정 중에 부패하거나 품질이 크게 떨어지지 않았다. 또한, 보이차는 덩어리 형태의 병차(餠茶)나 전차(磚茶) 등으로 뭉쳐 운반할 수 있었기 때문에 말이나 노새의 짐으로 싣기가 용이했다. 이런 실용적 측면 덕분에 보이차는 차마고도의 주요 무역품으로 손꼽혔고, 이 길을 통해 점점 먼 지역까지 전파되었다.

차마고도가 형성된 정확한 연대는 역사서마다 조금씩 다르지만, 대체로 당나라 이후부터 본격적으로 활성화되었다고 보고 있다. 물론 그 이전에도 작은 산길을 따라 차를 교역했다는 기록이 전해지긴 하지만,

국가나 지방 정부가 이 길을 제도적으로 관리하고 본격적으로 운송을 장려한 것은 당나라나 송나라 무렵이었다고 한다. 당시 티베트, 몽골, 쓰촨, 운남, 귀주 등지에는 여러 소수민족과 지방 정권들이 있었고, 이들 사이에서 차와 말은 전략적 가치가 매우 높았다. 차가 귀했던 고원지대에서는 말 한 필에 차 수십 근을 맞교환하는 식의 거래가 자주 이루어졌다고 전해진다. 그때부터 사람들은 차를 더 많이 생산해 높은 산 너머로 수출하려고 애썼고, 또 어떤 사람들은 그 말과 교환한 물자를 통해 생계를 이어 갔다. 이렇게 시작된 교역이 세월과 함께 확장되고 전문화되면서 차마고도는 운남성과 주변 지역을 연결하는 핵심 통로로 자리 잡았다.

옛 상인들이 이 길을 걷는 풍경을 머릿속에 그려 보면, 그들은 말의 등에 차를 가득 싣고 엉성한 짐끈으로 묶어 고비를 넘나들었다. 일부 구간은 폭우로 길이 끊겨 허리까지 물이 차오르곤 했고, 겨울에는 얼어붙은 계곡을 건너야 했다. 산사태나 낙석, 무법자들의 습격 등도 늘 경계 대상이었다. 좁디좁은 산길에서 말이 발을 헛디디면 낭떠러지로 떨어지는 일도 흔했다. 그런 위험한 상황 속에서도 사람들은 재화를 교환하고 생활을 이어 가기 위해 길 위에 나섰다. 그들이 등에 짊어진 차 한 덩이는 자칫 생사를 가르는 갈림길이 될 수도 있었다. 차가 귀한 시절, 야생 동물이나 병에 시달리는 오지에서는 짠차나 차즙이 귀중한 약재나 영양 보충제 구실을 했기에 상인들은 한시라도 빨리 차를 요구하는 사람들에게 이 소중한 물건을 전달해야 한다고 믿었다.

실제로 고대 기록을 살펴보면 차마고도를 통해 차가 운송되던 흔적들이 적지 않게 남아 있다. 운남성 뿐만 아니라 쓰촨성에서 생산되던 차도 북방으로 올라갈 때는 험준한 산길을 피할 수 없었다. 그러나 보이차는 특별히 발효와 숙성의 과정을 거쳐야 했기에 먼 길을 가는 과정 자체가 또 하나의 숙성 단계처럼 작용했다. 말의 등에 실린 차가 흔들리고 비바람을 맞고 낮과 밤의 기온 차를 견디면서 자연스럽게 후발효가 일어났다. 보이차 특유의 숙성 향과 깊은 맛은 어쩌면 이렇게 길 위에서 탄생했을지도 모른다. 차마고도 자체가 거대한 발효실 역할을 했다는 상상도 가능하다. 상인들은 길을 떠나기 전부터 일부러 찻잎을 쪄서 뭉친 뒤 말리곤 했는데, 이렇게 압제(壓制)한 상태로 운반해야 부피를 줄일 수 있고, 부서지는 걸 방지하는 동시에 운송 과정에서 찻잎의 내부가 천천히 발효하도록 만들었다.

특히 티베트 지역으로 향하는 노정은 몹시 고단하고 길었다. 운남성과 티베트 경계를 이루는 고지대는 해발 3,000m를 훌쩍 넘기는 곳이 많았고, 산맥마다 기후가 달라 돌발 상황이 빈번했다. 밤에는 기온이 영하로 뚝 떨어지지만, 한낮에는 해가 뜨거울 정도로 쨍쨍했다. 상인들이 이런 고산지대를 넘으려면 혹독한 추위와 호흡 곤란, 거친 지형을 모두 감수해야 했다. 거친 지대를 지나는 동안 말이 탈진해서 더는 짐을 나를 수 없는 상황에 부닥치면, 상인들은 차를 직접 어깨에 짊어지고 걸어야 했다. 그렇다고 도중에 차를 버릴 수도 없는 노릇이었다. 차 한 덩이는 북방이나 티베트에 도달했을 때 금과도 맞바꿀 수 있는 귀중한 재화여서 상인들에게 차는 곧 생계와 직결되었다. 상인의 삶을 구원해 주는 자식 같은 존재이자, 거래가 성사됐을 때 가져다주는 이윤의 상징이기도 했다.

운남성 지역은 높은 산과 깊은 계곡이 뒤섞인 복잡한 지형을 갖추고 있으며, 해발차가 심해 곳에 따라 아열대성 기후부터 고산 기후까지 그 스펙트럼이 다양하다. 이런 복합 지형은 한편으로는 길을 내기 무척 까다로운 장애물이 되었다. 하지만 다른 한편으로는 풍부한 식생과 다채로운 생태계를 형성해 차나무와 같은 작물이 생장하기에 적합한 환경을 제공했다. 차마고도가 처음 만들어질 때부터 이 길은 운남성을 바탕으로 다양한 민족과 문화권이 차를 비롯한 여러 물자를 교역하는 데 쓰였다. 차나무 숲을 자원으로 삼는 소수민족들은 이 길을 통해 자신들의 차를 바깥세상과 연결했고, 그 과정에서 운남성 고유의 차 문화가 점차 중국 전역은 물론 더 멀리까지 확장되었다.

자연과 인간이 어우러진 공간이라는 측면에서 차마고도를 살펴보면, 그동안 인간이 어떻게 힘난한 자연환경을 이겨 내면서도 그 환경과 타협했는지가 선명하게 드러난다. 해발 2,000~3,000m를 넘나드는 고산지대를 관통할 때에는 말과 노새가 주요 운송 수단이 되었다. 넓은 평원이나 평탄한 길이라면 수레나 마차가 유용했겠지만, 이 길은 급경사와 낭떠러지, 굽이치는 험로가 일상적으로 펼쳐졌다. 따라서 말에 짐을 싣고 움직이는 편이 훨씬 효율적이었고, 상인들은 이 방식을 오래도록 고수했다. 그들의 움직임 속에는 자연의 특성을 인정하고, 그 한계를 부드럽게 넘기려는 지혜가 깃들어 있었다. 한편으로는 사람 손과 말발이 미치지 않는 원시림이나 밀림이 곳곳에 유지되어 운송로 주변부가 여전히 야생의 기운을 품을 수 있었다. 차마고도를 따라 이동하다 보면, 어느 구간은 사람이 전혀 살지 않고 밀림만 우거져 있어 초자연적 분위기를 자아내는 동시에 다음 구간에 이르면 작은 소수민족 마을이 자리 잡고 있는 식이었다. 사람들은 그런 지형과 생태를 수천 년 동안 체험하며, 자연의 일부를 단순 채취하는 데 그치지 않고 장기적으로 상생 관계를 구축해 나갔다.

차마고도를 직접 걸어 보면, 지형의 험준함이 어느 정도인지 체감할 수 있다. 지금은 도로가 많이 정비되고, 일부 지역에는 아예 현대식 고속철도나 포장도로가 들어섰지만, 옛길 흔적이 남은 곳도 더러 있다. 그런 길을 천천히 걸어가노라면 절벽 아래로 깊은 협곡이 아찔하게 펼쳐지고, 구름이 피어오르는 산봉우리가 눈앞에 다가왔다가 멀어지기를 반복한다. 곳곳에서 만나는 마을들은 소수민족 특유의 건축 양식과 함께 예로부터 차를 삶의 일부로 삼아 온 흔적들이 남아 있다. 예컨대 차 창고로 쓰이던 낡은 건물이나, 말이 묶어가던 간이 마구간이 아직까지 유지된 곳이 있는데, 주민들은 그곳이 차마고도의 역사를 증언하는 소중한 유산이라 말하곤 했다.

차마고도는 때론 전쟁과 파괴의 무대가 되기도 했다. 제국의 팽창이나 지방 세력 간의 다툼 속에서 차와 말은 늘 전략적 자원으로 취급되었다. 이 길을 장악하면 군에 필요한 말과 식량, 물자를 확보할 수 있었고, 동시에 적에게 차 공급을 차단해 그 생활 기반을 약화시킬 수도 있었다. 예컨대 명나라 시기나 청나라 시기에 중앙정부와 티베트·몽골·운남 지역의 소수민족 세력 간에는 크고 작은 충돌이 빈번했다. 차마고도를 쥔 쪽이 그만큼 권력을 쥐게 되는 구조였다. 따라서 전투가 벌어질 때마다 상인들은 무역로를 회피하거나 차를 몰래 다른 경로로 돌려야 했는데, 이로 인해 길이 조금씩 옮겨 가는 일도 있었다고 한다. 말하자면 차마고도는 경제·문화의 통로이면서도 동시에 지정학적 갈등의 전장이기도 했다.

전쟁이 끝나고 평화가 찾아오면, 다시 길 위에는 상인과 순례자들의 행렬이 이어졌다. 다채로운 민족이 오가며 언어와 음식, 종교와 생활양식이 조금씩 섞였다. 이 과정에서 운남성이나 티베트 고원, 쓰촨, 더 나아가 동남아 일대의 민족들은 차마고도를 통해 서로 간의 경계를 넘나들었다. 특히 차를 통해 얻는 이윤이 상당했기에 상인들은 높은 관세나 세금을 감수하면서까지 이 힘난한 길을 떠났다. 길이 어려울수록 차 가격은 상승했고, 그만큼 목숨을 건 모험을 하는 값어치가 있다고 여겨졌기 때문이다.

5. 차마고도로 인해 형성된 차 문화

보이차가 차마고도를 통해 유통되던 시절, 상인들은 말에 차를 싣고 험준한 산길을 오가며 교역을 이뤘습니다. 풍랑과 산사태, 해충의 위험 속에서도 차 상인들은 차 한 잔의 가치와 희망을 품고 여행했습니다. 이런 역사적 배경 덕분에 보이차는 단순히 차의 특성을 넘어서 인간의 인내와 생존, 교류의 상징으로 여겨집니다. 특히 이 과정에서 형성된 '차마고도 문화'는 운남성의 다양한 민족과 언어, 풍습이 교차해 형성된 독특한 문화유산을 만들었습니다.

차마고도는 단지 자연환경만 특별한 것이 아니었다. 이 길을 거쳐 운남성에 정착했거나 혹은 운남성을 떠나 다른 지역으로 이동한 수많은

제2장 보이차의 향기를 따라

민족·종교 세력들이 있었다. 그들은 언어나 문화, 종교의식, 복식 등을 서로 교환하며 독특한 혼종 문화를 탄생시켰다. 예컨대 하니족, 이족, 다이족 등 운남성 소수민족들은 서로 다른 언어와 풍습을 갖고 있었지만, 차마고도를 통해 외부 문물을 받아들여 조금씩 생활양식을 변형했다. 동시에 이들이 전통적으로 지켜 오던 차 재배 기술이나 차를 즐기는 방식을 외부인들에게 전달하면서 보이차 문화는 더욱 다채로운 양상을 띠었다. 이처럼 차마고도는 '문화적 융합 지대'로서 기능했는데, 차와 말, 소금, 직물 등 다양한 교역 품목만 오간 것이 아니라 사상이나 관습, 종교 행사 또한 이 길을 타고 널리 퍼졌다. 불교나 도교, 혹은 지방 토착 신앙 등이 서로 스며들면서 운남성 곳곳에 독특한 '혼성 종교 축제'가 자리 잡기도 했고, 결혼식이나 장례식처럼 일상적 의례에서도 차마고도 문화의 흔적이 발견되곤 했다.

    차마고도를 지나는 길에는 위험만이 도사리고 있었던 것은 아니다. 시간이 흐르며 이 길에 사람들이 몰리고, 서로 다른 민족·언어·풍습이 엮이면서 독특한 문화가 피어났다. 차를 통해 여행자와 현지인이 소통하는 일이 잦아졌고, 상인들은 각 지역의 풍습을 배우거나 자신의 소식을 전하는 메신저 역할도 했다. 많은 사람에게 차마고도는 그저 무역로가 아니라, 여러 민족이 뒤섞여 살아가는 하나의 '문명 교차로'였다. 언어가 통하지 않아도 차 한 잔으로 손님을 환대하는 관습이 전해 내려오면서, 상인과 현지인이 차를 나누어 마시며 우정을 쌓는 광경이 흔히 연출되었다. 사람들은 이 길을 가리켜 '차가 만들어 낸 인연의 길'이라고 부르기도 했다.

    보이차가 이 차마고도를 통해 유통되는 동안 수많은 인간 군상의 희로애락이 길 위에 겹겹이 쌓였다. 어느 날은 갑작스럽게 쏟아지는 폭우로 산사태가 나서 길이 막히면, 상인들은 며칠이고 산 아래 마을에서 대기해야 했다. 물자가 부족해 굶주리기 직전이 되면, 차를 조금씩 떼어 건네주고 식량이나 숙소를 마련하기도 했다. 그렇게 차를 삶의 환전 수단으로 써야 했으니 차 한 덩이에는 곧 생존의 희망과 교환 가치가 깃들어 있었다. 길을 나선 상인이 뜻밖의 사고를 당해 돌아오지 못하면, 남은 가족들은 차를 앞에 두고 숨진 이를 기리는 의식을 치르기도 했다. 이처럼 보이차에는 단순히 맛과 향 이상의 스토리와 정서가 묻어났고, 이 스토리는 차마고도라는 험난한 길을 밟으면서 더욱 깊어졌다.

보이차가 운송되던 시절 이야기 중에는 해충의 위협도 무시할 수 없다. 울창한 숲과 밀림에 둘러싸인 지역을 지날 때면, 도마뱀이나 독충, 모기가 극성을 부렸다. 잠을 자는 밤에 말이나 사람 몸에 달라붙어 병을 옮기는 경우가 심심찮게 발생했다. 말이 해충에 물려 고열을 앓거나 상인이 전염병에 걸리면, 그 여파가 물건의 유통에까지 치명적이었다. 보이차를 가득 실은 말이 쓰러지면 다른 사람의 도움 없이 이 짐을 옮길 방법이 마땅치 않았고, 무거운 짐을 며칠씩 방치했다고 한다. 그럴 때마다 차가 습기를 먹고 곰팡이가 생겨 상품 가치가 뚝 떨어지거나, 최악의 경우 전부 폐기해야 하는 상황에 이르기도 했다. 그럼에도 상인들은 어떻게든 차를 살려내고자 안간힘을 썼다. 차는 그냥 상품이 아니라, 가족의 미래이자 공동체를 살릴 수 있는 희망이나 다름없었기 때문이다.

차마고도를 걷는 이들은 늘 이 길이 얼마나 위험한지 알고 있었다. 그렇지만 이 길이 아니면 차를 팔거나 교환할 수 있는 다른 방법이 없었으므로 위험을 무릅쓰고 길을 떠나는 선택을 할 수밖에 없었다. 일부는 무장을 하고 다니기도 했고, 다른 상인들과 무리를 지어 대규모 행렬을 이루어 떠나기도 했다. 특히 산적이나 노략배들이 기승을 부리는 지역을 지날 때면, 서로가 서로를 지켜 주는 보호막이 되었다. 그뿐만 아니라, 차 마시는 문화를 공유함으로써 일종의 '신뢰 네트워크'가 구축되기도 했다. 자주 만나던 상인들끼리는 자연스럽게 정보를 교환하고, 차를 둘러싼 시장 시세나 북방의 상황 등을 공유했다. 이런 네트워크는 자연스레 보이차 유통을 안정화하는 역할을 했다. 나중에는 차마고도가 운남성뿐 아니라 중국 여러 지역, 인접 국가와의 교역로로 발전하는 데에도 기여했다.

차마고도가 지니는 역사적 의의는 물류나 경제 차원을 넘어 '전통의 결합'이라는 측면에서 더욱 부각된다. 전통적 농경 사회에서 차는 주로 마실거리나 약재로 한정되어 있었다. 그러나 차마고도를 통해 운남성을 벗어난 차는 여러 민족의 식습관에 결합되고, 각지에서 새로운 쓰임새를 부여받았다. 티베트나 몽골 지역의 유목민들은 차를 짠차 형태로 만들어 자주 섭취했고, 중국 내륙의 한족 지역에서는 보이차를 주로 손님 접대나 교류 수단으로 활용했다. 동남아 지역으로 흘러들어간 차는 열대 기후에 맞추어 다양한 향신료와 섞이는 식으로 현지화가 진행되었다. 이런 모습은 곧 '차의 국제화'를 상징하기도 했다. 또한, 교역 과정을 주도한 상인들은 자연스럽게 재배 방식을 전수받거나, 혹은 새로운 발효 기법을 익혀서 다음 거래처로 전달했다. 이를 통해 보이차의 숙성 방식이나 보관 방법 또한 점진적으로 발전했고, 브랜드화가 이루어지면서 가치가 상승했다.

보이차가 차마고도를 통해 퍼져 나가면서 이 차에 담긴 문화적·의학적 가치도 자연스럽게 전해졌다. 티베트인들은 전통적으로 수유차를 즐겨 마셨다. 지방 함량이 높은 수유(야크 버터)를 녹여 차와 섞어 마시는 차다. 이 차가 없으면 기름진 음식 섭취가 많은 고산 생활에서 소화가 잘 안 되고 체온 유지에도 어려움을 겪을 수 있다고 한다. 차마고도를 통해 전해진 보이차는 티베트 버터차의 재료로 자주 쓰였다. 여기에 소금이나 다양한 향신료를 넣기도 했는데, 그 속에서 보이차가 기본 베이스로 활용된 것이다. 티베트인들이 보이차를 생존의 필수품으로 여기게 된 것은 바로 이 때문이었다. 오늘날에도 티베트 지역을 여행하다 보면, 버터차를 권하며 "이것이 없으면 어떻게 겨울을 나겠느냐"고 농담 섞인 이야기를 하는 사람들을 심심찮게 만나게 된다.

또한, 차마고도를 오가던 수많은 상인과 사신, 순례자, 군인 등은 차를 통해 서로 교류했다. 길 위에서는 민족과 종교, 언어나 신분이 달라도 차 한 잔을 건네며 휴식을 취하는 모습이 종종 연출되었다고 전해진다. 그만큼 차가 사람과 사람을 이어주는 매개체가 되었다는 뜻이다. 특히 장시간 산길을 걷는 이들에게 차는 따뜻함을 전해주고, 목의 갈증을 해소해 주며, 때로는 간단한 식사 대용으로 쓰였다. 자연스럽게 현지의 다민족 문화가 서로 스며들었고, 차에 대한 인식도 다양하게 발전했다. 어떤 지역에서는 차를 제사에 쓰고, 어떤 곳에서는 혼례나 장례에 보이차를 바치는 풍습을 발전시키기도 했다. 이렇게 차마고도를 따라 사람들은 차와 함께 살아갔다.

그렇다면 이 길이 단지 전통문화만을 담아내는 한정된 공간이었느냐 하면, 그렇지 않았다. 차마고도가 가진 매력 중 하나는 과거의 전통과 시간이 흘러 생긴 현대적 변화가 공존한다는 점이다. 옛 상인들이 걸어갔던 길, 수백 년 된 돌계단과 폐허로 남은 객잔(客棧) 유적, 고풍스러운 마을 풍경 같은 요소들이 여전히 남아 있으면서도 현대식 도로나 교통수단이 곳곳에 도입되어 적절한 조화를 이루고 있다. 여행객들은 옛 길을 직접 걸으며 신비로운 역사와 문화의 자취를 느낄 수 있고, 필요하다면 차로 일부 구간을 이동하며 시간을 절약할 수도 있다. 뿐만 아니라 차마고도 주변에는 관광지로 개발된 곳도 꽤 많다. 소수민족 전통 공연이나 차 시음 체험, 밀림 탐방 코스 등이 마련되어 현대인의 여행 취향을 만족시키는 한편, 이 길의 옛 역사와 문화를 동시에 만날 수 있도록 돕는다.

　　이 길 위에서 보이차가 점점 더 높은 가치를 인정받게 되자, 자연스럽게 생산 방식과 발효 기술도 발전했다. 운남성의 차 농부들은 잎을 더 오래 숙성하거나 발효 환경을 조절해 맛과 향을 극대화하는 방법을 연구했다. 생차(生茶)와 숙차(熟茶)라는 두 가지 갈래가 뚜렷하게 분화된 계기도 차마고도를 통한 교역의 활성화와 무관하지 않다. 티베트나 몽골, 심지어 내륙 지방의 입맛이나 기호에 맞춰, 혹은 무역상의 요구에 따라 차의 발효 정도를 달리하거나, 더 빨리 숙성시키기 위한 습열 발효법을 시도하기도 했다. 이런 시도의 결과물이 숙차로 알려지게 되면서, 보이차가 훨씬 다채로운 맛과 향의 세계를 갖추게 된 것이다.

6. 교류의 통로, 차마고도

　차마고도는 인적·물적·문화적 교류의 통로가 되었고, 그 중심에 보이차가 있었다. 보이차는 단순히 거래와 돈의 문제가 아니라, 사람들의 이동과 만남, 그로 인한 문화적 혼종이 만들어지는 과정에 중요한 연결고리였다. 운남성 곳곳의 소수민족들은 차마고도를 통해 외부 문물을 접하고, 자신들만의 전통을 조금씩 바꾸어 나갔다. 또, 차마고도에서 멀리 떨어진 북방 지방이나 티베트·몽골에서는 새로운 형태의 차 문화가 자리잡았다. 대표적인 예가 티베트의 짠차(酥油茶) 문화다. 버터와 차를 혼합해 마시는 이 음료는 고산 기후에 적합한 열량 보충제였고, 많은 유목민이 이를 통해 배를 든든하게 채우고 몸을 데울 수 있었다. 보이차가 티베트 식생활의 일부로 자리 잡으면서, 티베트인들에게 차는 몸과 정신을 치유하는 신성한 음료로까지 인식되었다.

이 과정에서 자연스럽게 소수민족들 사이에서 '차를 통한 의식'이나 '차를 내오는 예법' 등이 다양하게 변주되었다. 결혼식이나 장례식, 종교 행사 때 차를 올리는 문화도 차마고도를 통해 교류와 융합이 이루어지면서 각 지역 특유의 방식으로 자리잡았다. 이렇게 탄생한 차마고도 문화는 단순히 차를 사고파는 경제적 활동 이상의 인간이 자연에 순응하면서도 역경을 극복하고 서로 소통해 온 장구한 역사와 맞닿아 있다. 운남성 특유의 자연환경과 소수민족의 문화가 녹아든 이 무역로는 험난한 지형이 빚어낸 고된 현실에서도 인간이 끊임없이 새 길을 만들어 내고 소통 방식을 발전시켜 왔다는 사실을 상징적으로 보여 준다.

오늘날 차마고도는 예전처럼 대규모 물류의 동맥 역할을 하지는 않는다. 고속철이나 도로, 항공 교통이 발달해 차를 운반하기 위한 효율적 수단이 많아졌기 때문이다. 그러나 차마고도가 걸어온 길, 그 길 위에 스며 있는 사람들의 애환과 극복의 이야기는 여전히 생생하게 전해 내려온다. 언젠가 이 길을 직접 답사하는 여행자들은 산길 곳곳에 남아 있는 옛 돌계단이나 낡은 표지판을 보며 그 시절의 험난함을 상상한다. 마을 어귀에 앉아 잠시 쉬던 상인들이 마셨을 차 한 모금, 먼지를 뒤집어쓴 말이 헐떡이며 횡단하던 가파른 비탈, 비바람 속에서 차를 지키려 안간힘을 썼던 상인들의 심정이 고스란히 떠오른다. 그리고 그 모든 과정을 견뎌낸 보이차가 현재까지 생생하게 이어져 내려오고 있다는 사실이 경이롭게 느껴진다.

보이차가 차마고도를 통해 전파된 이면에는 분명 인간의 욕심과 경쟁이 존재했을 것이다. 더 많은 차를 더 빨리, 더 먼 지역까지 배달해야 이윤이 발생하니 상인들은 경쟁에 내몰렸고 때로는 속임수도 썼다. 그러나 다른 한편으로는 이 길을 통해 서로 다른 문화와 지역이 연결되고, 그로 인해 새로운 공동체 의식이나 문화적 교류가 생겨났다. 특히 운남성의 다양한 소수민족은 차마고도를 통해 자신들의 전통과 다른 민족의 전통을 접목하며 독특한 문화를 발전시켰다. 예를 들어, 결혼식 때 차를 올리면 신랑·신부가 한 모금을 나눠 마시면서 서로 신뢰와 존경을 확인하는 의식이 생겨나기도 했고, 선물로 차를 건네며 우정을 나누는 풍습이 자리 잡기도 했다.

차마고도 문화는 단순히 차와 말이 교역되던 무역로가 아니라, 다양한 인간사가 교차하며 쌓아 올린 정신적 유산이라 할 수 있다. 전통 민요나 전설, 지역 축제, 종교의식 등에 이 길과 관련된 이야기가 담겨 있는 경우도 허다하다. 예컨대, 옛날에 차를 싣고 떠난 가족을 몇 달씩 기다리다 돌아오지 못한 누군가를 기리는 노래가 전해진다든가, 무사 귀환을 비는 축제가 열리기도 했다. 한 지역에서만 전해지는 것이 아니라, 차마고도 전체 구간 곳곳에서 유사한 스토리가 발견되니, 이는 마치 하나의 장대한 문화 네트워크가 형성되어 있음을 시사한다.

그렇다면, 왜 이 길을 '애환'이라는 단어로 표현할까. 무엇보다 차마고도를 걸으며 생사를 넘나들었던 무수한 사람들의 사연이 그 길 위에 녹아 있기 때문이다. 단순히 거래나 경제적 목적이 아니라, 가족을 먹여 살리고 공동체를 지키기 위해 치르는 여정이었고, 거기에는 늘 죽음과 위험이 도사렸다. 길 위에서 차를 소중히 다루는 태도는 곧 자신들의 생존 수단을 지키려는 절박함에서 비롯된 것이기도 했다. 그렇게 이어진 행렬이 누적되어 오늘날 보이차가 글로벌 시장에서 주목받는 상품이 된 것이다. 심지어 현대에 와서는 고급 수집품으로 자리매김해 옛 상인들이 상상도 못 했을 높은 가치를 인정받기도 한다. 하지만 그 뿌리에는 아직도 애환의 흔적이 짙게 배어 있다. 이를 아는 이들은 보이차 한 모금을 마실 때마다 과거 그 길을 걸었을 수많은 발자국을 떠올린다.

보이차가 단순한 차를 넘어 인간의 인내와 교류의 상징이 된 이유는 차마고도라는 길 위에 사람들의 땀과 눈물, 열정이 서려 있기 때문이다. 그 길을 건너오는 동안 보이차는 여러 번 주인이 바뀌고, 다양한 환경에 노출되며 새로운 맛으로 거듭났다. 애초에 운남성에서만 머물던 차가 험난한 길을 통해 티베트와 몽골, 내륙 지방, 나아가 동남아시아에까지 전파되는 과정 자체가 수많은 삶의 흔적과 결합해 새로운 문화를 낳았다. 그리고 그 모든 과정을 일컫는 말이 바로 '차마고도'다.

이 길이 현재처럼 관광 명소로 재조명된 것은 비교적 최근의 일이다. 과거에는 그저 위험하고 고된 길, 하지만 꼭 지나야만 하는 길이었다면, 이제는 옛 이야기와 문화의 향수를 찾아 나서는 이들이 차마고도를 걷는다. 이들이 만나는 건 예전에 사용되던 돌길, 낡아 버린 객잔(客棧) 유적, 차를 팔던 옛 시장터 정도일지 모른다. 하지만 그곳에서 느낄 수 있는 영혼의 울림은 훨씬 크다. 길바닥에 박힌 돌 하나, 길가에 시들지 않고 자란 수백 년 된 나무 한 그루가 당시에 이 길을 거쳐 간 상인들의 목소리를 대변해 주는 듯한 기분이다. 그 뒤에서 묵묵히 숨을 고르는 한 덩이의 보이차를 떠올리면, 그 차가 왜 이렇게도 깊은 역사를 품고 있는지 깨닫게 된다.

보이차가 오늘날처럼 고급 차이자 빈티지 차로 각광받기까지 차마고도는 적어도 수백 년 이상 그 역할을 했다. 물론 지금은 다른 운송 수단이 있기에 굳이 말로 차를 나르는 풍경은 볼 수 없지만, 이 길에서 피어난 문화적·역사적 유산은 아직 사라지지 않았다. 사람들은 차마고도를 따라 직접 걸으면서 옛 상인들이 어떤 풍경을 보았을지, 어떤 마음으로 이 길을 걸었을지를 상상해 본다. 험준한 계곡과 협곡, 이어지는 산길을 한 발 한 발 옮겨 갈 때마다, 과거로 돌아가 그때의 소리를 듣는 듯한 착각에 빠지기도 한다. 숱한 위험을 무릅쓰고도 차를 지켜 낸 사람들의 열정과 헌신이 현재의 보이차 문화를 지탱하고 있음을 실감하게 된다.

차마고도는 보이차 유통 과정의 산증인이자, 인간이 자연과 맞서면서도 끝끝내 의지와 교류를 포기하지 않았던 역사 그 자체라고 할 수 있다. 차마고도 문화는 이런 험난한 조건에서 형성된 독특한 혼종 문화로 다양한 민족과 언어, 풍습이 차를 매개로 서로 녹아들며 만들어 낸 결과물이다. 운남성 곳곳에 남아 있는 수많은 소수민족 마을과 전통 축제, 이웃 지역으로 퍼져 나간 다양한 차 음용 방식은 이 길이 단순 무역로가 아니라 '문화의 오솔길'이자 '인류 생활의 기록'이었음을 증명한다. 그래서 보이차 한 덩이를 손에 들 때마다 우리는 그 안에 깃든 사람들의 애환, 차마고도를 가로지른 희망의 발자취를 함께 느낄 수 있다.

바로 이 점이 보이차가 수백 년이 지난 지금도 단순한 차 이상의 존재로 여겨지는 이유다. 어느 날 문득 보이차 잔을 들고 입 안에 머금으면, 쌉쌀함과 달콤함이 뒤섞인 풍미가 차마고도의 역사처럼 복합적으로 다가온다. 그때 비로소 '이 한 잔에 얼마나 많은 이들의 목소리와 노고가 녹아 있을까'를 생각하게 되고, 보이차가 품은 서사를 존중하게 된다. 그래서 보이차는 맛과 향만으로 평가하기에는 너무나 묵직한 시간의 흔적을 간직하고 있다. 차마고도와 보이차라는 두 축은 서로에게 절대 떼어 놓을 수 없는 존재이며, 이 길 위에 새겨진 '애환의 시간'이 오늘의 보이차 문화를 더욱 풍요롭고 의미 있게 만드는 밑거름이라 할 수 있다.

오늘날 차마고도를 찾는 사람들은 저마다 다른 기대와 목적을 안고 이곳을 찾는다. 어떤 이는 단순히 그림 같은 풍광과 이색적인 민족 문화를 경험하기 위해 오고, 또 다른 이는 보이차의 기원을 탐색하기 위해 이 길을 밟는다. 혹은 인문학적 호기심을 가진 이들이 차마고도를 통해 민족·언어·종교가 어떻게 만났는지 현장에서 확인하기도 한다. 이런 다채로운 여행 패턴은 곧 차마고도가 '역사·문화·자연의 복합적 공간'이라는 사실을 뒷받침해 준다. 이 길이 오늘날 재평가되는 이유 중 하나는 단순히 오래된 무역로라는 역사의 상징성만을 갖고 있지 않기 때문이다. 차마고도는 여전히 살아 있는 공간이며, 여기서 사는 사람들은 자신들만의 삶을 이어 가고 있다. 현대 관광객들의 유입으로 인해 경제적 소득이 향상되기도 했고, 외부 문물이 다시 들어오면서 생활양식이 변화하기도 한다. 이런 변화 속에서도 예전부터 내려오던 축제와 관습을 지키고, 전통 차농법을 고수하며, 현지인들끼리 오랜 인연을 이어 가는 모습이 공존하는 곳이다.

민족과 문화, 종교의 결합 측면에서도 차마고도는 심도 있게 살펴볼 가치가 크다. 예컨대 불교 사원이 산중턱에 자리 잡고, 그 주변 마을이 종교적 순례자들을 위해 차와 숙박을 제공하는 역할을 했다는 기록이 적지 않다. 순례자들은 신앙심을 실천하고 경건함을 유지하기 위해 사원에 들르지만, 그 과정에서 보이차를 접하고 휴식을 취하기도 했다. 이렇게 종교 활동과 차 문화가 만나는 지점에는 언제나 스토리가 생겨났다. 승려들이 보이차의 약리 작용을 활용해 명상을 보조하는 예가 있는가 하면, 일부 지역에서는 종교의식에 차가 필수적으로 사용되기도 했다. 서로 다른 지역에서 온 순례자들이 차마고도를 통해 만나면서, 자연스럽게 종교 간 대화가 이뤄지거나 신앙 형태가 변주되기도 했다. 종교와 차, 민족문화가 한데 어우러진 이 풍경 자체가 차마고도의 가장 큰 매력이자 역사적 가치를 상징한다.

차마고도가 지닌 의미를 조금 더 확장해 보면, 이는 '자연과 인간, 그리고 전통'이 어떻게 결합되고 진화하는지 보여주는 현장이라 할 수 있다. 인류가 문명을 발전시키면서 대개 자연을 정복 대상으로 여기는 경우가 많았다. 하지만, 차마고도에서는 최소한의 길을 내고, 그 틈새에서 교역을 진행하며, 자연이 주는 것을 현명하게 활용하는 모습이 발견된다. 경사가 심한 지형 탓에 대규모 도로 건설이 어려웠던 시절, 사람들은 말과 노새, 심지어 염소를 이용해 짐을 옮기며 자연 지형을 최대한 존중했다. 산 중턱에 생긴 작은 마을들은 산의 지형을 따라 계단식 논이나 밭을 일구고, 밀림 지역에서는 환경 파괴를 최소화하는 형태로 차나무를 채집했다. 이는 곧 지역 전통이 만들어 낸 지혜였다. 시간이 흐르면서 어느 정도 현대식 개발이 이뤄졌음에도 차마고도 일대에서는 여전히 천혜의 풍경과 전통적 생활양식을 꽤 많이 볼 수 있다. 이러한 유산이 중요한 관광자원이 되었고, 동시에 운남성 주민들의 정체성을 지탱하는 근간이 되었다.

현대에 와서 차마고도는 문화유산으로 지정되거나, 정부와 민간 기관이 함께 보존·연구 사업을 추진하는 방향으로 주목받게 되었다. 옛 무역로를 복원해 관광 코스로 개방하고, 도로 일부를 정비해 더 안전하고 편안하게 걸을 수 있게 만들거나, 차 농가와 협력해 체험형 프로그램을 운영하는 식이다. 그러나 이 과정에서 무분별한 상업화가 진행되어 지역 주민들의 생활 터전을 교란하거나, 자연 생태계를 훼손할 가능성도 늘 도사리고 있다. 따라서 차마고도의 진정한 가치를 보존하려면, 단순히 관광객을 끌어들이는 데 집중하기보다는 이 길이 왜 생겨났고 어떤 의미를 품고 있는지 알리는 데 힘써야 한다는 주장이 제기된다. 다행히도 보이차에 대한 글로벌 관심이 높아지면서 보이차가 어디에서 어떻게 시작되었고, 어떤 경로를 통해 가치가 형성되었는지 알고 싶어 하는 이들이 늘어나고 있다. 이는 차마고도가 과거와 달리 보다 지속 가능한 형태로 보존·활용될 수 있는 기회가 될지도 모른다.

차마고도가 상징하는 것은 자연과 인간, 전통이 맞부딪히며 피어나는 창조적 결합이다. 이 길은 정복이나 지배가 아니라, 서로 다른 집단이 서로에게 필요한 것—차, 말, 염소, 혹은 사상과 기술—을 교환하는 장이었다. 그 과정에서 수많은 언어와 풍습이 뒤엉켜 새로운 문화를 낳았고, 보이차라는 독특한 발효차는 이 길을 타고 각 지역으로 뻗어나가며 시간이 흐를수록 가치가 쌓였다. 오늘날 관광객들이 차마고도를 찾아가는 이유 중 하나는 바쁜 현대 문명 속에서 잊히기 쉬운 '느리지만 풍요로운 삶'의 흔적을 엿보기 위해서다. 과거 상인들은 어쩔 수 없이 느리고 고된 길을 걸었지만, 그 안에서 자신들만의 속도로 세상을 헤쳐나갔고, 그 세상과 소통하며 한 걸음씩 전진했다. 이런 삶의 지혜와 상호작용은 현대인이 본받을 만한 교훈이다.

오늘날 차마고도는 옛 명성을 대부분 잃고, 일부는 관광 자원으로 재탄생했다. 운남성에 가면 옛 차마고도의 흔적을 기념하는 박물관이나 주제 관광로가 조성되어 있어 여행객들이 말 그대로 '역사의 길'을 체험할 수 있도록 해 준다. 여기에서는 옛 상인들이 사용했던 마구나 차를 운반하던 대나무 바구니, 차 도장(차를 압축해 둥글게 만드는 도구) 등을 진열해 놓고, 그 시절 사람들의 생활상을 재현해 놓는다. 또, 일부 관광 프로그램에서는 실제로 말이나 노새를 빌려 옛길의 일정 구간을 걷게 하거나, 현지 마을에 들러 소수민족의 전통가옥에서 하룻밤을 묵으며 보이차를 마셔보는 경험을 제공하기도 한다. 길 위에서 마주치는 자연 풍광과 함께 이 길에 얽힌 옛이야기를 들으면 그야말로 살아 있는 유산을 눈앞에서 느끼게 된다.

그러나 이렇게 관광화가 진행되는 과정에서 정작 차마고도의 진짜 역사를 체감하기는 점점 더 어려워졌다는 지적도 있다. 그 옛날, 허름한 짐승 가죽옷을 걸친 상인들이 절벽길을 아슬아슬하게 지나다니며 먼지를 뒤집어쓰던 모습은 이미 박물관의 사진이나 기록 속에서만 찾아볼 수 있다. 주민들 역시 현대식 삶의 방식을 받아들이면서 예전처럼 보이차를 전통 공정 그대로 생산하기보다는 공장식 대량 생산 체계를 도입하는 경우가 많아졌다. 차마고도의 삶이 하나의 역사로만 남아 버릴 위험이 있다는 것이다. 그렇지만 여전히 운남성과 일부 고원지대에서는 옛길을 지키며 소박한 생활을 이어가는 사람들이 있다. 그들은 "길은 달라졌어도, 우리가 마시는 차가 품고 있는 시간은 바뀌지 않는다"고 말하곤 한다.

보이차가 차마고도에서 가지는 의미는 시대가 변해도 꽤나 깊고 특별하다. 단순히 예전 방식대로 운반되고 있지는 않더라도, 이 길이 없었다면 보이차가 오늘날처럼 유명해지지도 않았을 것이고, 티베트인이나 몽골인들의 식문화 역시 크게 달라졌을 것이다. 운남성의 소수민족들이 치열한 삶의 터전 속에서 일궈 낸 차 재배 기술과 발효 방식은 이 길을 통해 확산되었고, 사람들은 차와 함께 살아가며 각자의 문화를 꽃피웠다. 상인들은 이윤을 추구했고, 어떤 이들은 전쟁을 위해 이 길을 장악하고자 했지만, 결국 시간이 흐르면서 차마고도는 사람과 문화, 역사를 끊임없이 서로 엮는 매개체로 거듭났다. 그 중심에는 보이차가 있었다. 발효차라는 독특한 속성이 오랜 운송 시간과 험난한 환경을 극복하게 했고, 차마고도에 생명력을 불어넣었다.

현대에 와서는 차마고도를 다룬 다큐멘터리나 문학 작품도 나오면서 이 길을 단순한 옛 무역로가 아니라 '문화의 회랑'으로 재조명하려는 움직임이 있다. 많은 연구자가 이 길을 따라 여러 민족의 언어·풍습·종교가 어떻게 교차하고 융합되었는지 추적하고, 보이차가 그 과정에서 어떤 매개 역할을 했는지 탐구하고 있다. 보이차는 그저 찻잎을 찌고 말린 음료가 아니라, 사람과 지역을 연결하는 '역사의 실타래' 같은 존재라는 해석도 가능하다. 길 위에서 만나는 사람마다 차에 담는 의미가 다르기에 차마고도는 사실상 무수한 개인의 삶의 이야기가 켜켜이 쌓인 대하 서사시라고 할 수 있다.

또한, 이 길은 과거 제국과 변방, 중앙정부와 소수민족 간의 긴장과 타협을 상징하는 무대이기도 했다. 차가 국가적인 전략 물자로 다뤄지면서 차마고도를 지배하는 것은 곧 지역을 지배하는 것이었다. 그 지배 과정에서 각 민족은 때로는 협상을, 때로는 투쟁을 택했다. 이런 역사의 그림자가 차마고도의 곳곳에 드리워져 있다. 언뜻 보면 평화롭게만 보이는 산길이지만, 조금만 깊이 들여다보면 흘러간 수많은 사연과 애환이 깃들어 있다. 지나간 전쟁과 이주의 흔적, 차와 말에 얽힌 경제적 이해관계, 서로 다른 문명이 부딪히며 빚은 갈등과 배움의 흔적들이 이 길 위에 새겨진 것이다.

하지만 결론적으로 차마고도는 교류의 길이었다. 차와 말을 교역하고, 문화와 정신을 나누며, 새로운 아이디어와 기술이 오가던 다리였다. 보이차 역시 이 길을 밟으며 자신만의 독자적 색채를 확고히 했다. 시간이 흐르면서 차 맛이 더욱 깊어지고, 사람들은 그 맛 안에서 시대를 느끼게 되었다.

오늘날 관광객이나 차 애호가들이 차마고도 유적을 찾아가면, 옛길을 지켜 온 주민들이 집집마다 보이차를 우려내 주며 반갑게 맞이하는 경우가 있다. 대체로 현대식 도로가 이미 들어섰기에 차마고도 옛길 전체를 완주하기는 쉽지 않지만, 중간중간 보존 상태가 양호한 구간을 거니는 것만으로도 옛 시대의 정취를 느끼기에 충분하다. 길가에 핀 들꽃이나 거칠게 깎인 바위를 만지며, 과거 저 길을 따라 수백 킬로미터가 넘는 여정을 감행한 상인들과 말, 차의 이야기를 떠올리면 묘한 경외심이 든다. 단순히 사고파는 거래 이상의 생존과 문화, 종교와 역사, 소소한 감정이 오고 간 흔적이 바로 차마고도라는 생각이 든다.

차마고도가 없었다면, 보이차가 오늘날처럼 세계적으로 알려지고 사랑받는 차가 되었을까. 이 질문에 대해 많은 사람이 "아마 어려웠을 것"이라고 대답한다. 보이차는 천혜의 자연환경에서 자라는 찻잎이 주원료이지만, 그 가치를 꽃피운 것은 끊임없이 길을 나선 사람들의 움직임이었다. 그 길 위에서 보이차는 지역적 한계를 벗어났고, 다양한 문화권의 입맛과 요구에 부응하기 위해 더 세련된 숙성·발효 기술이 개발되었다. 수많은 이야기와 노력이 배어든 덕분에 보이차는 운남성의 대표적인 문화유산이자 중국 차의 상징 중 하나로 자리매김할 수 있었다.

차마고도는 지금도 어딘가에서 조용히 숨 쉬고 있을 것이다. 현대식 교통수단에 밀려 그 가치는 예전 같지 않을지 몰라도, 어느 마을의 오래된 골목길이나 절벽 옆으로 난 좁다란 길, 혹은 산자락에 쓰러져 가는 차창고의 기둥에 여전히 길의 혼이 깃들어 있다. 옛길을 답사하는 이들은 때때로 낡은 돌비석이나 말을 묶던 고리 같은 소소한 흔적 하나에 깊은 감동을 받기도 한다. 그 흔적이 불완전하고 흐릿해 보일지라도, 그 안에는 무수한 발걸음과 땀, 차 한 잔에 얽힌 인연들이 켜켜이 쌓여 있기 때문이다.

차마고도는 보이차와 함께 시공간을 넘어 이어지는 거대한 서사를 완성했다. 동서남북을 잇는 교역로였고, 때로는 전쟁과 평화가 교차하는 무대였으며, 다양한 민족과 문화가 조우하고 융합되는 창구였다. 길 위에 묻힌 수많은 파편 같은 이야기가 쌓여 이뤄낸 거대한 모자이크가 곧 차마고도와 보이차의 역사라고 할 수 있다. 그래서 이 길을 들여다보면, 단순히 운남성의 과거가 아니라 인류가 어떻게 산과 계곡을 건너며 서로의 삶을 풍요롭게 해 왔는지를 그려 볼 수 있다. 그리고 그 중심에는 늘 차가 있었다. 목마른 사람에게는 생명수가 되었고, 피곤한 사람에게는 위로가 되었으며, 문화와 문화가 부딪혀 서로를 이해하고 받아들이는 매개체 역할을 한 것이다. 그것이 바로 차마고도가 품고 있는 위대한 흔적이고, 보이차가 역사를 통해 쌓아 올린 진정한 가치라고 믿는다.

보이차를 한 모금 마시며 차마고도를 떠올리면, 불현듯 머릿속에 다양한 이미지가 스쳐 지나간다. 짙은 안개가 낀 산길을 터벅터벅 걸어가던 말의 뒷모습, 낯선 언어를 쓰지만 따뜻하게 차를 권하던 주민들, 황량한 고갯길 너머 저 멀리서 반짝이던 작은 마을의 불빛, 그 길을 지나며 생계를 이어 간 상인들의 굳은 의지. 이 모든 풍경이 모여 오늘의 보이차 문화를 만들었다. 단순 교역이 아니라, 그 교역의 과정에서 사람과 사람들이 만나고, 문화와 문화가 뒤섞여 생겨난 것이 차마고도의 진정한 의미다. 인간이 자연 앞에서 얼마나 겸손해야 하고, 또 얼마나 풍요로운 결실을 거둘 수 있는지, 이 길을 살펴보면 한눈에 알 수 있다. 그 결실 중 하나가 보이차라는 점에서 차마고도의 역사는 곧 보이차의 역사이자 운남성의 역사, 나아가 주변 민족과 문화가 함께 써 내려간 대서사시라고 할 수 있다.

오늘날 차마고도가 '역사·문화·자연의 복합적 공간'으로 재평가되는 일은 어찌 보면 당연하다. 이 길에 깃든 시간의 층위가 워낙 깊기 때문이다. 길을 걸을 때마다 만나는 옛 터나 지명, 현지인들의 이야기 속에는 수백 년, 길게는 천년 이상 이어져 온 인간과 자연의 동행이 숨어있다. 옛날에는 그저 먹고살기 위한 필사의 길이었을지 몰라도 이제는 오히려 그 치열함이 하나의 아름다움으로 다가온다. 차마고도가 품고 있는 자연과 인간, 전통의 결합은 앞으로도 운남성을 대표하는 유산으로 남을 것이며, 보이차가 사랑받는 한 이 길에 대한 관심 또한 사그라지지 않을 것이다. 어쩌면, 미래 세대가 차마고도를 찾아가면서 또 다른 새로운 문화를 피워 낼지도 모른다. 이 길은 이미 과거에도 그랬고, 현재에도 그렇고, 앞으로도 여러 길손의 이야기를 품어 낼 운명에 놓여 있다. 차마고도가 품고 있는 광활한 자연, 다양한 인간 군상, 수많은 전통은 그러한 '끝나지 않는 길'의 매력을 여실히 증명하는 중이다.

제3장
보이차와 건강

1. 항산화 작용과 노화 방지

　보이차는 발효 과정에서 생성되는 폴리페놀, 카테킨 등 항산화 성분을 다량 함유해 노화 방지와 세포 손상 방지에 도움을 줍니다. 이러한 항산화 성분들은 체내 활성산소를 제거하고, 면역력을 높이는 효과가 있어 현대인들의 건강 유지에 큰 이점을 제공합니다.

　보이차가 함유한 항산화 성분이 노화 방지와 세포 손상을 막는 데 도움을 준다는 사실은 이미 여러 연구를 통해 밝혀져 왔다. 특히 발효 과정에서 생성되는 폴리페놀, 카테킨 등은 체내 활성산소를 억제하고 면역체계를 강화하며, 전반적인 건강 증진에 긍정적인 영향을 미친다. 이러한 항산화 효과는 현대인에게 매우 중요한 화두인 '노화 지연'과 '세포 보호'에 직결되어 보이차가 단순한 차음료 이상의 의미를 가지게 만드는 핵심적인 근거가 된다.
　사람의 몸은 대사를 하는 과정에서 자연스럽게 활성산소(프리 라디칼)를 생성한다. 이는 우리 세포가 에너지를 만들어 내는 과정에서 어쩔 수 없이 발생하는 부산물이다. 어느 정도 활성산소는 우리 몸에 꼭 필요한 면역 작용이나 세균 방어에도 쓰이지만, 과도하게 축적되면 세포막, 단백질, 유전자 등을 공격해 몸에 손상을 준다. 활성산소가 쌓이면 세포 노화가 촉진되고, 염증 반응도 쉽게 일어난다. 나이가 들수록 신체의 항산화 능력은 서서히 떨어지는데, 이에 대응해 항산화 성분을 외부에서 충분히 공급하면 세포 손상을 일정 부분 억제할 수 있다고 알려져 있다.

보이차에는 이러한 항산화 성분이 다양하게 존재한다. 대표적으로 녹차, 홍차 등 다른 차 종류에서도 볼 수 있는 카테킨류가 들어 있으나, 보이차는 독특한 후발효 과정을 통해 이들 카테킨과 폴리페놀 계열 물질이 새롭게 변형되거나 재배열되기도 한다. 이 과정에서 생성된 물질들 가운데는 항산화 효과가 더 크게 나타나는 것으로 추정된다. 학계에서는 보이차의 미생물 발효 과정을 자세히 분석해 어떤 균주가 어떤 대사산물을 만들어 내는지 연구를 진행해 왔다. 그 결과 균주마다 생성하는 항산화 물질의 종류와 양이 달라질 수 있으며, 특히 발효가 잘 일어난 숙차에서는 흙 내음과 함께 이러한 항산화 물질이 농축되는 경향이 나타난다는 보고도 있다.

주목해야 할 점은 이런 항산화 물질이 단순히 이론적인 데이터로만 그치지 않는다는 사실이다. 보이차를 꾸준히 섭취한 집단과 그렇지 않은 집단을 비교한 연구나 생쥐에게 보이차 추출물을 투여해 본 동물 실험에서 산화 스트레스 지표가 유의미하게 낮아지는 결과가 관찰되었다는 논문도 존재한다. 예를 들어 어떤 연구에서는 보이차가 간세포 손상을 일정 부분 완화하고, 혈액 내 활성산소와 염증 유발 인자를 감소시키는 데 기여하는 것으로 나타났다. 물론 이는 실험 조건, 차의 품질, 섭취량 등에 따라 편차가 있어 보이차만 마시면 무조건 노화를 방지할 수 있다고 단정 지을 수는 없다. 다만 항산화 성분을 충분히 섭취함으로써 전반적인 세포 건강을 개선하는 데 도움이 될 가능성은 분명히 확인되고 있다.

항산화 작용이 두드러지는 또 다른 이유는 보이차 안에 녹차보다 더 복합적인 폴리페놀이 함유되어 있다는 점이다. 녹차는 산화가 거의 이뤄지지 않은 상태의 카테킨을 주로 함유한다. 홍차는 완전 발효를 통해 카테킨 일부가 다른 물질로 변환된 상태를 가진다. 보이차는 이와는 또 다른 후발효 과정을 통해 카테킨 및 폴리페놀이 한층 다양하게 변형된다. 그래서 때로는 녹차나 홍차에서는 볼 수 없는 형태의 항산화 유도체가 생겨날 수 있다는 것이다. 이것이 보이차가 지닌 독특한 성분적 특징이자 항산화 효능을 높게 평가받는 이유 중 하나로 꼽힌다.

이러한 항산화 성분은 미용·건강 분야에서도 주목받고 있다. 피부는 외부 환경에 직접 노출되는 장기이므로 활성산소에 의해 손상받기 쉬운데 보이차 추출물을 화장품 원료나 미용 식품에 활용하려는 시도도 꾸준히 이루어지고 있다. 실제로 보이차 페이셜 팩, 보이차 크림처럼 항산화와 노화 방지 효과를 노리는 제품들이 출시된 사례가 있으며, 일부 제품은 임상 테스트에서 피부 탄력을 유지하고 주름 개선에 기여한다는 결과를 내놓기도 했다. 다만 구체적인 효과를 위해서는 인체 내에서 얼마나 흡수되고, 어떤 메커니즘으로 작용하는지에 대한 세밀한 분석이 필요해 아직도 관련 연구는 지속 진행 중이다.

보이차가 지닌 노화 방지 효과는 전통 의학 측면에서도 흥미로운 주제로 다뤄져 왔다. 중국 전통 의학에서 보이차는 위장 기능을 돕고, 몸속 '독'을 풀어 주며, 기름진 음식을 중화하는 성질이 있다고 믿어왔다. 그 과정에서 몸속 노폐물을 배출하고, 내부 장기를 깨끗하게 유지함으로써 속부터 건강해진다는 개념이 형성되었다. 이런 전통 개념과 현대 과학의 항산화 이론이 맞닿는 지점이 상당히 흥미롭다. 혈중 지질 수치나 염증 반응 지표가 낮아지면, 결과적으로 세포 손상을 줄이고 면역력을 높여 노화 예방에 일조하게 되는데, 전통 의학에서는 이를 더 포괄적이고 '기(氣)의 원활'이라는 표현으로 설명해 왔다.

물론 건강 음료로서의 보이차가 요즘처럼 본격적으로 전 세계의 주목을 받게 된 것은 비교적 최근의 일이다. 서구권에서는 한때 '녹차 열풍'이 불었고, 그 후로 각종 차들이 연이어 소개되면서 보이차도 주목받게 되었다. 특히 항산화 작용, 체지방 감량, 항콜레스테롤 효과 등이 한꺼번에 이슈화되면서, 할리우드 배우나 유명 인사들이 보이차를 즐겨 마신다는 소문이 퍼지기도 했다. 대중 매체를 통해 보이차를 매일 일정량을 마시면 피부가 맑아지고 신체 에너지가 개선된다는 식의 소개가 이어지면서 세계적으로 수요가 폭증했다. 그 결과 프리미엄급 보이차 가격이 치솟는 현상도 발생했다. 사람들은 이 차에 담긴 항산화 능력이 노화를 더디게 만들 것이라는 기대감을 품고 고가의 보이차를 기꺼이 구입하기도 했다.

보이차 시장에서 일어난 이러한 열기는 긍정적인 측면도 있었지만, 지나친 상업화나 가짜 보이차 문제 등을 야기했다. 일각에서는 보이차의 모든 효능이 과장되었다거나, 단순히 차를 마시는 것만으로 엄청난 노화 방지 효과를 얻을 수는 없다고 비판한다. 분명한 사실은 보이차가 주는 항산화 및 건강상 이점이 균형 잡힌 식단, 적절한 운동, 충분한 휴식 등과 함께 실천될 때 시너지 효과가 극대화된다는 것이다. 어느 특정 식품 하나만으로 건강 문제를 해결하는 것은 불가능에 가깝다. 그러나 몸에 해가 되는 습관을 줄이고, 보이차 같은 항산화 식품을 꾸준히 섭취하면서 라이프스타일을 개선해 나간다면, 세포 손상을 줄이고 노화 속도를 더디게 하는 데 분명 도움을 받을 수 있다.

노화 방지 측면에서 항산화 작용이 특히 주목받는 이유는 세포 노화가 눈에 보이지 않는 깊은 내부의 과정이기 때문이다. 주름이나 기력 저하 같은 변화는 우리가 겉으로 인식하는 결과물에 불과하다. 그 이전에 우리 몸속에서는 활성산소가 단백질이나 지질을 산화시키고, DNA 손상을 일으키는 등 내부를 침식하는 일이 계속 벌어진다. 이를 줄이기 위해서는 신체가 스스로 생성하는 항산화효소(SOD, 카탈라제 등)의 기능을 보조할 수 있는 외부 항산화 물질의 섭취가 필요하다. 보이차는 그런 면에서 상당히 유용한 선택지다. 물론 베리류 과일, 견과류, 초콜릿 등에 함유된 폴리페놀이나 플라보노이드도 좋은 항산화원이지만, 일상에서 손쉽게 우려 마실 수 있는 차라는 점에서 보이차는 습관화하기가 용이하다. 커피를 대체하거나, 식사 후 한두 잔씩 마시는 등의 실천이 비교적 쉽다.

일부 연구에서는 보이차가 혈액순환을 개선하거나, 혈압 및 혈당 수치를 안정시키는 데도 도움을 준다는 결과를 내놓는다. 이 역시 항산화 작용과 무관하지 않다. 산화 스트레스가 줄어들면 혈관 내피세포가 더 건강해지고, 염증 반응도 약화되어 심혈관 질환 예방에 기여할 수 있다는 추론이다. 또, 체내 염증이 가라앉으면 당뇨나 대사증후군과 같은 질환 발생 위험도 줄어들 수 있다고 보는 견해도 있다. 물론 사람마다 체질이 다르기에 같은 차를 마셔도 효과가 크게 다를 수는 있지만, 전반적으로 항산화 성분이 풍부한 식품을 꾸준히 섭취하면 몸의 기능이 서서히 개선되는 경향이 있다는 것은 이미 상당수 연구에서 밝혀졌다.

노화를 방지한다는 것은 단지 외모 관리 차원이 아니라, 궁극적으로는 '삶의 질'을 높이는 문제이기도 하다. 건강한 신체를 유지하고, 활력을 오랫동안 지키며, 질병에 대응하는 몸의 방어력을 갖추는 데 항산화가 유리하다면, 보이차 같은 차를 마시는 일상 습관 자체가 하나의 웰니스(Wellness) 라이프스타일로 자리 잡을 수 있다. 실제로 일부 보이차 애호가들은 "좋은 차를 장기 숙성해 마시는 과정이 삶의 속도를 조절해 주고, 스트레스를 낮추는 데에도 도움이 된다"고 말한다. 마음의 안정과 몸의 안정이 함께 이뤄지면 결과적으로 여러 노화 지표가 낮아지기도 한다. 다시 말해, 보이차의 항산화 성분만이 아니라 차 마시는 행위 그 자체가 주는 명상적 효과도 함께 고려해야 한다는 것이다.

한편, 발효와 후발효로 인한 향미 변화는 단순한 맛의 문제를 넘어 보이차의 항산화 작용에도 영향을 미치기 때문에 '숙성된 차가 더 좋다'는 식의 견해가 생기기도 했다. 실제로 숙차(熟茶)의 경우, 발효 과정에서 다양한 미생물이 개입해 독특한 향미와 색감을 만들어 내는데 그 과정에서 새로운 항산화 물질이 생기거나 기존 물질이 변형되면서 효과가 높아진다는 주장이 있다. 그러나 이 부분은 아직 학계에서도 확실한 결론을 내린 바가 없으며, 어떤 숙성 조건(온도, 습도, 발효 시간, 균주)에 따라 성분 변화가 달라지기 때문에 일관된 기준을 적용하기 어렵다. 그렇기에 보이차 시장에서는 수십 년 숙성된 차가 고가에 거래될지라도 실제 항산화 효과가 훨씬 높다고 단언하기는 힘들다. 개인의 기호와 경제적 여건, 차에 대한 이해도를 바탕으로 자신에게 맞는 차를 찾아 마시는 것이 현명하다.

항산화와 노화 방지 관점에서 중요한 것은 지속성이다. 보이차를 한두 잔 마시고 말아버리면 별다른 효과를 느끼기 어렵다. 꾸준히, 가능한 한 장기간에 걸쳐 일상 습관으로 정착해야 몸이 그 영향을 축적해 갈

수 있다. 매일 아침 혹은 식사 후에, 혹은 저녁 시간을 이용해 보이차를 천천히 마시며 휴식을 취하는 습관을 들이면 미세하지만 분명한 변화가 쌓이게 된다. 예컨대 속쓰림이 줄거나, 장운동이 원활해지거나, 또는 피로가 덜 느껴지는 등 개인적인 체감 효과가 나타나기도 한다. 이런 소소한 이점이 모여 장기적으로 노화를 늦추고 삶의 질을 높이는 데 어느 정도 기여할 수 있다.

물론 보이차가 지닌 카페인 함량을 고려해야 한다는 점도 간과해선 안 된다. 카페인에 민감한 사람들은 저녁 늦게 보이차를 마시면 수면에 지장이 생길 수 있어 시간대를 조절하거나 연하게 우려내는 등 주의가 필요하다. 또한, 위장 장애가 심한 사람의 경우 너무 진하게 우린 보이차가 속 쓰림을 유발할 수 있어 자신의 체질을 파악해 적절히 음용하는 것이 중요하다. 노화 방지에 좋다고 무작정 많이 마시기보다는 몸에 맞는 양을 천천히 섭취하는 것이 좋다.

보이차의 항산화 작용을 극대화하려면, 우려내는 방식과 온도, 추출 시간을 잘 조절하는 것도 도움이 된다는 이야기가 있다. 일반적으로 너무 높은 온도에서 오랜 시간 우려내면 떫은맛이나 쓴맛이 강해질 수 있고, 반대로 온도가 지나치게 낮으면 유효 성분이 제대로 추출되지 않을 수도 있다. 그래서 어떤 이들은 '1차 우리기'에서 짧은 시간 우려내 차를 따라 내고, 그 후 '2차 우리기'에서 좀 더 긴 시간 우려내는 식으로 여러 번 우려 마신다. 이를 통해 폴리페놀이나 카테킨이 골고루 추출될 수 있다고 보는 것이다. 물론 이런 방법도 사람마다 취향이 다르니 여러 시도를 해 보며 자신에게 맞는 음용법을 찾는 것이 좋다.

또한, 보이차에 함유된 다양한 항산화 물질과 관련해 식사 중이나 식사 직후보다 식간에 마시는 편이 흡수가 더 유리하다는 의견도 있다. 밥을 먹고 난 직후에는 위에서 음식물 소화가 활발하게 이뤄지기 때문에 차 성분이 소화 효소나 식이 섬유와 섞여 제대로 흡수되지 못할 수도 있다는 것이다. 물론 개인차가 크고, 식단 구성이나 위장 상태에 따라 다를 수 있으니 절대적 기준은 아니다. 그렇지만 항산화 작용을 최대화하려면 적절한 시점과 우려내기 방법을 연구해 보는 것도 흥미로운 시도라고 볼 수 있다.

앞서 언급했듯이 보이차의 항산화 효과가 곧장 노화 방지를 보장하는 것은 아니다. 노화 방지에는 유전자, 호르몬, 생활 습관 등 매우 복합적인 요인이 관여한다. 하지만 항산화가 노화 지연에 큰 비중을 차지한다는 것은 다양한 연구에서 공감대가 이뤄지는 부분이다. 보이차를 비롯해 항산화 성분이 풍부한 식품들을 습관적으로 섭취하면서 스트레스를 줄이고, 충분한 수면과 적절한 운동을 병행한다면, 나이가 들어도 비교적 건강하고 활기찬 생활을 유지하는 데 도움이 될 것이다.

보이차 특유의 풍미와 문화적 측면도 노화 방지와 연결될 수 있다. 차를 단순히 마시는 음료가 아니라 차를 준비하고 우려내는 과정을 일종의 '차 의식'으로 받아들이면, 정신적인 안정과 심리적 여유가 생긴다. 스트레스는 활성산소 생성과도 직결되므로 마음을 편안히 하면서 차를 즐기는 태도 자체가 항산화 효과를 높이는 하나의 방식이라고 말할 수도 있다. 실제로 일부 보이차 마니아들은 차를 마시며 진행하는 명상법을 실천하기도 하며 이 과정을 통해 몸과 마음의 균형을 찾으려고 노력한다.

보이차가 가진 항산화와 노화 방지 효과를 논할 때 미래 연구의 가능성도 언급할 가치가 있다. 현재는 주로 동물 실험이나 인체 소규모 실험 중심으로 결과가 발표되고 있지만, 향후 더 큰 규모와 다양한 인종·연령대를 아우르는 임상연구가 진행된다면, 보다 정확한 데이터로 그 효과와 한계를 규명할 수 있을 것이다. 또한, 발효 단계별로 달라지는 항산화 물질의 형성 패턴, 찻잎 수령(고수차냐 대수차냐)에 따른 차이, 숙성 기간이나 보관 방식에 따른 성분 변화 등 아직 규명되지 않은 영역이 상당하다. 이 부분들이 보다 명확해지면, 소비자들은 자신에게 맞는 최적의 보이차를 찾을 수 있고, 더 나아가 보이차 산업 전반에도 긍정적인 영향을 미칠 것으로 보인다.

보이차가 제공하는 항산화 작용은 우리 몸속 세포를 공격하는 활성산소를 감소시켜 노화를 늦추고 다양한 질병 위험을 낮추는 데 기여할 수 있는 잠재력이 있다. 이는 그저 헛된 주장이 아니라, 현대 과학과 전통 의학 양쪽에서 점차 증거를 쌓아 가는 중이다. 물론 보이차 한 잔으로 모든 문제가 해결된다는 식의 환상은 경계해야 하겠지만, 일상에서 꾸준히 즐기기 좋은 차라는 점, 그리고 거기에 담긴 문화·역사의 맥락과 명상적 요소까지 종합해 보면, 건강을 지키면서 마음의 여유까지 누릴 수 있는 방법 중 하나라는 사실에는 많은 이들이 공감한다. 항산화 성분이 풍부하다는 것은 그 모든 장점 중 하나에 불과하지만, 현대인들이 특히 관심을 가지는 노화 방지 측면에서 보이차가 선사하는 가능성은 실로 매력적이다.

이처럼 다양한 관점에서 보이차의 항산화 작용과 노화 방지 효과를 살펴보면, 결론은 지속적인 습관과 함께 누리는 차 문화라는 쪽으로 귀결된다. 보이차를 어떻게 우려 마실지, 언제 마실지, 어떤 종류의 차를 선택할지는 각자의 취향과 상황에 달려 있다. 하지만 자신이 좋아하는 맛과 향을 찾아 꾸준히 즐긴다면, 그 속에 담긴 항산화 물질이 몸속 구석구석에 스며들어 세포 손상을 어느 정도 막아 주고, 노화 속도를 늦출 수 있을 것이다. 이것이 바로 보이차가 가진 건강학적·문화적 매력이자 오늘날 세계 각지에서 보이차가 '유서 깊은 발효차' 이상의 의미로 거론되는 핵심 이유다. 그리고 이러한 가치가 인정을 받으면서 보이차는 점점 더 많은 사람들에게 사랑받고 있는 중이다. 차 한 잔에 담긴 항산화 작용이 우리 삶에 어떤 변화를 가져올지, 그 변화를 통해 얻는 즐거움이 어떻게 확산될지를 기대하며, 우리는 오늘도 보이차 잔에 담긴 깊은 풍미를 음미해 본다.

2. 소화 개선과 해독 작용

중국에서는 전통적으로 보이차가 소화 촉진과 기름진 음식의 느끼함을 줄여주는 차로 알려져 있습니다. 발효 과정에서 형성되는 유기산과 미생물들이 위장 기능을 돕고, 대사활동을 촉진하며, 해독 작용을 통한 간 건강 개선에도 효과가 있다는 연구들이 보고됩니다.

보이차가 전통적으로 소화 촉진과 해독 작용에 효과가 있다고 여겨진다는 점은 예로부터 중국의 각종 문헌과 민간 관습을 통해 입증되었다. 특히 기름진 음식을 자주 섭취하는 식문화에서 보이차는 속을 편하게 만들어 주는 마무리 차로 널리 알려져 왔다. 기름기가 많은 요리를 즐기는 사람들에게 묵직하거나 텁텁한 식후 감각을 씻어 내는 데 보이차가 탁월한 도움을 준다고 입에서 입으로 전해졌던 것이다. 이러한 전통적 인식에는 미생물 발효와 후발효 과정에서 생성되는 유기산, 찻잎 자체가 지닌 폴리페놀류가 소화 기관에 미치는 이로운 영향이 있다. 현대 과학 연구에서도 보이차의 성분 중 일부가 위장 운동을 돕고, 대사를 촉진하며, 몸속 독소를 해소하는 데 보탬이 될 수 있음을 시사하는 결과들이 보고되고 있다.

중국 남방 지역에서는 사람들이 기름진 돼지고기나 거위, 오리 요리를 즐겨 먹었다. 이러한 식습관에서 소화 불량이나 속쓰림, 과도한 지방 축적 등을 방지하기 위해 '식후 한 잔의 차' 문화가 발전했는데 그중에서도 보이차가 대표적인 존재가 되었다. 보이차 특유의 흙 내음과 부드러운 떫은맛, 묵직한 바디감은 기름진 음식과 잘 어우러져 속을 편안하게 만들어 준다는 평가를 받았다. 실제로 보이차를 마신 후에 더부룩함이 덜하다고 느끼는 사람이 적지 않았다. 이는 오랜 세월 동안 경험적으로 축적되어, 보이차는 속을 풀어 주는 차라는 공식으로 굳어졌다. 또, 차마고도를 오가며 교역하던 사람들은 높은 고지나 험준한 지형에서 짐을 지고 다니며 피로가 쌓이는 일이 잦았는데, 그들이 휴식 중에 보이차를 즐겨 마셨다는 옛 기록도 남아 있다. 그만큼 기력 회복과 소화에 긍정적인 작용을 했다는 의미다.

소화가 잘 이루어지려면 단순히 위장 운동만 활발해져서는 부족하고, 여러 가지 요소가 조화를 이루어야 한다. 보이차가 소화 개선에 기여한다고 보는 이유 중 하나는 발효와 후발효 과정에서 형성되는 유기산과 단백질 분해 효소, 미생물의 대사산물 등이 소화 효소와 시너지를 낼 수 있기 때문이다. 보이차의 핵심 발효 과정에는 곰팡이, 효모, 세균 등의 다양한 미생물이 관여하는데 이들이 찻잎에 함유된 성분을 분해·재구성하면서 특유의 맛을 형성하는 동시에 위장에서 음식물 분해를 돕는 유기산을 생성하기도 한다. 또한, 일부 미생물은 장내 환경에도 직간접적으로 관여해 대사활동을 원활하게 해 준다는 학계의 가설도 있다. 물론 아직까지 이 부분에 관한 연구는 계속 진행 중이지만, 전통적으로 소화 촉진에 도움이 된다고 말하는 근거가 이런 미생물 작용에 있을 가능성이 높다고 추측한다.

현대 영양학에서는 차가 지닌 소화 개선 효과를 주로 폴리페놀이나 카테킨 같은 항산화 성분에서 찾기도 한다. 이들 성분은 살균작용과 염증 완화, 위장 환경 개선 등에 기여할 수 있다. 특히 기름진 음식 섭취로 인해 발생할 수 있는 산화 스트레스나 염증 반응을 일정 부분 억제하는 데 도움이 될 수 있다고 본다. 또한, 차에 함유된 카페인은 적당량을 섭취하면 위장 운동을 자극해 소화를 도와줄 수 있다. 다만 카페인이 너무 과도하면 오히려 속쓰림을 유발할 수도 있으니 개인별로 적절한 양과 진하기를 조절해 마시는 것이 현명하다.

중국에서는 보이차가 기름을 씻어 낸다는 표현을 자주 사용한다. 이는 기름진 음식을 먹은 뒤 보이차를 마시면 입안과 위 속을 개운하게 만들어 준다는 경험적 체감이 반영된 것이다. 사실 차의 폴리페놀 성분은 기름 성분과 결합해 중화하는 작용을 어느 정도 한다고 알려져 있으며, 이런 현상은 화학적으로나 생리학적으로나 전부 의미 있는 부분이다. 하지만 실제로 체지방이나 혈중 지방을 얼마나 줄여주는지는 개인의 차이와 음용량 등에 따라 달라질 수 있다. 보통은 식사 후에 한두 잔 보이차를 마시는 것만으로도 속이 편안해지고, 기름기가 내려가는 느낌을 받을 수 있는데, 이는 차가 지닌 쓸쓸함, 산미, 카페인이 한꺼번에 작용하기 때문이다. 특히 숙차(熟茶) 쪽이 흙 내음과 묵직함이 강해 기름진 음식과의 궁합이 더 잘 맞는다고 느끼는 이들도 많다.

해독 작용과 관련해서는 간 기능과 연관된 연구들이 눈길을 끈다. 간은 몸속 해독의 총본산으로 각종 독소와 노폐물을 처리하는 데 핵심적인 역할을 담당한다. 중국 전통 의학에서는 "차를 마시면 간을 맑게 하고 몸속 나쁜 기운을 흘려보낸다"는 말을 하곤 하는데, 이는 과학적으로 보면 차에 함유된 미량 성분들이 간의 효소 작용을 돕거나, 활성산소를 낮춰 간세포 손상을 방지해 준다는 가설과 어느 정도 맞닿아 있다. 실제로 동물 실험 결과 보이차 추출물이 알코올성 간 손상을 줄이거나 간 효소 수치를 개선하는데 긍정적 효과가 있었다는 보고가 일부 존재한다. 이러한 연구는 아직 표본이 크지 않고 조건이 제한적이긴 해도 보이차의 해독 작용 가능성에 대해 일단 학계가 흥미를 갖고 있다는 점을 시사한다.

또한, 중국 전통 의학에서는 보이차가 차가운 성질을 지닌 녹차류와 달리, 비교적 중성 혹은 따뜻한 기운에 가깝다고 여기기도 한다. 정확한 과학적 근거가 제시된 분류는 아니지만, 전통적으로 녹차는 체질에 따라 속을 자극하거나 소화를 방해할 수 있다고 여겨지는 반면, 보이차는 발효 과정을 거치면서 자극이 줄고 부드러운 성질을 띤다고 본다. 그래서 위가 약한 사람이 녹차 대신 숙차(熟茶)를 마시면, 오히려 속을 보호하면서 소화 기능을 돕는 데도 무리가 없다는 식의 민간 경험담이 전해져 온다. 물론 사람마다 체질이 다르므로 절대적 판단은 어렵지만, 발효차가 자극이 덜하다는 것은 대체로 공감대가 있는 편이다.

보이차가 위장과 간 해독을 포함한 대사 시스템 전반에 미치는 영향은 식습관과 생활패턴, 나아가 스트레스 수준 등에 따라 달라진다. 아무리 보이차가 좋다고 해도 과음, 과식, 폭식 등으로 몸을 혹사시키고 충분한 휴식을 취하지 않는다면, 기대한 만큼의 효과를 거두기 어렵다. 반대로 비교적 건강한 식단을 유지하면서 식후 혹은 간식 시간에 보이차를 즐겨 마신다면, 위와 장이 편안해지고 간을 비롯한 내부 장기의 피로가 줄어드는 것을 조금씩 느낄 수 있다. 일부 사람들은 아침 공복에 따뜻하게 우린 보이차 한 잔을 마시면, 몸속이 깔끔하게 정리되는 기분이 든다고 말한다. 물론 카페인에 민감하거나 위가 예민한 경우에는 너무 진하게 우린 차보다는 부드럽고 옅은 맛으로 시작하는 편이 좋다.

현대의 연구 중에는 보이차가 장내 미생물 균형을 개선할 수 있다는 가설을 제기하는 것도 있다. 장내 미생물은 인체 면역과 영양소 흡수, 해독 등에 큰 역할을 하는데 보이차에 포함된 특정 성분이 유익균 증식을 돕고, 유해균을 억제함으로써 장 환경을 건강하게 만들어 준다는 주장이다. 이 과정에서 해독과 대사에도 긍정적인 효과가 나타날 수 있다는 시나리오다. 실제로 발효 식품이 유산균이나 기타 미생물을 공급해 장내 환경을 바꿔 주는 예는 김치나 요거트 등에서 많이 확인된 바 있다. 보이차의 후발효 역시 그러한 가능성을 지니고 있다는 의미다. 다만 이를 명확히 입증하기 위해서는 대규모 인체 임상시험과 더 구체적인 미생물 분석이 필요하다.

소화에 방해가 되는 요소 중 하나로 스트레스를 빼놓을 수 없는데, 차를 마시는 의식 자체가 긴장을 풀어 주고 마음을 편안하게 해 줄 수도 있다. 특히 한국이나 중국, 일본과 같은 전통 차 문화를 가진 나라에서는 차를 마시는 순간이 단지 갈증을 해소하는 것 이상의 의미가 있다. 예를 들어 차를 우리는 동안 물 끓는 소리를 듣고, 잎이 우러나는 모습을 바라보고, 따뜻하게 데워진 찻잔을 손에 쥐며 느긋함을 만끽하는 과정을 통해 심신이 이완되면, 교감신경계가 진정되고 자연스럽게 소화 기능도 원활해진다. 이는 정신 해독과도 연결되는 측면이다. 많은 사람이 보이차 특유의 묵직한 맛과 향이 마음을 차분하게 만들어 준다고 말한다. 이렇게 정신적인 부분까지 포함해 해독 효과를 광범위하게 이해한다면 보이차가 제공하는 이점을 한층 깊이 있게 체감할 수 있다.

식후에 바로 잠자리에 들면 소화가 덜 되고 밤새 위에 부담을 줄 수 있는데, 보이차는 식사 직후 혹은 30분 정도 지난 뒤에 마시는 것이 이상적이라는 의견이 많다. 적당한 온도의 보이차는 위벽에 심한 자극을 주지 않으면서도 음식물이 소장으로 내려가는 과정을 부드럽게 도와줄 수 있다. 특히 기름진 만찬을 즐긴 뒤라면 차 한 잔이 역류나 체증을 막는 데 유용하다고 느끼는 이들이 많다. 다만 너무 늦은 저녁 시간에 진하게 우린 보이차를 마시면 카페인 때문에 잠을 설칠 수 있으니 본인의 수면 패턴을 고려해 음용 시간을 조절하는 것도 중요하다.

해독 작용이라는 관점에서는 간 외에도 신장(콩팥) 건강을 강조하는 시각도 있다. 인체의 노폐물 배출과 수분 조절을 담당하는 신장은 소화 기관과도 밀접하게 연결되어 있는데, 보이차가 이 과정에 좋은 역할을 할 수 있다는 주장이 일부 전통 한의학 이론과 현대 영양학 간의 교차점에서 제기된다. 다만 아직 이를 뒷받침하는 대규모 임상연구는 많지 않으므로 어디까지나 가능성으로서만 언급되는 단계다. 그러나 과다한 설탕 음료나 알코올 대신 칼로리가 거의 없는 차 음료를 즐기는 것만으로도 신장과 간에 가해지는 부담을 줄일 수 있다는 점은 확실하다. 이는 보이차뿐 아니라 녹차, 홍차 등 다른 차 음료에도 공통으로 적용되는 장점이다.

보이차를 활용해 디톡스를 진행하는 사람들도 있다. 1주일 정도 특정 식단과 함께 보이차를 꾸준히 마시면 몸이 가벼워지는 느낌과 함께 변비가 해소되거나 피부톤이 밝아지는 효과를 체감했다는 이들이 그런 사례. 물론 이 같은 디톡스 요법은 의학적으로 확립된 것은 아니며, 적절한 영양섭취가 결여될 수 있으니 주의가 필요하다. 하지만 어느 정도 과학적 근거를 지닌 것은 보이차가 장운동을 촉진하고 미세한 이뇨 작용을 일으켜 수분 대사를 활발하게 함으로써 노폐물 배출에 도움이 될 수 있다는 점이다. 실제로 발효차를 마신 뒤 트림이나 방귀, 소변 횟수가 늘어나며 대사활동이 올라갔다고 느끼는 사람이 많다. 이런 변화 자체가 몸에서 해독과 소화의 흐름이 어느 정도 활발해지고 있다는 신호로 해석될 수도 있다.

한편, 현대 사회에서 '해독'이라는 개념은 다소 과장되거나 왜곡되어 쓰이기도 한다. 독소가 무엇인지 명확한 정의 없이 무조건 체중 감량이나 노폐물 제거를 앞세우는 상술이 등장하기 쉽기 때문이다. 보이차도 마찬가지로, 마시면 만병을 치유한다든가, 몸속 독소가 순식간에 다 빠져나간다는 식으로 과장 광고를 하는 경우가 있다. 이런 과대 홍보는 오히려 차에 대한 불신을 일으킬 수 있으니 주의가 필요하다. 소화 개선과 해독 작용은 분명 보이차가 지닌 강점이지만, 그것이 곧 '이 차만 마시면 모든 문제가 해결된다'는 식의 결론으로 이어지지는 않는다. 균형 잡힌 식생활, 규칙적인 운동, 충분한 수면, 마음의 안정과 같은 전반적 생활 습관이 함께 갖춰져야 제대로 된 효과를 볼 수 있다.

그럼에도 보이차가 지닌 소화 촉진과 해독 관련 이점은 상당히 매력적이다. 특히 평소 기름진 식사를 즐기거나 소화가 더딘 사람이라면,

천천히 우러나는 보이차를 식후에 마시는 습관을 들여 볼 만하다. 이때 주의할 점은 지나치게 뜨겁거나 지나치게 진하게 우린 차는 위 점막을 자극할 수 있으므로 적절한 온도(70~85도 전후)와 추출 시간을 유지하면서 부드럽게 즐기는 것이 이상적이다. 또, 체질상 몸이 차가운 편이라면 생차(生茶)보다는 숙차(熟茶)가 더 잘 맞을 수 있다. 숙차는 발효와 후발효 과정을 거치면서 자극적인 성분이 줄어드는 경향이 있어 몸에 큰 부담 없이 편안한 느낌으로 마실 수 있다는 후기들이 많다.

최근에는 다양한 맛과 향을 가진 보이차가 시장에 나와 있어서 취향에 따라 골라 마시는 재미도 있다. 흙 내음을 선호하는 사람이라면 발효가 많이 진행된 숙차를, 다소 청량하고 달콤한 느낌을 좋아한다면 연식이 낮은 생차를 시도해 볼 수 있다. 어떤 차가 더 소화와 해독에 유리한지는 개인마다 반응이 다를 수밖에 없어 여러 종류의 보이차를 시음해 보고 몸 상태와 기호를 고려해 결정하는 것이 바람직하다. 특히 처음 보이차를 접하는 이들이라면 너무 고가의 오래 숙성된 차를 바로 구매하기보다는 다양한 종류의 소분팩이나 테이스팅 세트를 활용해 소화 측면에서 자신의 몸과 가장 맞는 차를 찾는 과정을 거쳐 보기를 추천한다.

차를 마시면서 동시에 할 수 있는 작고 여유로운 습관으로는 가벼운 스트레칭이나 호흡 명상이 있다. 식사 후에 무리해서 바로 운동을 하기보다는 보이차 한 잔과 함께 몸을 이완하는 시간을 가져 보면, 혈액순환이 촉진되고 위장의 부담이 줄어드는 느낌을 받을 수 있다. 이는 정신적·육체적 해독을 함께 실천하는 방법이기도 하다. 요컨대, 보이차가 마치 친절한 동반자처럼 우리의 몸을 달래 주고, 소화를 돕고, 대사와 해독을 촉진해 주는 소중한 존재가 될 수 있는 것이다. 물론 어디까지나 일상 속 작은 습관이 쌓여야 하며, 단기간에 과도한 기대는 금물이다.

이런 관점에서 보이차 문화는 단순히 맛있는 차를 마신다는 차원과 달리, 몸과 마음을 모두 다스리는 지혜로 이해될 수 있다. 과거 차마고도를 넘나들며 힘겹게 이동해야 했던 상인들은 척박하고 기름진 음식이 많지 않았던 시절에도 이 보이차를 통해 자그마한 위안과 에너지를 얻었을 것이다. 오늘날 우리에게는 오히려 넘쳐나는 먹거리로 인해 소화 문제나 독소 축적 문제가 생기는데, 보이차가 여전히 비슷한 방식으로 그 해답을 일부 제시하고 있다는 사실이 흥미롭다. 이는 수백 년 전부터 전해 내려온 차 문화 속 전통적 지혜가 현대에도 생생히 살아 있는 사례라고 볼 수 있다.

소화 개선과 해독이라는 주제에서 보이차는 발효 미생물과 화학 성분의 복합 작용으로 배 속을 부드럽게 정리해 주고, 대사 시스템을 조금씩 활성화해 주는 '자연의 도움'이다. 우리의 몸은 복잡한 유기체이기 때문에 단 한 가지 음식이나 차로 모든 문제를 해결하기는 어렵지만, 소화에 어려움을 겪거나 몸이 무겁게 느껴질 때, 보이차 한 잔이 의외의 해결책이 되어 줄 수 있다. 더 나아가 그 한 잔 속에는 운남성의 자연과 역사가 깃들어 있고, 전통과 현대가 어우러진 이야기들이 숨어 있다. 마시는 행위 자체가 해독 효과를 넘어 정신적 힐링과 안정감까지 가져다준다면, 이것이야말로 보이차가 전해주는 소화·해독의 참된 가치라고 할 수 있다.

이처럼 보이차를 마시며 느긋하게 쉬는 순간, 우리는 몸속의 긴장과 불필요한 독소가 서서히 흘러가는 것을 실감할지도 모른다. 그 과정에서 우리 내면에 잠재된 피로와 걱정도 차갑게 식어 가면서 소화 기관이 본연의 힘을 되찾고, 간이 제 기능을 발휘해 몸속을 정리해 주는 흐름에 동참하게 된다. 이같이 몸속 순환의 질서가 되살아나는 동안 한 잔의 보이차가 망가진 균형을 되돌려 주는 열쇠로 작동하는 것이다. 해독이라는 것 역시 우리 몸이 본래부터 가지고 있는 자연 치유능력의 일부이니 보이차는 단지 그 과정을 부드럽게 돕는 매개체일 따름이다.

정리하자면, 보이차는 발효로 생겨난 유기산과 미생물 대사산물, 폴리페놀 등의 작용을 통해 소화를 촉진하고 몸속 독소 배출을 활성화하는 면이 있기에 전통적으로 중국에서는 기름진 음식을 자주 섭취하는 식사 문화 속에서 사랑받아 왔다. 위장이 편치 않은 사람부터 시작해 간이나 신장의 해독을 고민하는 사람들까지 다양한 목적을 가진 이들이 보이차를 일상에 도입하고 있다. 실제로 많은 이가 속이 개운해지거나 몸이 가벼워지는 기분을 누렸다고 말한다. 물론 과도한 기대는 금물이고, 체질적 차이를 고려해 차의 종류와 우려내는 방식을 조절해야 한다. 그러나 일상에서 적절하게 즐긴다면, 보이차는 긴 역사와 자연 발효의 힘을 빌려 우리의 소화와 해독을 부드럽게 지원해 줄 것이다. 그 과정에서 삶에 여유와 풍요로움을 더해 주는 것, 그것이 바로 보이차가 오랜 세월 동안 이어져 온 비밀이자 매력이라고 할 수 있다.

3. 혈당·체중 조절 및 심혈관 건강

보이차가 혈당 수치를 조절하고, 지방 분해를 돕는 데 효과가 있다는 결과가 있습니다. 이는 보이차가 당 대사와 콜레스테롤 수치를 조절하는 화합물을 함유하고 있기 때문이며, 이에 따라 체중 관리와 심혈관 질환 예방에도 긍정적 영향을 미칠 수 있습니다. 이렇듯 보이차는 전통적인 약재뿐만 아니라 현대인의 건강 음료로 다시 주목받고 있습니다.

보이차가 혈당과 체중, 심혈관 건강에 긍정적 영향을 미칠 수 있다는 주장에는 전통적 민간 경험과 더불어 현대 과학의 관심이 함께 깃들어 있다. 특히 혈당을 조절하고 지방 대사를 돕는 차로 보이차가 주목받는 이유는 발효 과정에서 형성되는 복합적인 미생물 대사산물과 폴리페놀, 카테킨, 트리테르페노이드(triterpenoid) 같은 화학물질들이 몸속 다양한 생리 작용에 기여할 가능성이 제기되기 때문이다. 실제로 몇몇 동물 실험과 소규모 인체 연구는 보이차가 혈당 수치를 일정 부분 조절해 주며, 혈중 콜레스테롤 농도를 낮추는 데 도움이 될 수 있음을 시사한다. 이러한 발견은 전통적으로 약재로서 보이차를 활용해 온 중국뿐 아니라 전 세계 차 애호가와 건강 관심층에게 보이차가 현대인의 건강 음료로 자리매김할 만한 충분한 근거를 제공한다.

보이차의 혈당 조절 효과는 크게 두 가지 측면에서 논의된다.

첫째, 찻잎에 풍부하게 함유된 폴리페놀과 카테킨 계열 물질이 인슐린 민감성을 높여 준다는 연구 결과가 있다. 인슐린 민감성이 높아지면, 혈액 중 포도당이 세포 속으로 더 원활히 흡수되어 혈당이 과도하게 상승하는 것을 막아 주기 때문에 당뇨병 위험을 줄이는 데 기여할 수 있다.

둘째, 보이차에 함유된 특정 성분은 알파-글루코시데이스(alpha-glucosidase) 같은 소화 효소의 활성을 억제해 음식물로부터 당이 흡수되는 속도를 늦출 수 있다고 알려져 있다. 이는 식후 혈당이 급격히 오르는 것을 막아 주므로 당 조절이 필요한 이들에게 특히 유용하다는 관점이다.

물론 이 같은 작용들은 보이차를 포함한 차 전반에서 흔히 언급되는 부분이기도 하지만, 보이차는 발효 과정에서 일반 녹차나 홍차와 구별되는 독특한 미생물 생태계를 형성함으로써 추가적인 기능성 성분을 확보할 수 있다. 생차(生茶)의 자연 발효나 숙차(熟茶)의 인위적 습열 발효 과정에서 곰팡이, 효모, 박테리아 등 다양한 미생물이 번식하고, 이들이 찻잎의 성분을 분해·재구성하면서 체내 당 대사를 조절하는 데 유익할 것으로 추정되는 물질들이 생성된다. 특히 후발효의 대표 주자인 숙차가 지방 분해나 혈중 콜레스테롤 수치 개선에서 상대적으로 더 두각을 나타낸다는 일부 연구 결과도 있다. 일반적으로 숙차는 발효가 많이 진행되어 맛이 부드럽고 흙 내음이 강하지만, 동시에 그 발효 과정에서 생겨난 다양한 대사산물로 인해 체내 대사에 영향을 미칠 수 있다는 점이 흥미롭다.

체중 관리는 혈당 조절과 떼려야 뗄 수 없는 분야다. 우리 몸이 탄수화물을 효율적으로 처리하지 못하면 그만큼 지방으로 축적될 가능성이 높아지는데 보이차가 이 과정에서 완충 역할을 할 수 있다는 기대가 있다. 중국에서는 오래전부터 "보이차가 기름을 씻어 낸다"는 식의 표현이 전해졌는데, 이는 단순히 식후 입안을 개운하게 해 주는 감각적인 부분을 넘어 실제 체중 관리에도 어느 정도 유익하리라는 통념을 담고 있다. 현대 과학은 이런 전통적 믿음에 주목해 보이차 섭취가 체지방 축적을 억제하거나, 지방산 대사를 촉진하는지를 탐구하기 시작했다. 몇몇 동물 실험에서는 보이차 추출물이 체지방 축적을 줄이고, 혈중 중성지방 수치를 낮추는 결과가 관찰되었다. 인체 대상 소규모 연구에서도 비슷한 경향이 보고된 사례가 있는데, 예컨대 일정 기간 보이차를 규칙적으로 마신 그룹이 그렇지 않은 그룹에 비해 체지방률이 소폭 감소했다는 식의 내용이다.

다만 체중 관리는 워낙 복합적인 요인에 좌우된다. 식습관, 운동량, 수면 패턴, 유전적 요인이 모두 결합해 만들어지는 결과물이기 때문에 보이차 한 잔만으로 체중이 크게 변하리라고 단정 지을 수는 없다. 그렇지만 탄수화물과 지방 대사가 원활하지 않아 고민하는 이들에게 보이차는 적어도 도움을 줄 수 있는 옵션이 될 수 있다. 차를 마시는 행위 자체가 열량 섭취 없이 갈증을 해소하고, 다른 달고 칼로리가 높은 음료 대용으로도 쓰이기 때문에 무의식적으로 섭취하는 군것질거리나 당분 음료를 줄이는 간접 효과까지 기대할 수 있다. 또한, 식후에 보이차를 마시며 어느 정도 포만감을 느끼는 것도 과식을 예방하는 데 도움이 될 수 있다는 의견이 있다. 즉, 보이차를 통한 체중 관리는 차 자체의 생리 활성 효과와 생활 습관 교정에 따른 보조적 효과가 합쳐진 결과라고 볼 수 있다.

보이차의 심혈관 건강 측면에서 가장 많이 언급되는 부분은 콜레스테롤 수치 조절이다. 혈관 속에 콜레스테롤이 과도하게 쌓이면 동맥경화나 고지혈증, 심근경색, 뇌졸중 등 심각한 질환으로 이어질 수 있다. 이때 보이차가 LDL(저밀도지단백) 콜레스테롤을 감소시키고, HDL(고

밀도지단백) 콜레스테롤 비중을 상대적으로 높여 준다는 관찰 결과가 일부 연구를 통해 제시되었다. 물론 이러한 결과가 모든 사람에게 동일하게 적용되는 것은 아니지만, 여러 연구에서 통계적으로 유의미한 수준의 변화를 확인했다는 점은 보이차의 심혈관 보호 가능성을 뒷받침한다. 특히 숙차가 이 부분에서 좀 더 두각을 나타내는 경향이 있다. 이는 상술했듯이 숙차 발효 과정에서 생겨나는 특수 성분들이 체내 지질 대사를 조절하는 데 관여하기 때문이라는 추측이 제기된다.

심혈관 건강과 관련해 보이차의 항산화 작용 또한 큰 관심사다. 폴리페놀, 카테킨, 플라보노이드 같은 항산화 물질은 혈관 벽에서 일어나는 염증 반응이나 산화 스트레스를 완화하는 데 중요한 역할을 한다. 산화 스트레스가 줄면 혈관 노화가 늦춰지고, 염증으로 인한 죽상동맥경화(동맥벽이 두꺼워지는 현상) 위험도 낮아질 가능성이 크다. 보이차는 발효 과정에서 생성된 또 다른 유형의 항산화 성분까지 다수 함유하므로 꾸준히 마시는 것만으로도 혈관을 보호하는 데 의미 있는 도움이 될 수 있다는 분석이다. 물론 차 안에 든 항산화 물질이 실제 인체 내에서 어느 정도로 흡수되고 작용하는지는 여전히 활발히 연구 중인 분야다. 하지만, 적어도 차 문화가 발달한 동아시아 국가들의 역학 조사를 보면, 차 음용 습관을 가진 사람이 심혈관 질환 위험이 다소 낮게 나타나는 경향이 보고되곤 한다.

혈압 조절 측면에서도 보이차가 관심을 받고 있다. 높은 혈압은 심혈관계 질환의 주요 원인 중 하나인데, 보이차의 특정 성분이 혈관을 이완시키는 데 긍정적인 영향을 줄 가능성이 있다는 견해가 제기된다. 가령 숙차의 경우 미생물 발효로 인해 생성된 퓨린, 테아닌, 유기산 등이 혈관 평활근을 이완시켜 혈액순환을 부드럽게 만들 수 있다는 가설이 있다. 또, 카페인이 혈관을 수축시키지 않느냐는 반론도 있지만, 차에 함유된 카페인은 커피에 비해 상대적으로 함량이 낮은 편이며, 보이차는 발효 단계에서 일부 카페인이 분해되거나 다른 성분과 결합해 작용 강도가 완화될 수 있다고 보는 견해도 있다. 실제로 카페인에 민감한 이들이 커피 대신 보이차를 마시며 혈압이나 심장 박동수에 큰 문제를 겪지 않는 경우가 많다. 물론 이 부분 역시 개인차가 존재하며, 심혈관 질환으로 약을 복용 중인 환자는 의료진과 상의해 보이차 섭취 여부를 결정하는 것이 바람직하다.

보이차가 지닌 혈당·체중·심혈관 건강 효과가 주목받는 또 다른 이유는 글로벌 라이프스타일 변화와 관련이 깊다. 서구식 식단이 전 세계적으로 퍼지면서 비만, 당뇨병, 고지혈증 등 대사성 질환이 증가했다. 중국 역시 빠르게 변화하는 식습관으로 인해 이전보다 해당 질환의 발병률이 늘어났다. 이에 전통 발효차인 보이차의 가치를 재발견하고자 하는 움직임이 활발해졌다. 그 과정에서 보이차가 '약차'로 불리며 다시 조명받게 된 것이다. 특히 도시화가 진행된 대도시 지역에서 건강을 의식하는 중산층과 젊은 세대가 보이차를 모던한 라이프스타일의 일부로 받아들이면서 소비가 급격히 늘어나고 있다. 이는 중국 내수 시장뿐 아니라 해외 시장에서도 마찬가지인데, 서양권에서도 녹차나 홍차가 아닌 보이차를 찾는 이들이 조금씩 늘고 있는 추세다.

물론 보이차가 기적의 다이어트 음료나 만병통치약처럼 소개되는 것은 경계해야 한다. 체중을 줄이는 근본적인 방법은 칼로리 섭취와 소비의 균형을 맞추는 것이고, 심혈관 건강을 지키려면 규칙적인 운동과 균형 잡힌 식생활, 스트레스 관리가 함께 이뤄져야 한다. 보이차는 이러한 과정에서 보조적으로 긍정적인 역할을 할 수 있는 하나의 도구로 이해해야 한다. 예를 들어 식사 중간이나 후에 물 대신 보이차를 마심으로써 과도한 당이나 칼로리를 피하고, 항산화 성분을 추가로 섭취하며, 기름진 식단의 부작용을 줄이는 식의 접근법이 가능하다. 운동 전후에 보이차를 적당히 마시면, 카페인의 각성 효과가 도움을 주는 동시에 지방 대사를 가속화할 여지가 있다고 보는 시선도 있다.

현대 영양학이나 의학 연구에서 더 세밀한 분석이 필요하긴 하지만, 전통적으로 사람들은 "차를 마시니 몸이 가벼워졌다"라는 표현을 자주 써 왔다. 이런 감각적 묘사는 실제 체중이 줄어서라기보다는 차가 열량 부담 없이 갈증을 해소하며 소화와 배변을 촉진하고, 정서적으로 안정감을 주는 효과가 합쳐진 결과일 가능성이 크다. 그러나 그 작은 변화들이 쌓이다 보면 장기적으로 혈당과 체중, 나아가 심혈관 건강까지 어느 정도 개선되는 경험을 하게 될 수도 있다. 보이차 문화가 다시금 부상하는 현상은 겉보기에는 단순히 '차 트렌드의 유행'으로 비칠 수 있지만, 그 깊은 이면에는 현대인들의 건강과 생활 방식을 진지하게 고려하는 움직임이 자리 잡고 있다고도 볼 수 있다.

동양 전통 의학 관점에서도 보이차는 단순한 음료라기보다는 약식동원(藥食同源)의 대표적인 사례로 거론된다. 음식을 잘 섭취하는 것이 곧 약을 복용하는 것과 동일하게 중요하다는 사상에서 보이차는 위장, 간, 심장, 신장 등 인체 주요 장기의 균형 유지에 도움이 되는 존재로 인식되어 왔다. 몸속 열을 내리면서도 기운을 보충해 주고, 혈액순환을 원활하게 하면서도 위를 보호해 준다는 전통적 해석이 있는데, 현대 의학적 측면에서 모든 설명이 일치하지는 않더라도 최소한 "장기적으로 마시면 몸에 해가 되지 않는다"는 믿음이 오랜 세월 축적된 것이다. 또한, 가벼운 의학적 문제나 생활 습관성 질환에는 보이차가 어느 정도 보조적인 도움을 줄 수 있다는 것은 경험적으로도 상당히 많이 알려져 있다.

심혈관 건강에서 또 하나 흥미로운 부분은 보이차에 함유된 일부 성분이 혈소판 응집을 억제하거나 혈전 생성을 방지하는 방향으로 작용할 수 있다는 연구 보고다. 혈전이 혈관을 막으면 뇌졸중이나 심근경색과 같은 치명적인 질환으로 이어지는데, 차에 담긴 폴리페놀, 플라보노이드가 혈액순환을 돕고 혈관을 이완시키는 데 보탬이 된다는 것이다. 물론 이러한 효과는 식습관, 운동 습관, 흡연·음주 여부 등 복합 요인에 의해 크게 좌우되므로 보이차가 단독으로 어떤 기전을 발휘한다고 단정하기는 어렵다. 다만 전통적으로 동아시아 지역에서 차 문화가 발달한 사회들이 서구식 식단을 수용하기 전까지 심혈관 질환 발병률이 상대적으로 낮았다는 통계는 간접적으로라도 차 섭취가 갖는 이점을 시사하는 자료로 꼽히곤 한다.

혈당, 체중, 심혈관 건강 등 모든 분야를 통틀어 말하면, 보이차는 일상에서 부담 없이 접할 수 있는 음료 중 하나로서 대사 조절과 혈관 보호 등에 긍정적 영향을 끼칠 수 있다. 특히 당뇨병이나 대사증후군, 비만, 고지혈증 같은 현대 질병을 예방하거나 관리하는 관점에서 보이차가 지닌 가치가 계속해서 재평가되고 있다. 물론 음료 하나만으로 건강이 획기적으로 달라지지는 않지만, 보이차가 가진 발효 과정의 복합성, 풍부한 항산화 성분, 다양한 미생물 대사산물은 충분히 매력적인 연구 대상이다. 이미 중국과 대만, 일본, 서양 일부 국가에서도 보이차 관련 건강학 논문들이 꾸준히 발표되고 있다. 향후 더 많은 임상실험과 데이터가 축적되면, 보이차의 구체적이고 과학적인 작용 메커니즘이 더욱 명확히 규명될 것으로 보인다.

보이차를 혈당·체중·심혈관 건강을 위해 마신다면, 몇 가지 유의할 점이 있다. 첫째, 양 조절과 음용 시점이 중요하다. 특히 당뇨약을 복용 중인 환자는 혈당 수치가 급격하게 변동하지 않도록 조절해야 하므로 보이차를 대량으로 마시기 전에 의사와 상담하는 것이 좋다. 둘째, 개인의 카페인 민감도에 따라 차를 우리거나 마시는 횟수를 조절해야 한다. 셋째, 지나치게 뜨겁거나 진하게 추출된 차는 위나 식도에 부담을 줄 수 있으므로, 70~85℃ 정도의 물에 적당 시간(대략 1~3분 내외)으로 우려내는 방식이 무난하다. 넷째, 식사 후 30분이나 1시간 정도가 지난 시점에 마시는 편이 소화를 돕고, 혈당 상승을 완만하게 해 주는 데 좀 더 유리하다는 의견도 있다. 다섯째, 체중 감량을 목적으로 한다면, 보이차를 마시는 것 외에도 전반적인 식이 조절과 운동이 필수다. 보이차 자체가 열량을 태워 주는 것이 아니라, 우리가 섭취한 음식물이 지방으로 과도하게 쌓이지 않도록 돕는 보조적인 역할이라는 점을 분명히 인지해야 한다.

보이차가 현대인의 대사 건강과 밀접하게 이어진 현상은 우연이 아니다. 수백 년 동안 전해져 내려온 전통 차 문화에서 보이차는 이미 몸을 따뜻하게 해 주고 기름진 음식을 소화시키는데 이로운 음료로 자리매김해 왔다. 근래에는 연구를 통해 혈당 조절, 지방 분해, 심혈관 보호 같은 생리학적 측면까지 부각되면서 '몸이 편안해지는 차'라는 이미지가 한층 강화되었다. 이러한 변화는 글로벌 차 시장에서 보이차가 고급스럽고 독창적인 상품으로 재평가되는 계기가 되기도 했다. 한편, 보이차 시장의 성장으로 인해 가짜 보이차나 품질이 낮은 제품들이 나돌기도 하지만, 순수하고 제대로 발효·숙성된 보이차를 꾸준히 즐길 수 있다면, 일상 속 작은 루틴 하나로 건강증진을 기대해 볼 만하다.

    혈당과 체중, 심혈관 건강은 현대인들의 가장 큰 과제 중 하나다. 바쁜 생활 속에서 고열량·고지방·고당분 식품에 노출되기 쉬운 환경에서 보이차가 제공하는 가능성은 결코 가볍게 볼 수 없는 가치다. 더구나 이 차가 지닌 자연·문화·역사적 풍요로움은 단순히 건강을 위한 음료라는 차원을 넘어, 마시는 이에게 깊은 감성적 만족까지 안겨 준다. 몸과 마음을 함께 치유하는 과정에서 혈당과 체중 조절, 심혈관 보호의 효과를 덤으로 얻을 수 있다는 점이야말로 보이차가 오랜 세월 인기를 누리고 다시금 각광받는 이유가 아닐까 한다. 차를 우려내고, 잔을 들어 천천히 목을 적시면서 느껴지는 안정감과 작은 행복이 결국 건강한 삶으로 이어지는 길을 열어 줄 것이다. 그리고 그 길 위에는 보이차가 깃들인 자연과 시간이 언제나 함께할 것이라는 사실이 오늘날 보이차를 선택하는 이들에게 큰 위안이 된다.

    이러한 의학적·영양학적 관점은 보이차가 오랜 전통에 머무르지 않고 현대 사회에서도 끊임없이 재조명되는 이유이기도 하다. 당뇨병, 고지혈증, 비만, 고혈압 등 각종 대사성 질환이 늘어가는 추세에서 차 한 잔이 제공할 수 있는 작지만 의미 있는 효과가 다시 한 번 사람들의 이목을 사로잡는다. 한편, 보이차 역시 차음료 중 하나이므로, 무작정 대량으로 마시거나 맹신하는 것은 금물이다. 신체 상태나 질환 유무, 약 복용 상황 등을 고려한 뒤 적절한 양으로 즐기는 것이 안전하고 바람직하다. 그럼에도 분명한 것은 많은 연구 결과와 전통적 경험담이 보이차가 혈당 및 체중 조절, 심혈관 건강 유지에 기여할 가능성을 있다는 점이다. 남녀노소 누구나, 혹은 바쁜 직장인부터 노년에 이르기까지 누구든 차 문화를 통해 더 나은 삶의 질을 누릴 수 있다면, 그 자체가 보이차가 주는 크나큰 선물이라고 할 수 있다.

아무쪼록 보이차가 가진 혈당·체중·심혈관 개선 효과에 주목해 보고 싶은 사람이라면, 우선 가벼운 마음으로 가까운 차 전문점에서 생차나 숙차를 맛보는 것으로 시작해 보는 것이 좋다. 어떤 풍미가 자신의 입맛과 체질에 맞는지 차근차근 확인하고, 조금 더 깊이 파고들고 싶다면 차를 구매해 집에서 직접 우려 마시며 취향과 건강 상태를 관찰해 볼 수 있다. 차를 마시는 시간에 몇 분간이나마 마음의 여유를 느끼고, 그 과정에서 몸에 긍정적인 변화가 찾아온다면, 보이차가 지닌 다층적인 매력과 전통적 가치를 몸소 체험하게 되는 셈이다. 이렇듯 건강과 문화, 개인의 라이프스타일이 어우러져 만들어지는 작은 일상의 예술이야말로 옛날부터 지금까지 보이차가 이어져 오는 진짜 이유가 아닐까 한다. 그리고 그 한 잔 속에는 혈당이 안정되고, 체중이 조절되며, 심혈관 질환을 예방하는 실마리가 깃들어 있을 수도 있다는 사실이 우리의 기대를 더욱 부추긴다. 보이차는 마시는 이에게 천천히, 하지만 분명하게 몸과 마음의 이점을 선물하는 존재임이 틀림없다.

제4장
생차와 숙차, 발효와 숙성의 미학

1. 생차(生茶)의 특징과 맛

　생차는 보이차의 전통적인 형태로 자연 발효 과정을 거쳐 수년에서 수십 년에 걸쳐 맛이 변화합니다. 초기에는 떫은맛과 쌉쌀함이 강하지만, 시간이 지날수록 이러한 맛이 부드러워지고 달콤한 여운과 복합적인 향이 살아납니다. 생차는 차를 장기 숙성하며 빈티지화하는 개념을 명확히 보여주는데, 이는 차가 시간을 통해 완성되는 예술임을 상징합니다.

　생차(生茶)는 보이차의 전통적이고 원형에 가까운 형태로 아직 인위적인 숙성 공정(습열 발효)을 거치지 않은 차를 가리킨다. 이 차는 운남성의 차나무에서 수확한 찻잎이 살청(殺靑), 유념(揉捻), 건조 과정을 거친 뒤 장기간에 걸쳐 천천히 후발효되는 특성을 지닌다. 이러한 발효 방식이 자연스럽게 이뤄지기 때문에 초기에는 떫고 쌉싸름한 맛이 강하게 느껴지지만, 세월이 흐를수록 그 맛이 부드럽게 풀어지면서도 여운이 깊어지는 특징을 갖게 된다. 이는 곧 생차가 지닌 숙성의 미학이자, 시간이 만들어내는 예술이라는 점을 잘 보여 준다.
　처음 생차를 접했을 때 많은 이들이 느끼는 것은 생각보다 꽤 강렬한 떫은맛과 쌉싸름함, 속이 약간 따뜻해지는 듯한 감각이다. 특히 새로 만든 생차(신차)는 찻잎 속 폴리페놀 함량이 높아 혀끝과 혀뿌리를 동시에 자극하는 쌉쌀함과 미묘한 쓴맛이 먼저 두드러진다. 이때 차기(茶氣)라고 일컫는, 몸속을 따뜻하게 해 주는 기운이 함께 느껴져서 마신 직후에 금세 몸이 가벼워지거나 열이 나는 듯한 경험을 하는 사람도 있다. 이러한 생차 특유의 자극적인 맛과 차기는 갓덖은 찻잎이 아직 완전히 안정되지 않았음을 의미한다. 그러나 이 차가 몇 해 혹은 몇십 해를 두고 숙성 과정을 거치면 신맛이나 떫은맛, 거친 쓴맛이 서서히 가라앉고, 대신 단맛과 감칠맛, 향긋한 과일향이나 가벼운 꿀향이 배어나는 방향으로 변화한다. 이렇듯 생차의 풍미 변화는 시간의 흐름에 따라 단계적으로 모습을 달리하는데 이 과정을 지켜보는 것 자체가 보이차 애호가들에게는 흥미로운 일이자 즐거움이다.

보이차를 이해하려면 먼저 차가 자라는 토양과 기후, 차나무의 특성을 알아볼 필요가 있다. 운남성은 해발이 높고 산악 지형이 많아 일교차가 크며, 곳에 따라 강수량이 넉넉한 지역도 있고 반대로 적은 지역도 존재한다. 생차는 이러한 자연환경에서 자라난 찻잎을 손으로 채엽해 전통적인 방식으로 가공하고, 큰 변화 없이 건조 과정을 통해 일정한 형태의 덩어리(병차)나 타차(沱茶) 등으로 빚어낸다. 이후 차를 보관하는 환경에 따라 미생물의 작용과 효소 반응이 일어나 찻잎 속 성분이 점차 변형된다. 이 과정이 '자연 후발효'인데, 미생물이 활동하는 정도나 온·습도, 통풍 상태, 차창(茶倉)의 환경 등에 따라 맛과 향의 진화 속도가 다르다. 어떤 차창은 온도가 높고 습도가 약간 있는 곳이라 발효가 빠르게 진행되고, 또 어떤 곳은 습도가 낮고 바람이 잘 통해 발효가 더디게 이뤄지기도 한다. 생차는 이런 환경과 시간이라는 조건에 의지하면서 수십 년 동안 천천히 맛의 곡선을 그려나간다.

생차가 오랜 세월을 거치며 맛을 변화시키는 과정을 두고 흔히 빈티지 차라는 개념이 형성되기도 한다. 서양의 와인이나 위스키에서 빈티지 개념이 확고하듯, 보이차 생차도 생산 연도와 차창, 산지, 보관 환경 등에 따라 가치가 달라진다. 예를 들어 이우산, 라오반장, 징마이산 등 보이차 명산지에서 채엽한 생차가 품질 좋게 장기 숙성된다면, 시간이 지날수록 희소성과 함께 높은 가치를 인정받게 된다. 실제로 수십 년 이상 된 생차는 오랜 발효 과정을 통해 쓴맛이 사라지고 달콤하면서도 그윽한 향을 지닌다. 이때의 풍미는 일반적인 차에서 쉽게 맛보기 어려운 깊은 차원에 이른다. 이런 차를 마실 때면 코끝에 올라오는 묵직한 향, 목을 넘어갈 때의 부드러운 촉감, 뒷맛에 맴도는 단맛이 하나의 하모니를 이룬다. 이는 흔히 '차의 노주(老酒)를 마시는 느낌'이라고 표현되기도 한다.

생차를 둘러싼 또 다른 특징 중 하나는 차기(茶氣)에 관한 이야기다. 차기란 차를 마셨을 때 몸속에서 느껴지는 기운을 말한다. 특히 생차의 경우 신차일 때도 강한 차기를 느낄 수 있지만, 장기 숙성된 노차(老茶)일수록 차기가 더욱 유순하면서도 깊이 있게 다가온다고들 말한다. 이런 차기를 설명하는 일은 과학적으로 명확한 근거를 대기가 쉽지 않지만, 전통적으로 보이차 문화를 즐기는 사람들 사이에서는 미각이나 후각 이상의 체감이 존재한다고 본다. 생차를 마시고 나면 머리가 맑아진다거나, 속이 따뜻해진다거나, 몸이 가뿐해지는 느낌을 받는 경우가 많은데, 이런 주관적 체험이 쌓여서 생차에 대한 매력을 더욱 두텁게 만들어 준다.

물론 생차가 가진 매력이 처음부터 누구에게나 쉽게 와닿는 것은 아니다. 특히 신차에 해당하는 어린 생차는 쌉싸름하고 떫으며, 약간 풀향이 거칠게 남아 호불호가 갈리는 편이다. 차에 익숙하지 않은 이들은 이 맛을 과하게 인상적이라고 느낄 수도 있고, 때로는 속 쓰림이나 소화 불편함을 호소하기도 한다. 그래서 많은 사람이 숙성도가 어느 정도 진행된 생차, 혹은 발효를 가속해 부드러운 맛을 가진 숙차(熟茶)를 먼저 접한 뒤, 생차의 세계로 들어가기도 한다. 그러나 일단 생차의 변화를 경험하고 나면, 그 시간이 만들어내는 부드러운 변화와 복합적인 향에 매료되어 내가 직접 차를 키우고 있다는 느낌으로 소장욕을 불태우게 된다. 실제로 보이차 애호가들은 생차를 여러 덩어리 사두고, 해마다 혹은 몇 년마다 맛을 보며 노트에 기록해 두는 경우가 많다. 이렇듯 생차는 '차가 살아 숨 쉰다'라는 표현이 어울리는 존재다.

보이차 생차의 특징을 조금 더 세밀하게 살펴보자. 첫 번째는 찻잎의 선도(鮮度)가 상대적으로 잘 보존된다는 점이다. 생차 제작 과정은 대체로 살청과 유념, 건조를 통해 찻잎의 기본 구조를 유지한 채 말리는 형태다. 이 때문에 찻잎에 함유된 영양 성분과 향미 물질이 비교적 날것에 가깝게 남아 있다. 두 번째는 떫은맛과 쓴맛이 상대적으로 눈에 띄는데, 이는 차에 들어 있는 카테킨, 탄닌 등의 폴리페놀 함유량이 아직 많은 상태이기 때문이다. 세 번째로 꼽히는 특징은 시간이 지날수록 떫은맛이 부드럽고 달콤한 맛으로 전환된다는 점이다. 이는 자연 발효에서 미생물과 효소가 폴리페놀 등의 화합물을 점진적으로 변형시키기 때문에 발생하는 현상이다. 후발효가 진행됨에 따라 묵직한 쌉싸름함이 누그러지고, 감초나 벌꿀, 혹은 과일 같은 단맛의 향이 살아난다.

생차를 마시는 방법 역시 상당히 중요하다. 일반적으로 보이차는 다관(茶壺)이나 뚜껑 달린 잔(개완, 蓋碗)을 이용해 여러 차례 우려 마시는 것이 보편적이다. 생차는 잎이 섬세하고, 떫은맛이 강하기 때문에 첫 우린 물(洗茶)을 하면서 먼지를 제거하고 잎을 깨우는 단계를 거친다. 그리고 90~95도 정도의 뜨거운 물을 빠르게 부어 우려내는데, 우릴 때마다 우려내는 시간을 조금씩 늘려 가면서 미묘한 맛 변화를 체험한다. 생차는 차수가 진행될수록 맛이 풀어지고 차의 단맛과 부드러운 향이 살아나는 편이다. 잘 만든 생차의 경우 열 번 이상 우려도 향미가 어느 정도 유지되곤 한다. 이때 우려낸 차액(茶液)을 찻잔에 조금씩 나누어 담고 서서히 식혀 가며 향과 맛을 음미하면 생차가 가진 장점을 더 선명히 느낄 수 있다. 높은 온도일 때는 떫은맛이 두드러지지만, 조금 식힌 다음에는 단맛과 향의 층위가 좀 더 풍부하게 다가온다.

　보관 방식 또한 생차의 숙성 방향에 큰 영향을 미친다. 운남성 현지에서는 습도와 온도가 비교적 높아 발효가 빠르게 진행될 수 있고, 베이징이나 상하이, 혹은 광저우처럼 기후가 다른 지역에서는 차창 환경이 조금씩 달라 숙성 곡선이 다르다. 해외의 경우 한국, 일본, 말레이시아, 홍콩 등의 여러 지역에서 보이차가 활발하게 유통되고 소비되는데, 각 지역의 기후와 보관 습관에 따라 생차의 맛이 미묘하게 달라진다. 예컨대 너무 건조한 환경에서는 발효가 더디게 진행될 수 있고, 지나치게 습한 환경에서는 곰팡이가 피거나 과발효 현상이 일어날 수 있다. 이 때문에 생차를 오래 보관하고자 할 때는 차창 내부의 환기나 습도 조절, 온도 관리 등을 신경 써야 한다. 습기가 적절히 유지되되 지나치지 않아야 미생물이 건강하게 활동하며 차 맛이 부드럽게 변한다. 이런 보관 노하우가 쌓여서 요즘은 개인이 집에서 차창을 꾸리거나, 전문적인 저장 시설을 이용하는 사례도 늘고 있다.

생차에 대한 흥미로운 점 중 하나는 그 맛이 '최고점'에 도달하는 시기가 사람마다 다르게 느껴진다는 것이다. 어떤 애호가는 10년 숙성된 생차가 가장 밸런스가 좋다고 하고, 또 다른 사람은 최소한 20년 이상은 묵혀야 참맛이 나온다고 주장하기도 한다. 이는 결국 차의 숙성 방향과 개인의 기호 차이, 각 차가 지닌 태생적 조건(산지, 차나무 수령, 가공 방식 등)에 의해 결정된다. 생차가 해마다 조금씩 변해 가는 과정을 따라가다 보면, 어느 해에는 향이 특히 화사해졌고, 또 다른 해에는 목넘김이 극도로 부드러워졌다는 느낌을 받곤 한다. 이렇듯 '차는 죽지 않고 매해 조금씩 자란다'라는 말을 체감하는 순간, 생차가 왜 시간을 마시는 차로 불리는지를 비로소 이해하게 된다.

일반적으로 보이차가 건강에 이롭다고 알려져 있는데, 생차 역시 항산화, 혈당 조절, 소화 개선 등 여러 측면에서 유익한 성분을 가지고 있다. 다만 신차 상태의 생차는 카페인 함량이나 폴리페놀 함량이 높아 과하게 마시면 속쓰림이나 불면증을 일으킬 수 있으니 주의가 필요하다. 시간이 지나면서 성분이 안정화되면, 떫고 자극적인 맛이 줄어드는 것과 마찬가지로 몸에 가해지는 부담도 덜어지는 편이다. 전통적으로 운남성의 소수민족들은 식사를 마친 뒤 생차를 즐겨 마셔 왔으며, 그때마다 과식 후 더부룩함을 해소하고, 기름진 음식을 소화하는 데 도움이 된다고 여기곤 했다. 이처럼 생차는 단순 음료 이상의 의미를 가지고 지역의 전통 식습관과 결합해 일상에서 폭넓게 소비되었다.

그렇다면 생차가 왜 예술로 표현될 정도로 높은 가치를 인정받게 되었을까. 그 이유 중 하나는 시간에 따라 점진적으로 변화하는 맛의 아름다움에 있다. 와인이나 위스키 같은 술도 숙성 과정을 거치지만, 보이차는 상대적으로 가정에서 직접 보관하고 숙성시키기 쉬우며, 해마다 차를 꺼내 우려 마시며 변화를 체감할 수 있다는 특징을 갖는다. 차를 몇 덩어리 구매해 뒀다가, 2~3년 후 혹은 5~10년 후에 조금씩 맛을 보고, 향의 변화를 기록하는 행위 자체가 하나의 예술적 취미가 된다. 이는 단순히 차를 소비하는 데 그치지 않고, 차와 시간을 함께 누리는 과정이라는 점에서 인간의 감수성을 자극한다. 그런 면에서 생차는 마시는 순간뿐만 아니라, 기다리는 순간까지도 가치 있게 만들어 준다.

또 다른 이유로는 산지와 나무의 개성이 고스란히 드러난다는 점이 있다. 운남성 곳곳에는 다양한 품종의 차나무가 자라고 있으며, 마을마다 전통 가공 방식이 조금씩 다르다. 어떤 지역의 생차는 꽃향이 강하고, 또 다른 지역의 생차는 과일향이나 혹은 점잖은 흙 내음이 난다. 그 미묘한 차이를 온전하게 경험할 수 있는 것이 바로 생차다. 숙차의 경우 발효 과정을 인위적으로 앞당겨 전체적으로 부드럽고 진한 맛을 구현하지만, 상대적으로 지역 특유의 개성은 좀 덜하게 느껴진다. 반면 생차는 원료 찻잎이 품은 자연적 특질과 산지의 환경, 전통 가공 기법이 만들어내는 오묘한 차이를 그대로 간직한다. 시간이 지날수록 그 차이가 점점 부각되거나 새로운 매력으로 재탄생하기도 하니, 애호가들에게는 이처럼 다채로운 풍미의 차가 각별할 수밖에 없다.

이처럼 생차의 세계는 맛과 향, 시간이 빚어내는 서사를 품고 있다. 한편으로는 가짜 생차나 저품질 생차가 시장에 유통되면서 소비자들이 혼란을 겪는 일도 있다. 특히 '장기 숙성 생차'라는 이름으로 비싼 값을 매겨 놓은 차가 정작 맛을 보면 인위적인 숙성 과정(가짜 숙성)이나 불량 보관 탓에 고유의 풍미를 잃어버린 사례도 적지 않다. 그래서 생차를 구입할 때는 믿을 만한 브랜드나 생산자, 혹은 오랜 경험과 지식을 갖춘 전문가의 조언을 참고하는 게 좋다. 초심자라면 라벨이나 생산 연도, 산지 표기 등이 투명하게 공개된 차부터 시도하고, 직접 시음하며 마음에 드는 풍미인지 확인한 뒤에 구매하는 것이 안전하다. 오랜 시간 함께할 차인 만큼 신중하게 고르는 과정 또한 차 문화를 즐기는 좋은 방법이다.

    생차의 매력은 '때로는 순수하고 거칠며, 때로는 깊고 부드러워지는 이중성'에서 비롯된다. 막 만들어졌을 때의 생차는 강렬한 청춘을 닮아 있고, 세월을 머금은 생차는 농익은 노년의 농후함을 연상시킨다. 그 둘은 전혀 다른 맛과 향, 감성을 선사하지만, 같은 찻잎에서 시작되었다는 점이 아이러니하면서도 흥미롭다. 어떤 사람은 이 변화를 인생의 여정에 비유하기도 한다. 시간이 차의 맛을 바꾸듯이 사람도 세월을 거치면서 성격과 가치관, 감정의 결을 바꿔 나간다. 생차를 마실 때 우리는 그 오묘한 변화를 컵 안에서 실감하게 된다. 이는 차를 마신다는 행위가 단순히 갈증을 해소하는 것이 아니라 스스로와 시간을 마주하고 자연의 이치를 체험하는 일이기도 하다는 사실을 일깨워 준다.

    이렇듯 생차(生茶)는 보이차에서 가장 전통적이면서도 예술적인 면모를 지니고 있다. 시간이 빚어내는 발효 과정, 산지와 차나무가 품은 고유의 개성, 마시는 이의 기대와 취향이 뒤섞여 한 덩어리의 차가 수십 년에 걸쳐 계속해서 새로워질 수 있다는 사실이야말로 생차의 진정한 매력이다. 떫고 쌉싸름한 맛에서 시작해 달콤하고 그윽한 풍미로 변해 가는 모습을 지켜보면, 마치 자연과 인간, 과거와 미래가 한데 어우러져 이야기를 펼치는 무대에 서 있는 듯한 기분이 든다. 그래서 생차를 두고

'시간 예술'이라고 부르는 이들도 많다. 한편으로는 오래된 전통을 고스란히 이어받은 한 잔의 차가, 지금 이 순간에도 새롭게 숙성되어 과거와 미래를 잇고 있다는 점이 신비롭게 느껴지기도 한다.

생차는 보이차 문화의 핵심 가운데 하나이면서, 차가 단순 음료에서 벗어나 예술과 철학의 영역으로 확장되는 하나의 상징이라고 할 수 있다. 혀끝을 울리는 쓴맛, 코끝을 간지럽히는 기분 좋은 향, 목으로 넘어간 뒤에 찾아오는 깊은 단맛까지. 이 모든 감각적 체험은 시간이 지날수록 또 다른 스펙트럼으로 바뀌고, 그 과정에서 우리는 자연의 섭리와 인내, 기다림의 가치, 삶 속에서 조금 느리게 가도 된다는 여유를 배우게 된다. 언뜻 보면 미미한 변화로 보이지만, 해마다 조금씩 쌓여 가는 시간 속에서 차는 완전히 다른 모습으로 환골탈태한다. 이런 생차의 세계에 한 번 빠져들면, 그냥 마트에서 사서 단숨에 마시는 차와는 전혀 다른 차원의 즐거움을 맛보게 된다. 바로 이것이 생차가 지닌 특별함이며, 보이차가 오랜 역사와 풍부한 스토리로 세계인의 사랑을 받는 이유 중 하나다.

2. 숙차(熟茶)의 특징과 맛

　숙차는 인위적 발효(습열 발효) 과정을 통해 짧은 기간 안에 깊고 부드러운 맛을 내는 차입니다. 흙 내음, 달콤함, 묵직한 바디감이 특징이며, 쓴맛이나 떫은맛이 상대적으로 적어 차를 처음 접하는 이들도 쉽게 즐길 수 있습니다. 숙차는 발효 과정에서 미생물이 찻잎의 성분을 분해하거나 재구성해 부드럽고 구수한 풍미를 만들어냅니다.

　숙차(熟茶)는 보이차 세계에서 생차(生茶)와 함께 중요한 축을 이루는 차로 인위적 발효 과정을 통해 비교적 짧은 기간 안에 부드럽고 진한 맛을 낼 수 있는 것이 특징이다. 전통적으로 생차가 자연 발효를 거쳐 수십 년간 숙성되면서 맛이 변화한다면, 숙차는 '습열 발효(渥堆發酵, 워두이)'라는 공정을 통해 인위적으로 발효를 앞당긴다는 점이 가장 큰 차이이다. 이 공정은 1970년대 전후로 중국 운남성의 차 공장(특히 맹해차창)에서 본격적으로 도입돼 오늘날 대중적으로 유통되고 소비되는 숙차의 기틀을 마련했다. 발효에서 오는 짙고 구수한 맛, 진한 갈색 혹은 흑갈색에 가까운 수색(물색)은 숙차만의 독특한 매력으로 자리 잡았으며, 쓴맛이나 떫은맛이 적어 차를 처음 접하는 이들도 쉽게 즐길 수 있다는 장점이 있다.

　숙차 제작의 핵심은 '워두이' 공정이라 불리는 습열 발효에 있다. 먼저 차나무에서 채엽한 생잎을 살청(殺靑)과 유념(揉捻), 건조 과정을 거쳐 '모차(毛茶)' 상태로 만든다. 이 모차가 생차의 원료와 크게 다르지 않지만, 이후 숙차를 만들기 위해서는 특정 조건을 조성해 발효를 가속하는 단계가 추가된다. 큰 창고나 발효실 같은 곳에 모차를 쌓아 두고, 물을 뿌려 습도를 높이며, 일정 온도로 유지한다. 발효실 내부는 온·습도가 상대적으로 높고, 통풍은 제한적이라 차더미 안쪽 온도가 올라가는데, 이를 지속적으로 확인하면서 열이 과하게 오르지 않도록 차더미를 뒤집어 주거나 발효 속도를 조절한다. 이때 다양한 미생물이 왕성하게 활동하며, 차의 성분을 분해하거나 재구성함으로써 짙고 구수한 풍미가 생긴다.

　　이 과정을 보통 '인위적'이라 부르긴 하지만, 엄밀히 말하면 자연에 존재하는 미생물을 활용한다는 점에서 완전히 인공적이라 할 수는 없다. 다만 자연적인 숙성이 빠른 시간 안에 이뤄지도록 인위적으로 환경을 조성한다는 의미가 맞다. 보통 수개월에서 반년 안팎에 걸쳐 발효 공정을 마무리하고, 이후 찻잎을 건조하거나 덩어리(병차, 타차 등) 형태로 빚어 제품화한다. 생차처럼 몇십 년을 기다릴 필요 없이, 이미 충분히 부드럽고 달달한 맛이 나기 때문에 시중에 유통된 직후부터 바로 마실 수 있다는 편리함이 있다. 또한, 숙차는 생산 과정에서 일정한 맛을 비교적 안정적으로 구현하기 좋다는 장점이 있어 대형 차창의 브랜드 제품이 세계 시장으로 활발히 수출되면서 보이차를 대표하는 유형 중 하나가 되었다.

　숙차의 맛을 표현할 때 흔히 언급되는 단어는 '흙 내음'이다. 이 흙 내음은 부정적인 이미지를 줄 수도 있지만, 보이차 애호가들은 이를 '지하 저장고에서 꺼낸 듯한 깊은 풍미'라고 평하기도 한다. 발효 과정에서 생성된 미생물 활동의 결과로 약간의 흙 내음, 납작 콩을 볶는 듯한 향, 발효 향 등 다양한 뉘앙스가 풍긴다. 이러한 향들이 섞여 만들어지는 독특한 구수함은 숙차를 마실 때 코에서부터 목, 그리고 몸속에 퍼져 나가는 따뜻함과 함께 경험된다. 생차와 비교하면 훨씬 자극이 적고 부드러워 쓴맛이나 떫은맛에 거부감이 있는 이들도 편하게 마시기 좋다. 특히 숙차를 처음 접하면, 검붉거나 흑갈색 빛의 진한 수색에 놀라면서도 그 단맛과 구수함에 자연스럽게 끌리게 된다.

이처럼 부드러운 맛 덕분에 숙차는 디저트 차로 즐기기에도 알맞고, 기름진 음식을 많이 먹은 뒤에 마시면 속을 편안하게 만들어 준다는 인식이 전통적으로 강하다. 중국 남방 지역에서는 지방 함량이 높은 음식을 즐겨 먹는 문화가 있는데, 예부터 보이차, 특히 숙차가 기름기를 잡아 주고 소화를 돕는 역할을 했다고 전해 내려온다. 실제로 보이차가 소화 개선에 도움이 된다는 연구 결과들이 나오면서 숙차 역시 비슷한 효능이 있다고 주목받았다. 특히 발효 과정에서 생성되는 유기산이나 미생물 대사 산물들이 장내 환경을 개선하고 대사 작용을 돕는다고 알려져 있다. 이는 개인별 건강 상태나 차를 즐기는 습관에 따라 체감도가 다를 수 있지만, 적어도 숙차가 부드럽고 편안한 차라는 이미지를 형성하는 데 기여했다.

숙차를 마실 때 느껴지는 '달콤함'도 중요한 관전 포인트다. 흔히 말하는 단맛은 설탕이나 과일처럼 분명하게 달다고 할 수는 없지만, 발효 과정을 통해 만들어지는 감칠맛이 혀끝에 닿았을 때 은근한 단맛이 피어오르는 느낌이 있다. 때로는 곡물을 살짝 볶은 듯한 고소함, 옥수수수염차와 흡사한 담백함, 혹은 캐러멜에 가까운 단맛 등을 떠올릴 수도 있다. 생차의 쌉싸름함과 대비된다는 점에서 많은 이들이 숙차를 '달고 구수하다'고 표현한다. 게다가 차색이 짙고 묵직해 보여 마시기 전부터 '이 차는 몸에 좋고 진할 것'이라는 심리적 기대도 크게 작용한다. 그래서 일부 사람들이 말하길, "숙차는 보는 순간부터 마음이 편안해지는 차"라고도 한다.

숙차를 우려내는 방식은 생차와 유사하지만, 조금 더 높은 온도와

긴 우림 시간을 적용하기도 한다. 생차에 비해 떫은맛이 적고, 쉽게 탁해지지 않으므로 다관(茶壺)이나 개완(蓋碗)에 더 많은 찻잎을 넣고 우려도 비교적 무난하다. 처음에는 95~100도에 가까운 뜨거운 물을 사용해 짧게 우려내고, 차수를 거듭할수록 우림 시간을 조금씩 늘려간다. 숙차의 경우 첫 번째, 두 번째 우린 물은 색과 맛이 조금 연하게 나올 수 있는데, 세 번째나 네 번째가 되면 숙차 특유의 구수함과 달콤함이 본격적으로 살아난다. 우려낼수록 흙 내음이 부드럽게 변하면서 바디감이 두드러진다. 좋은 숙차라면 7~8회 이상 우려도 맛이 쉽게 줄어들지 않는다. 일상에서 마시는 용도로는 한두 번 우린 뒤에 뜨거운 물을 계속 부어가며 홀짝홀짝 마시는 사람들도 많다.

건강 측면에서도 숙차에 대한 관심이 꾸준히 이어지고 있다. 앞서 언급했듯 보이차는 소화, 해독, 항산화, 혈당 조절 등 여러 면에서 긍정적이라고 여겨지는데, 숙차 역시 비슷한 효과를 가진다고 전해진다. 특히 몸이 차가운 사람들이 생차를 마시면 속이 쓰리거나 부담을 느낄 수 있지만, 숙차는 이미 발효가 진행되어 성질이 한결 순해졌다고 본다. 중국 전통의학 관점에서 숙차는 '온중(溫中)'의 성질이 있어 몸을 따뜻하게 하는 효능을 보인다고도 알려져 있다. 다만 이것은 어디까지나 전통의학적 해석이나 민간적 경험에 기반한 것이므로 개인의 체질이나 건강 상태에 따라 다르게 반응할 수 있다. 그렇지만 숙차가 전반적으로 자극이 적고 편안한 느낌을 준다는 인상이 널리 퍼져 있어 남녀노소 누구나 부담 없이 즐길 수 있는 차로 인식된다.

숙차의 풍미는 지역·브랜드·가공 방식에 따라 매우 다양하다. 예를 들어 맹해(勐海) 지역에서 생산되는 숙차는 대체로 깊고 묵직하며, '맹해 향'이라 불리는 특유의 발효 향과 달콤함이 강하게 나타난다. 반면 다른 지역에서 만들거나 워두이 공정을 약간 다르게 적용한 숙차는 발효 향이 더 약하고, 부드러움이 먼저 강조되기도 한다. 차창(茶廠)마다 숙차를 만드는 노하우가 조금씩 달라서 어떤 곳은 발효 기간을 길게 가져가 농후함을 극대화하고, 또 어떤 곳은 비교적 짧은 기간에 중간 정도 발효해 감미로운 맛을 살리기도 한다. 이런 차이들을 비교해 보는 재미가 숙차 애호가들에게는 크다. 때로는 아직 워두이 냄새가 제대로 빠지지 않은 '신숙(新熟)' 차를 마시면, 발효 취급에서 풍긴 듯한 시큼한 향이 남아 실망스러울 수도 있지만, 이를 또 몇 달이나 몇 년 더 보관해 두면 훨씬 부드럽게 숙성되기도 한다. 그래서 숙차 또한 시간의 흐름에 따라 미묘한 변화를 경험할 수 있으나 생차처럼 극적인 변화 폭은 상대적으로 크지 않다.

숙차도 가짜가 없는 것은 아니다. 숙차 특유의 깊은 색감을 연출하기 위해 인공 염료나 향료를 섞는 사례, 혹은 발효를 무리하게 진행해 곰팡이를 인위적으로 크게 번식시킨 뒤에 강한 향을 만들어 내기도 한다. 이런 차는 마셨을 때 텁텁하거나 화학적인 향이 나는 등 어색한 맛이 든다. 그래서 믿을 만한 생산자나 브랜드를 선택하는 것이 중요하다. 워두이 공정에서 발생하는 습열 발효는 차창 환경 관리가 핵심인데, 대규모 설비를 갖춘 브랜드들은 공정 전체를 체계적으로 관리해 일정한 맛과 품질을 낼 수 있다. 그러나 그렇지 않은 소규모 생산자나 비공인 공장에서는 발효 상태를 제대로 통제하지 못해 품질이 들쑥날쑥할 수 있다. 따라서 숙차에 입문할 때도 가능하다면 공인된 브랜드 제품이나 전문가 추천을 받아 시음해 보고 구매하는 편이 현명하다.

숙차는 서양권 차 시장에서도 호응이 높은 편이다. 에스프레소나 초콜릿 음료처럼 짙고 묵직한 풍미가 있어 커피를 즐기는 사람들도 비교적 거부감 없이 접근하기 쉽기 때문이다. 카페 문화가 발달한 도시에서도 숙차를 '중국식 다크 로스팅' 정도로 비유하면서 색다른 풍미를 만끽하려는 이들의 관심을 이끌어낸다. 게다가 '흑차(黑茶)'로 분류되는 숙차는 그 색감과 맛에서 강력한 개성을 보여주기 때문에 발효차 분야에 대한 흥미를 갖게 만드는 계기가 되기도 한다. 실제로 유럽이나 미국, 일본 등지에서 숙차 전문 카페나 찻집을 운영하는 이들은 숙차가 가진 부드러운 단맛과 깊은 향미를 강조해 '커피 대안' 혹은 '에스프레소처럼 진한 차'로 홍보하는 경우를 자주 볼 수 있다.

숙차를 조금 더 오래 보관하면 추가 발효가 천천히 이뤄지지만, 생차처럼 극적으로 맛이 달라지는 일은 드물다. 대부분 숙차는 발효가 이미 완료된 상태에 가까워 시간이 흐를수록 발효 취향이 자연스럽게 가라앉고 전체적으로 더욱 깨끗하고 맑은 맛으로 정리되는 경우가 많다. 어떤 사람들은 막 생산된 숙차를 신숙이라고 부르며, 워두이 향이 여전히 강하다고 느낄 수 있는데, 이런 차를 1~2년 집에서 보관한 뒤 마시면 향이 한층 누그러져서 더욱 부드럽게 느껴진다고 한다. 즉, 숙차도 숙성을 통해 약간의 변화가 가능하지만, 이는 생차의 장기 숙성과는 성격이 다르다. 보통 '숙차는 발효를 마친 완성된 차, 생차는 후발효를 진행 중인 미완성의 차'라는 식으로 구분해서 이해하기도 한다.

숙차의 가장 큰 장점은 '마시기 쉬운 보이차'라는 데에 있다. 생차는 시간이 좀 지나 떫은맛이 부드러워지기 전에는 호불호가 갈릴 수 있지만, 숙차는 처음부터 편안하게 접근할 수 있다. 진하고 달콤한 풍미

덕에 여러 차례 우려 마셔도 자극이 적고, 카페인 부담도 생차보다 덜하게 느껴지는 편이다. 그래서 기름진 식사 후에 한 잔 마시면 속이 편안해진다거나, 입 안을 깔끔하게 정리해 준다는 경험담도 많다. 물론 차마다, 또 개인의 체질마다 다를 수 있으나 대체로 숙차가 부드럽고 포근한 이미지를 가지고 있는 것은 사실이다. 또한, 어두운 갈색 빛깔의 수색과 특유의 구수한 향이 시각과 후각을 동시에 만족시키기 때문에 차 문화에 막 입문하려는 이들에게도 좋은 선택지로 꼽힌다.

숙차를 음미해 보면, 그 풍미 안에는 오랜 역사를 지닌 운남성의 차나무와 인위적 발효 기술을 완성해 낸 사람들의 노하우와 하나의 차창에서 지켜 온 전통이 녹아들어 있다. 워두이 공정은 그리 오래된 기술이 아니지만, 보이차 문화가 축적된 운남성에서 탄생했기에 오랫동안 차를 다뤄 온 장인들이 발효 과정을 세심하게 연구하고 개선해 온 결과물이라 할 수 있다. 이런 맥락을 알고 숙차를 마시면 짧은 시간에 완성된 차라고 해도 그 뒤에는 수많은 시행착오와 사람들의 노력이 있었음을 느끼게 된다. 숙차는 시간은 짧지만, 그만큼 농축된 정성을 담고 있는 보이차라고도 볼 수 있다.

물론 숙차에도 단점이나 주의할 점은 존재한다. 인위적 발효 과정에서 위생적 문제가 발생하면 곰팡이가 지나치게 번식하거나 이물질이 섞일 수 있고, 차 특유의 발효 향이 강해 기호에 맞지 않을 수도 있다. 또, 고급 숙차라 해도 생차만큼 가격이 크게 치솟는 경우는 상대적으로 적지만, 고수차(古樹茶) 원료로 만든 숙차나 특정 브랜드의 대표 제품은 희소성과 명성으로 인해 값비싸게 거래되기도 한다. 시장에는 다양한 품질과 가격대의 숙차가 있으므로 입문자는 비교적 합리적인 가격대에서 몇 종류를 시음해 보고 자신에게 맞는 풍미를 찾아가는 것이 좋다. 한 번 마셔 보고 마음에 드는 제품을 대량으로 구입해 두는 것도 방법이다. 숙차는 잘 보관하면 향이 조금씩 안정되어 더 마음에 드는 맛을 낼 수 있어 두고두고 마시기에도 좋다.

숙차를 깊이 탐구하다 보면, 자연스레 생차와의 차이도 선명하게 인식하게 되고, 보이차 전체 문화가 품은 다채로움이 더욱 흥미롭게 다가온다. 생차가 시간을 무기로 해 떫은맛을 달콤하게 변화시키는 '긴 여정'을 품고 있다면, 숙차는 발효 공정을 통해 '단시간에 완성된 풍부함'을 맛볼 수 있는 점이 매력이다. 그 둘 사이에는 우열을 논하기보다는 서로 다른 길을 걸어온 동반자에 가깝다. 어떤 날은 개운한 생차가 당길 수 있고, 또 어떤 날은 따뜻하고 포근한 숙차가 더 어울릴 수 있다. 계절이나 기분, 체질에 따라 선택해 마시는 재미도 크다. 이렇듯 숙차는 보이차를 좀 더 다양하게 즐길 수 있는 스펙트럼을 넓혀 주며, 나아가 차 생활 전반에 풍요로움을 가져다준다.

숙차(熟茶)는 인위적 발효인 워두이 과정을 통해 단기간에 부드럽고 깊은 맛을 완성하는 보이차의 한 갈래이다. 짙은 흑갈색 수색과 흙 내음, 달콤한 여운, 묵직한 바디감이 특징이며, 쓴맛이 적어 입문자도 부담 없이 즐길 수 있다. 여러 차례 우려 마셔도 맛이 쉽게 얇아지지 않으며, 기름진 음식을 먹은 뒤 속을 편안하게 해 준다는 인식이 강해 중국 남방 지역을 중심으로 오랜 기간 사랑받아 왔다. 건강 효능에 대해서는 소화와 대사 작용을 돕는 등 긍정적 평가가 이어지고, 몸이 차가운 이들이 마시기에도 생차보다 편하다는 전통 의학적 관점도 있다. 믿을 만한 브랜드나 차창에서 온 숙차는 발효 기술과 노하우가 충실히 녹아 있어 안정적인 품질을 보여주며, 시음 시에는 진하고 구수한 향이 몸을 훈훈하게 감싸는 기분을 느끼게 한다. 시간이 지남에 따라 발효 향이 누그러져 더 깔끔하고 맑아지는 사례도 있어, 개인의 취향과 보관 환경에 따라 다양한 변주를 즐길 수 있다. 숙차는 '쉽게 접근할 수 있는 보이차'이자 보이차 전체 문화에서 빠질 수 없는 독자적 매력을 갖춘 존재다. 생차와 숙차라는 두 갈래 길이 함께 보이차 문화를 풍성하게 만든다고 할 때, 숙차는 부드러운 맛과 짙은 향의 안락한 길을 안내하는 차라 할 수 있다. 이런 점에서 숙차에 마음을 붙인 이들은 그 편안함과 달콤함을 오래도록 기억하며 자신의 일상 속 차 습관으로 자연스레 빠진다. 무엇보다 인위적 발효라 해도 그 뒤에 깃든 전통과 정성, 기술적 연구가 오랫동안 이어져 왔다는 사실을 떠올리면, 한 잔의 숙차에는 여전히 대자연과 인간의 협력이 물씬 담겨 있다는 점이야말로 숙차가 주는 특별한 감동이 아닐까 싶다.

3. 발효와 숙성: 시간의 예술

보이차는 발효와 숙성이 진행될수록, 맛과 향이 진화하는 시간 예술입니다. 미생물과 효소가 찻잎의 폴리페놀, 테아닌, 카페인 등을 변화시키면서 차의 성분과 향미가 바뀌고, 세월이 지날수록 복합적인 풍미가 생성됩니다. 발효·숙성된 차는 건강에도 좋다는 전통적 믿음과 현대 과학에서도 이를 입증하는 연구가 어우러져 보이차는 노화 방지, 소화 개선, 해독 등 다양한 효능이 부각되고 있습니다.

보이차를 이야기할 때 빠질 수 없는 핵심 개념 중 하나가 바로 발효와 숙성이라는 시간의 예술이다. 차라는 것이 단순히 채엽해 덖고 말려 내놓는 데서 끝나는 음료가 아니라, 자연의 시간과 인간의 손길이 함께 어우러져 '진화'한다는 점을 보이차는 극명하게 보여준다. 수년에서 수십 년에 이르는 세월 동안 찻잎이 미생물과 효소의 활동을 거치며 끊임없이 변화하고, 그로 인해 맛과 향, 내재된 성분까지 다채롭게 변화해 간다. 그래서 보이차 애호가들은 입버릇처럼 "차도 생명체다"라는 말을 하곤 한다. 발효와 숙성은 바로 이 '생명체로서의 차'가 지닌 본질을 깨닫게 해 주는 과정이다.

보이차가 발효차라는 범주 안에 놓이는 까닭은 녹차나 홍차처럼 제조 과정이 비교적 짧고 고정된 데 비해, 시간이 흐름에 따라 차 안에 존재하는 효소와 미생물이 계속 활동을 이어 가기 때문이다. 실제로 녹차는 살청(殺青) 과정에서 효소 작용을 멈추게 해 그 상태가 거의 고정된다. 홍차는 산화 과정을 통해 붉은 빛을 띠면서 독특한 향미가 완성되지만, 역시 차가 만들어진 후에는 큰 변화 없이 유지되는 편이다. 반면, 보이차는 완성된 뒤에도 미생물과 효소가 잔존해 후발효가 계속 일어나게 된다. 이를 흔히 후발효차라고 부르는데, 발효가 완벽히 멈춘 것이 아니라 현재진행형이라서 시점마다 맛과 향이 달라진다.

이 발효가 이루어지는 구체적 메커니즘은 차에 서식하는 미생물, 찻잎 자체가 지닌 효소가 복합적으로 상호작용하는 데서 비롯한다. 차밭의 환경, 수확 시점, 제조 과정, 보관 방법, 기후 등에 따라 차 안에 깃드는 미생물 군집도 달라진다. 특히 운남성의 고온다습한 기후는 여러 곰팡이와 세균, 효모가 왕성하게 활동하기에 좋은 조건이다. 이들은 차 안의 폴리페놀, 테아닌, 카페인, 다양한 유기물질을 분해하고 재합성해 때로는 떫은맛을 줄이고, 때로는 독특한 향취를 만들어 낸다. 이처럼 발효는 살아 있는 유기적 변화를 이끌어내는데 인간은 이를 전부 통제하기란 사실상 어렵다. 그래서 발효는 자연이 빚어내는 예술이라고들 한다.

보이차를 조금 더 오래 두면, 후발효의 진폭이 커지면서 차의 성분도 꾸준히 변화한다. 떫고 쓴맛이 점차 유들유들 부드러워지기도 하고, 풋내가 사라지면서 달콤한 여운이 도드라지기도 한다. 예컨대 생차(生茶)의 경우 신차 시절에는 거친 탄닌감과 짙은 녹즙 같은 맛이 강할 수 있으나, 5년에서 10년, 더 나아가 20년을 넘어가면서 그 맛이 한결 너그러워지고, 달고 화사한 향이 피어오른다. 숙차(熟茶)는 이미 인위적 발효를 통해 어느 정도 맛이 부드럽게 정돈된 상태에서 시작하지만, 숙차 역시 시간이 더해지면 발효 향이 조금씩 깎여 나가고 차가 맑고 깨끗한 방향으로 자리 잡는다. 이렇듯 발효와 숙성이 가져다주는 맛의 변화는 '시간과의 동행'이라 할 만하다.

보관 환경도 발효와 숙성에 적잖은 영향을 준다. 전통적으로는 습도가 높고 온도가 적절히 유지되는 운남성 일대 창고에서 보관할 때 보이차가 자연스럽게 숙성된다고 말해 왔다. 그러나 현대에는 대만, 홍콩, 광저우 등 다양한 지역에서도 보이차 숙성이 이뤄지면서 각각 '대만창', '홍콩창', '광저우창' 등으로 불리는 숙성 스타일이 형성되었다. 예컨대 '홍콩창'은 습도가 상대적으로 더 높은 환경에서 빠르게 숙성이 진행되어 비교적 짙고 묵직한 숙향을 갖게 되는 편이다. 반면 '대만창'은 습도가 홍콩보다는 조금 낮아 부드럽게 숙성이 이뤄지면서 향이 선명하게 남는 경우가 많다고들 한다. 같은 차라도 보관 지역과 창고 환경에 따라 다른 맛으로 변주가 일어나므로 이를 비교 시음하는 재미도 크다.

이런 보관 환경을 관리한다는 것은 단순히 차를 어디에 두느냐를 넘어 차가 숨 쉬는 공간 전체를 조성하는 일이다. 온도, 습도, 통풍, 빛, 주변에 나는 냄새 등은 모두 차의 숙성 과정에 영향을 미칠 수 있다. 많은 이들이 보이차를 장기 보관하며 빈티지화를 즐기려 할 때, 의도치 않은 곰팡이나 잡내가 배지 않도록 세심하게 관리해야 한다고 강조한다. 이 과정을 잘 통제하면 생차가 떫고 자극적인 맛을 훌륭히 다듬어 대단히 깊고 깔끔한 풍미를 지닌 차로 거듭날 수 있다. 어떤 이들은 수십 년 묵은 생차에서 '고차(古茶) 향'을 발견했다고 하며, 마치 골동품을 다루듯 소중히 여기기도 한다. 발효와 숙성이 만들어 내는 이 특별한 가치가 오래된 보이차가 높은 가격에 거래되는 이유이기도 하다.

보이차 애호가들은 이러한 변화를 가리켜 '시간 예술'이라 부른다. 찻잎이 발효되고 숙성되어 가면서 시간이라는 녹이 묻고, 그 결과로 독특하고 귀중한 맛이 탄생한다는 의미이다. 단순히 '오래 두면 무조건 좋다'라는 식의 교과서적 접근이 아니라, 얼마나 적합한 조건에서 '잘' 숙성되었는지가 관건이다. 그래서 차를 오래 두어도 맛이 도무지 변하지 않거나, 혹은 곰팡이나 부패 등이 일어나 망가지는 사례도 있을 수 있다. 발효와 숙성의 미학은 자연과 인간이 조화를 이루는 지점에 놓여 있다. 자연을 무시해서도 안 되고, 인간이 손을 완전히 놓아버려서도 안 된다. 그 적절한 균형을 찾아야만 비로소 시간의 예술이 펼쳐지는 것이다.

과거 운남성의 소수민족들이 차를 말려 저장하는 과정에서 우연히 발견했을 이러한 후발효는 시간을 더해 갈수록 맛이 좋아진다는 사실에 대한 '경이로움'을 선물했을 것이다. 오랜 기간 차마고도를 통해 티베트, 몽골, 내륙 지방 등으로 차를 운송하던 시절, 차가 길 위에서 자연스럽게 숙성되기도 했을 터이다. 덩어리 형태로 단단히 뭉쳐진 차(병차, 전차 등)는 긴 여행 중에 안장이나 포장 안에서 온도와 습도를 맞닥뜨리며 서서히 변해갔고, 종착지에 도착했을 때는 처음 만들었을 때와는 다른 맛이 되어 있었다. 그 차를 맛본 사람들이 오히려 더 진하고 부드러워졌다고 호평해 시간이 차에 선물한 가치를 인식하게 된 것이다. 이러한 경험들이 축적되어 보이차가 '숙성되는 차', '빈티지 차'라는 독자적 정체성을 갖게 되었을 것이다.

이처럼 발효와 숙성의 과정에서 탄생한 맛은 차가 단순한 음료 이상이 될 수 있음을 웅변한다. 가령 생차의 떫은맛이 나이가 들면서 달콤함과 기품 있는 향으로 바뀌는 것을 보면 마치 사람이 젊은 시절의 날카로운 성격을 완화하고 원숙해지는 과정과도 비유할 수 있다. 또한, 숙차의 경우 비교적 빠르게 발효를 마친 차가 시간이 지나면서 발효 향이 가라앉고 균형감 있는 맛으로 변모하는 것을 보면, "급하게 철이 든 아이가 나중엔 점잖은 어른이 된다"는 식의 묘한 연상도 가능하다. 발효와 숙성을 통해 차가 변화하는 모습을 지켜보노라면, 시간의 흐름이란 것이 얼마나 섬세하고 오묘한 예술인지 절로 깨닫게 된다.

이러한 차의 변화에 대해 전통적으로는 소화 촉진, 해독 작용, 노화 방지 등 여러 긍정적 효능이 있다. 과학적 연구에서도 보이차가 가진 폴리페놀과 항산화 성분이 유익하다는 결과들이 보고되고 있다. 특히 발효 과정에서 새로운 생리활성 물질이 생성된다는 점이 흥미롭게 다뤄지고 있다. 어떤 학자들은 보이차가 장내 미생물 균형을 돕는 프로바이오틱 역할을 할 수 있다고 주장한다. 또 다른 이들은 체지방 축적을 억제하거나 혈중 콜레스테롤 농도를 낮출 수 있다고 본다. 물론 이는 개인의 체질이나 섭취량, 전반적인 식생활 습관 등에 의해 달라질 테지만, 발효와 숙성으로 인해 차가 가진 건강학적 잠재력이 높아진다는 인식은 예나 지금이나 변함없이 이어지고 있다.

이처럼 발효와 숙성은 보이차의 맛과 향, 건강학적 가치에까지 지대한 영향을 미치지만, 한편으로는 차를 둘러싼 문화적 심미안을 자극하는 요인이기도 하다. 오래된 보이차를 손에 쥐고, 포장지를 펼쳐 냄새를 맡을 때면 마치 고서적을 펼쳤을 때의 쿰쿰하고 세월 묻은 향이 풍겨 온다. 이것을 '고미(古味)'라고도 부르는데, 단순한 흙 내음이 아니라 역사의 흔적과 지난날의 인고가 뒤섞인 듯한 신비로운 기운이 난다. 차를 우려내 컵에 따르면, 빛을 통과하는 차의 색감은 맑고 투명하면서도 어딘가 묵직하게 가라앉은 톤을 띠는데, 이 역시 오랜 발효와 숙성을 거친 결과다. 한 모금 머금으면, 예전엔 느낄 수 없었던 부드럽고 깊은 단맛이 혀 위에 은은히 퍼지고, 이는 다시 코끝으로 올라오는 향과 어우러져 복합적인 풍미로 완성된다. 바로 이 순간, "시간은 차에게 어긋남 없는 그림을 그려 준 화가"라는 말을 실감하게 된다.

발효와 숙성 과정에서 얻어지는 차의 가치가 점점 알려지면서 시장에서는 오래된 보이차에 대한 수요가 폭발적으로 늘어나기도 했다. 자연스럽게 희소성이 커진 빈티지 차는 높은 가격에 거래된다. 이는 곧 '가짜 보이차' 문제로도 이어지는데, 일부 사람들이 단기간에 높은 이익을 노려 '숙성된' 것처럼 가짜 향을 입히거나, 생산 연도를 속이는 일이 벌어지곤 한다. 결국 '시간이 빚은 예술'이란 명성에 기생하려는 움직임이라 할 수 있는데, 오히려 이러한 문제들이 더해지면서 소비자들은 발효와 숙성 과정을 철저히 이해하고, 믿을 만한 생산자와 유통 경로를 찾아 나서는 데에 관심을 두게 되었다. 발효와 숙성은 곧 신뢰와 정직이 바탕이 되어야 제대로 꽃피울 수 있다는 점도 함께 부각된 셈이다.

흥미로운 점은 현대 과학과 기술이 발달하면서 발효와 숙성 과정을 일부 인공적으로 조절하려는 시도도 늘고 있다는 사실이다. 차창(茶廠)에서는 온·습도 센서를 설치해 최적의 조건을 유지하고, 차더미를 뒤집는 타이밍도 컴퓨터로 관리하기도 한다. 특정 조건에서 보관하는 저장고를 아예 '테스트 베드'로 삼아 "이 환경에서 5년 숙성하면 이런 맛이 난다"라는 연구를 진행하기도 한다. 하지만 이렇게 인위적으로 완벽하게 관리했을 때 나오는 맛이 옛날부터 자연스럽게 숙성된 차가 주는 풍미와 같다고 할 수 있을지는 여전히 의견이 분분하다. 어떤 애호가들은 "자연스러운 숙성에서 오는 미묘한 풍미는 인위적으로 흉내낼 수 없다"고 주장하기도 하고, 또 어떤 이들은 "어쨌든 결과물이 맛있다면 그 또한 기술의 진보"라고 옹호하기도 한다. 무엇이 옳고 그른가의 문제보다는 발효와 숙성이라는 개념 자체가 이제 전통과 현대가 교차하는 지점에서 더욱 다양하게 해석되고 있음을 보여주는 예라 할 수 있다.

그렇다면 보이차의 발효와 숙성이 궁극적으로 말해 주는 메시지는 무엇일까. 많은 차인(茶人)들은 "서두르지 말라"는 가르침을 이야기하곤 한다. 차는 세월을 통해 비로소 완성되는 예술이니 차를 즐기는 사람 역시 빠르게 결론을 내려 하지 말라는 뜻이다. 매해 차를 한두 편씩 구매해 자신만의 작은 보관 공간에 두고, 한두 해 지나서 꺼내 마셔 보고, 또 그 다음 해에 다시 마셔 보는 식의 느긋한 태도가 보이차 문화에서 매우 중요한 부분을 차지한다. 이 과정을 통해 '시간이 흐른다'는 사실을 몸소 음미하고, 차의 변화와 함께 자신의 변화도 자연스럽게 받아들이게 된다. 어제의 내가 오늘과는 다르듯, 지난해의 차가 올해와는 다르다. 이런 상호 교감을 통해 발효와 숙성에 담긴 철학이 곧 삶의 방식으로도 확장된다.

이렇듯 발효와 숙성은 보이차를 가리켜 '시간의 예술'이라 하기에 충분한 배경이 된다. 사람과 자연, 그리고 긴 세월이 함께 만들어 가는 이야기다. 차의 떫은맛이 우러나고, 곰팡이 내음이 번지고, 흙 내음이 생겨나며, 달콤한 잔향으로 변해 가는 전 과정을 지켜보는 것은 마치 아이가 성장해 가는 과정을 지켜보는 부모의 마음과 비슷할 수도 있다. 하루아침에 완성되는 게 아니라, 조금씩 변화하고 발전한다. 그 가운데 인간의 정성과 기다림이 녹아들어 간다. 그래서 보이차를 유난히 사랑하는 이들은 이 발효와 숙성의 과정에 깊은 존경을 표한다. 차 한 잔을 우려내면서 "이 차는 10년 전에 이우산 어느 골짜기에서 땄고, 몇 해 동안 이렇게 창고에서 숙성되었다"고 되짚어 보는 순간, 그 시간의 무게가 차 맛을 더욱 농밀하게 만들어 주는 것 같다며 감탄하곤 한다.

어쩌면 발효와 숙성의 마법은 단순히 맛의 변화만이 아니라, 우리에게 시간을 받아들이고 소중히 사용하는 법을 알려 주는 것일지 모른다. 빨리빨리, 즉각적인 결과를 추구하는 현대 사회에서 오래 두고 지켜봐야 비로소 빛을 발하는 무언가가 존재한다는 사실은 우리에게 각별한 의미를 던진다. 그것이 농작물일 수도, 예술 작품일 수도, 아니면 우리 자신의 내면일 수도 있다. 보이차는 이 모든 것을 상징적으로 담아내는 매개체다. 발효와 숙성의 예술에 담긴 느긋함과 인내, 그로 인한 풍요로운 결실을 음미하면, 우리는 순간이 아닌 영속적인 가치에 눈길을 돌리게 된다.

보이차는 단지 오래될수록 비싸진다는 차원이 아니라, 시간이라는 거대한 흐름 속에서 미생물과 인간, 자연이 함께 만들어 가는 독특한 문화적·예술적 결실이라 할 만하다. 덕분에 보이차는 '단순한 차를 넘어선 삶의 예술'로 불리기도 한다. 그 예술의 가장 두드러진 특징이 바로 발효와 숙성이며, 이 과정을 통해 찻잎이 거치게 되는 여러 변화를 하나하나 발견할 때마다 우리는 차와 함께 성장하는 기쁨을 맛볼 수 있다. 그래서 보이차에는 쉽게 설명할 수 없는 매력, 한 번 빠지면 헤어나오기 어려운 깊이가 존재한다. 한 잔의 차에 수십 년 세월이 녹아 있고, 그 한 모금에 인고의 역사가 담겨 있으니, 그야말로 시간의 예술이 아닐 수 없다. 그리고 이 예술은 계속해서 흐른다. 지금 이 순간에도 어떤 창고에선 차가 느리게 숨을 쉬며 발효와 숙성을 거듭하고, 몇 해 뒤, 혹은 몇십 년 뒤에 그 차를 우려낼 누군가는 어제와 다른 오늘을 살아가며 또 다른 감상을 얻게 될 것이다. 이것이 보이차가 줄 수 있는 아름다운 순환이자, 발효와 숙성, 곧 시간의 예술이 지닌 궁극적 매력이라 할 수 있다.

제5장
고수차·대수차, 고대 차나무 숲의 신비

1. 고수차(古樹茶): 시간과 자연이 빚은 걸작

고수차는 수백 년에서 천 년에 이르는 차나무에서 채취한 찻잎으로 만든 보이차이며, 자연 상태에서 자라면서 인간의 간섭이 최소화된 나무들이 많습니다. 이 나무들은 깊은 뿌리를 통해 산속 토양의 풍부한 미네랄을 흡수해 훨씬 더 복합적이고 깊은 풍미를 만들어냅니다. 고수차는 떫은맛보다 부드럽고, 단맛과 감칠맛이 돋보이며, 숙성될수록 놀라운 변화와 깊이를 보여줍니다. 희소성과 품질로 인해 고수차는 고가에 거래되며, '빈티지 차'의 대표 주자로 꼽힙니다.

고수차는 말 그대로 오래된 나무에서 채취한 차를 의미한다. 그 긴 세월을 담고 있는 차나무는 대부분 수백 년에서 천 년에 이르는 수령을 지니고 있다. 운남성 깊은 산속에서 자연 상태로 자라 인간의 손길이 최소화된 삶을 이어왔다. 보통 우리가 떠올리는 차밭은 수십 년 안팎으로 경작된 재배 차나무들이 규칙적으로 줄지어 선 모습을 하고 있지만, 고수차는 그렇게 단정하게 가꿔진 풍경과는 거리가 멀다. 험준한 지형에 얽힌 수목들 가운데 키가 훌쩍 큰 차나무들이 곳곳에 드문드문 자라나고, 묵은 이파리는 여러 해를 견뎌내며 깊은 뿌리를 뻗어 토양의 영양을 흡수한다. 한 그루 차나무가 수백 년을 살아오려면 자연의 순리에 순응해야 하고, 다양한 미생물과 생태계가 어우러져야 한다. 그런 면에서 고수차는 시간과 자연, 그리고 인간이 만든 예술 중에서도 가장 오래된 틀에 들어맞는 걸작이다.

　차를 직접 마셔 본 사람들 가운데 고수차를 특별히 찾는 이들은 하나같이 독보적인 풍미를 꼽는다. 일반적으로 차나무는 나이가 들수록 뿌리가 깊어지는데, 그 뿌리가 뻗는 폭과 깊이에 따라 차엽이 흡수하는 토양의 미네랄이 달라진다. 그 결과 이파리에 담기는 맛의 층위가 훨씬 두텁고 복합적이다. 젊은 차나무에서 나온 차가 상큼하고 풋내 나는 향을 가졌다면, 고수차에서는 은은하고 부드러운 단맛과 함께 땅속 깊은 곳에서 길어 올린 미네랄의 감칠맛이 스며든다. 떫음이 비교적 적고, 목을 넘어간 뒤에 길게 이어지는 달콤한 기운이 차 마시는 이들에게 깊은 여운을 준다. 게다가 고수차는 숙성될수록 맛이 무르익으면서 한층 더 묵직하고 기품 있는 향으로 변해 가니 어느 한 시점에 마시느냐에 따라 색다른 매력을 발견할 수 있다.

　그렇다면 이런 고수차는 어떻게 수백 년 세월을 견디어 왔을까. 운남성에는 해발이 높고 기후가 다채로운 산들이 많다. 구름이 자욱하게 드리우고, 비가 잦아서 토양도 습기가 풍부하다. 차나무가 스스로 살아

남기에 좋은 환경인 셈이다. 그러나 이 고산지대는 인간에게도 결코 만만하지 않다. 오랜 세월 동안 소수민족들은 삶의 터전에서 차나무와 함께 공존했다. 마을 근처에 자생하는 차나무들을 약용이나 생활 음료로 쓰다가 자손 대대로 그것을 지켜 왔다. 오늘날에도 이 오래된 차나무 숲은 '신성한 숲'으로 여겨지거나, 지역 공동체가 특별히 관리하며 무분별한 벌목을 막기도 한다. 덕분에 고수차는 현대에까지 이어지면서 희소성과 함께 독창적인 풍미를 간직해 온 것이다.

고수차의 채엽 과정도 독특하다. 산 중턱이나 능선에 우뚝 솟아 있는 차나무는 수십 미터가 넘는 경우도 있어 일반적인 차밭처럼 손쉽게 딸 수 없다. 때로는 사다리를 타고 올라가거나, 나무를 잘 타는 이들이 연장에 의지해 잎을 따기도 한다. 이처럼 자연 상태를 유지하면서 자란 차나무여서 해충이나 병해에 대한 저항성도 높고 화학 비료나 농약을 사용하지 않아도 제법 무성하게 가지를 뻗는다. 이런 방식으로 채엽된 잎은 양이 제한적일 수밖에 없고 노동 강도 또한 만만치 않으니 고수차가 희귀하고 값비싼 이유는 당연한 이치다. 게다가 수령 많은 차나무들이 군락을 형성한 숲은 생태계적으로도 귀중한 자산이므로 잘 관리하며 보호하려는 움직임이 더욱 중요해지고 있다.

고수차가 가진 또 다른 매력은 바로 시간과 함께 익어 가는 가능성이다. 일반적으로 보이차는 후발효 과정을 거치며 수년에서 수십 년에 걸쳐 맛이 변한다. 여기에서 고수차는 한결 더 스펙트럼이 깊고 넓다. 처음 마셨을 때는 자연 그대로의 청량감과 은은한 단맛이 도드라지지만, 시간이 지날수록 떫은맛은 흩어지고 그 자리에 묵직한 단맛, 산뜻한 과일 향이나 꽃향 같은 복합적 향미가 올라온다. 그 변화가 비교적 느리고 차분해 한 해 한 해 지날 때마다 차가 '성장한다'는 표현이 전혀 과장이 아니다. 그래서 고수차 애호가들은 자신만의 소장품을 몇 편씩 구비하고 몇 년마다 마시면서 차가 어떻게 변해 가는지 일종의 기록을 남기기도 한다. 그 과정을 통해 고수차가 묵혀 낼 수 있는 시간의 무게와 우아함을 온전히 체득한다.

여기서 사람들이 흔히 빈티지 차라는 말을 하는 이유가 생긴다. 수백 년 된 나무에서 만든 찻잎이 오랜 숙성 과정을 거쳐 거듭 태어나는 데에는 엄청난 세월이 지나야 하며, 그 세월이 차에 깊숙이 배어들기 때문이다. 시음할 때마다 떠올려 보면, 우리가 마시는 한 잔 속에는 이 나무가 살아온 수백 년의 역사, 그것을 거둬들여 덖어 낸 전통 방식, 창고에서 숙성된 지난 시간, 찻잔에 이르기까지의 모든 정성이 담겨 있다. 이처럼 여러 겹으로 쌓인 시간과 노력이 차의 본질적 가치가 되고, 또한 그 희소성과 미학적 측면은 고수차가 고가에 거래되는 배경이 된다. 물론 돈의 문제를 넘어 차인이 직접 맛보면서 얻는 감동이 훨씬 값지다는 의견도 많다.

그렇다 보니 근래 들어서는 가짜 고수차나 과장 광고 문제가 종종 대두된다. 워낙에 가격이 비싸고 희소하다 보니 일부 시장에서는 단지 오래된 차나무의 이미지를 마케팅 수단으로만 내세우거나, 실제로는 고수차가 아닌 '대수차(大樹茶)' 혹은 '소수차(小樹茶)'를 속여서 파는 일도 있다. 진정한 고수차에는 나무의 나이뿐만 아니라, 그 숲이 지닌 생태 다양성과 인근 민족의 전통적 관리 방식 등이 함께 녹아들어 있어야 한다. 단순히 굵은 줄기를 가진 차나무에서 땄다고 모두 고수차가 아니며, 소비자들은 이를 식별하기 위한 지식과 경험이 필요하다. 고수차가 탄생하기까지 쌓인 수백 년 세월은 돈으로만 환산할 수 없는 문화적, 생태학적 가치를 품고 있어 이를 존중하고 올바르게 즐길 때 참된 의미가 완성된다.

실제로 고수차는 마실 때 느껴지는 감칠맛 외에도 향과 기운에 담긴 독특한 생명력이 인상 깊다는 평가가 잦다. 차를 우리면, 첫 모금에서 푸른 기운이 감돌지만, 뒷맛으로 갈수록 땅속 깊은 곳에서 끌어올린 미네랄 느낌이 고급스럽게 퍼진다. 하루 종일 고수차 한 편을 여러 번 우려 마셔도 물리지 않고, 오히려 우릴수록 부드러운 단맛이 확연하게 드러난다고 말하는 이도 있다. 이렇듯 차를 우려내는 횟수에 따라, 혹은 물의 온도나 양에 따라 고수차는 다채로운 얼굴을 보여준다. 어떤 이들은 이를 가리켜 "차와 대화하는 느낌"이라고 표현한다. 그만큼 고수차에는 인간의 인위적 간섭을 벗어난 자연의 순수함과 시간의 무게가 서로 어우러져 있어 한 번에 모든 얼굴을 다 드러내지 않고 단계적으로 모습을 비춘다는 뜻이기도 하다.

여기에 문화적 맥락을 더해 보면, 고수차는 운남성 여러 소수민족의 생활 문화와도 밀접한 관련을 맺고 있다. 다이족, 하니족, 이족, 야오족 등 다양한 민족이 운남성 곳곳에서 자신들 고유의 방식으로 차나무를 돌보고, 수확해 전통적인 공정을 지켜 왔다. 이 과정에서 차나무 숲은 단순한 경제적 자원이 아니라, 마을 공동체의 삶과 정신문화가 깃든 신성한 공간이었다. 예컨대 '신성림(神聖林)'이라 불리며 함부로 벌목이나 훼손을 금지하는 숲이 존재했는데, 그 안에는 나이가 족히 수백 년, 혹은 천 년을 넘기는 차나무들이 당연히 포함된다. 이렇듯 고수차는 숲을 기반으로 한 소수민족 공동체의 전통과 떼려야 뗄 수 없는 관계를 맺고 있다. 현재 그 후손들은 새로운 시대에 맞춰 고수차를 유통하고 홍보하며, 동시에 숲과 문화를 지키기 위해 노력한다.

이러한 노력이 더해져 지금까지 전해진 고수차가 맛뿐 아니라 가치 면에서도 대단한 평가를 받는 것은 당연하다. 더불어 고수차를 마시는 행위는 '자연과 전통, 시간을 함께 마신다'는 의미로 해석되기도 한다. 그래서인지 차 문화를 깊이 연구하거나 오랫동안 차 생활을 해 온 이들은 고수차 한 잔을 마실 때마다 단순히 감각적 쾌락을 넘어선 정서적·문화적 성찰을 느낀다고 입을 모은다. 예컨대 "이 차나무가 보아 온 옛날 풍경은 어떤 모습이었을까"라고 떠올리거나, "이 차의 씨앗을 뿌린 이들은 어떤 생각으로 이 숲을 가꾸었을까" 하는 상상을 해 보는 것이다. 그것은 마치 몇백 년 전 과거와 지금이 찻잎 한 장으로 이어지는 듯한, 시간과 공간을 뛰어넘는 교감을 선사한다.

물론 고수차가 모두 같은 맛과 풍미를 지닌 것은 아니다. 산지마다, 나무마다, 해발고도와 토양, 기후 등 주변 환경이 다 다르기에 같은 고수차라도 맛이 미묘하게 달라진다. 예컨대 이우산(易武山) 지역의 고수차는 부드럽고 섬세한 달콤함이 특징인 반면, 라오반장(老班章) 지역의 고수차는 묵직하고 씁쓸하며 강렬한 맛을 낸다. 징마이산(景迈山) 또한 특유의 꽃향과 산뜻한 감미가 두드러지는 것으로 알려져 있다. 그러다 보니 차애호가들은 이렇듯 산지별로 고수차를 모아 시음하면서 어디서 채엽된 차인지 알아맞히는 '블라인드 테스트'를 벌이기도 하고, 각각의 특징을 비교해 가며 맛보는 즐거움을 누린다. 이 과정에서 차애호가들은 차에 대한 미각과 후각, 그리고 풍미를 해석하는 언어적 능력을 점점 확장해 나간다.

여기에 숙성을 더하면, 같은 산지에서 나온 차라도 보관 환경과 시간, 방법에 따라 또 다른 얼굴을 보여주게 된다. 5년 된 고수차와 15년 된 고수차는 전혀 다른 차처럼 느껴지기도 한다. 맛의 층위가 극적으로 달라진다. 그래서 장기 숙성을 목표로 고수차를 구매하는 사람들은 잘 맞는 환경에서 꼼꼼하게 온도와 습도를 관리하며 보관하는 데 많은 신경을 쓴다. 그들이 이렇게까지 애착을 갖는 이유는 시간이 흐르면 흐를수록 고수차의 깊이와 복합미가 한층 배가되리라는 믿음이 있기 때문이다. 그 믿음이 현실이 될 때, 사람들은 한편의 예술 작품을 완성한 듯한 감격을 느끼며, 찻잔을 들고 수백 년 된 차나무와 마치 대화를 나누는 듯한 기분에 젖어든다.

고수차는 단지 '맛있고 비싼 차'가 아니라, 자연과 역사, 사람과 문화가 얽혀 있는 종합적 산물이라 할 수 있다. 수백 년 전, 운남성의 험준한 산간 지역에서 차나무를 발견하고 그 씨앗을 지켜 온 소수민족의 노력, 자연과 조화를 이루려 했던 그들의 삶의 방식이 고스란히 차나무에 새겨져 왔다. 그러한 긴 시간이 지나고 나서야 비로소 나온 찻잎은 인간이 인공적으로 조성한 밭과 달리 온전한 야생의 생명력을 간직하고 있다. 그리고 그것을 현대의 차인들이 전통 방식으로 덖고 말려 또다시 세월의 흐름 속에서 숙성시켜 가며 마치 과거와 현재가 동일 선상에서 호흡을 나누는 듯한 순간을 맞이한다. 이 기나긴 여정의 결과물이 바로 고수차라는 걸작이다.

그래서 많은 차인이 고수차를 마시면서 이 한 잔이 선사하는 장엄한 이야기에 감동한다. 혀끝에서 퍼지는 부드러운 단맛 뒤에는 과거의 사람들이 겪었을 험난한 생활상과 아득한 대자연의 신비가 함께 깃들어 있고, 목을 넘어간 뒤의 긴 여운에는 미래를 향해 여전히 숨쉬고 있을 그 숲의 기운이 배어 있다. 이렇듯 고수차는 인간에게 단순히 물질적 향락이 아닌, 자연과 생태, 전통문화를 잇는 사유의 통로를 제공한다. 마시는 이가 얼마나 거기에 마음을 열고 귀를 기울이느냐에 따라 고수차 한 잔은 무궁무진한 '이야기'를 전해 주기도 한다.

고수차는 시간과 자연이 빚은 걸작이라는 수식어가 결코 과장이 아니다. 수백 년 전에 뿌리내린 차나무는 오랜 세월 동안 자연의 변화를 감내하고, 그 변화를 한 잎 한 잎에 축적해 왔다. 인간은 그 나무가 자라는 숲을 보호하고, 전통 기술로 잎을 덖고 말리며 마지막에는 숙성의 시간을 통해 차 맛을 더 정교하게 완성시킨다. 한 잔의 차에 응축된 이 모든 과정을 되짚어 보면, 고수차가 왜 그토록 특별한지, 왜 사람들의 감탄과 예우를 받는지 어렵지 않게 이해할 수 있다. 아무리 시대가 변하고 차 문화가 다채롭게 확산된다 해도, 수백 년 나무에서 나온 이파리에 담긴 시간과 자연의 힘은 결코 바래지 않을 것이다. 오히려 현대가 빠르게 돌아갈수록, 이러한 느리고 묵직한 아름다움에 대한 갈망은 더 커질지도 모른다. 그리고 그 갈망 속에서 고수차는 한결같이 묵묵히, 깊은 숲속의 숨결과 함께 우리를 맞아 줄 것이다.

2. 대수차(大樹茶): 젊은 차나무의 다양하고 균형 잡힌 맛

대수차는 비교적 나이가 어린 차나무(수십 년에서 100년 내외)에서 채취한 찻잎으로 만든 보이차로 생산량이 많아 대중적으로 접근하기 쉬운 장점이 있습니다. 대수차는 고수차와 비교해 떫은맛과 쓴맛이 상대적으로 두드러지지만, 숙성 과정을 거치면 부드러운 단맛과 상쾌한 향을 얻을 수 있습니다. 가격이 합리적이고, 맛도 일정하게 유지되므로 초보자들이 접근하기 좋습니다.

대수차(大樹茶)는 이름 그대로 '나이가 비교적 어린 차나무에서 채엽한 찻잎으로 만든 보이차'를 뜻한다. 보통 수십 년에서 100년 내외의 수령을 지닌 차나무들이 이에 해당되며, 이는 수백 년 이상 된 고수차(古樹茶)보다 훨씬 젊은 편이다. 흔히 고수차가 희소성과 깊은 풍미로 주목받는 데 비해, 대수차는 생산량이 많고 비교적 접근하기 쉬운 가격대를 형성한다. 이러한 특징은 차 시장에서 대수차가 가지는 매력을 한층 돋보이게 한다. 무엇보다도 대중이 대수차를 쉽게 만날 수 있고, 미각적 기호가 뚜렷하지 않은 초보자라도 큰 부담 없이 시도할 수 있다는 게 강점이다.

젊은 차나무들이 자라는 환경은 다양하다. 오늘날 운남성 곳곳에서 경작되는 대수차 밭은 꽤나 체계적으로 관리된다. 예전만 해도 사람 손이 많이 닿지 않은 산림에서 자생하는 차나무들이라면 관리 자체가 쉽지 않았겠지만, 현대에는 농가들이 일정한 규칙을 갖추어 차나무를 심고, 필요한 최소한의 비료를 주며, 잡초를 제거하고, 병충해를 예방한다. 대수차는 이러한 재배 차밭에서 합리적인 방식으로 생산되는 경우가 많아서 품질에서도 안정적이고 균일한 편이다. 덕분에 마시기 전에 무언가 복잡한 예상을 해야 할 필요 없이 일정한 수준의 맛과 향을 기대할 수 있다.

다만, 대수차가 어리다는 이유로 무조건 품질이 낮은 차라는 선입견을 가지는 것은 경계해야 한다. 물론 고수차에 비하면 풍미의 깊이나 미묘한 향의 층위가 다소 얕을 수 있다. 그러나 대수차가 전해주는 생동감 있고 풋풋한 개성은 또 다른 매력으로 작용한다. 특히 막 차를 접한 이들이라면 너무 무겁고 깊은 맛보다는 적당히 쓴맛과 떫은맛, 곧이어 올라오는 산뜻한 단맛이 깔끔하게 느껴지는 대수차를 더 반길 수도 있다. 차를 어렵다고 여기지 않고, 편안한 마음으로 즐기기에 대수차가 오히려 적합하다고 말하는 이들도 많다.

여기에 운남성이라는 지역적 특성이 더해져 대수차는 기본적인 '지역색'을 갖추게 된다. 운남성은 해발고도가 높은 지역부터 낮은 지역까지 지형이 복잡다단하고, 강수량도 풍부해 차나무가 자라기에 이상적인 기후 조건을 갖춘 곳이다. 한편으로는 이 기후가 차나무를 재배하는데 많은 장점을 주기도 하지만, 농가 입장에서는 더 세심한 관리가 필요할 수도 있다. 대수차가 주로 심어진 차밭에서는 고수차 숲만큼 원시 생태계가 잘 보존되어 있지는 않지만, 그래도 고산지대 특유의 맑은 공기와 적당한 일조량을 받으며 건강하게 자라는 차나무들을 볼 수 있다. 주변에 식용 작물을 함께 재배하거나, 인근에 소수민족 마을이 형성되어 있어 그들의 생활이 자연스레 차 농사와 맞물리는 모습을 발견하기도 한다.

대수차를 이야기할 때 빼놓을 수 없는 것이 바로 '맛의 균형감'이다. 이는 대수차가 갖는 장점 중 하나로 극단적으로 떫거나 지나치게 무거운 맛보다는 대체로 부드럽게 쓴맛과 산뜻한 단맛이 중간 지점에서 균형을 이루는 경우가 많다. 차를 우려냈을 때 맨 처음 입안에 퍼지는 쌉쌀함이 심하지 않고, 목 넘김 후에는 은은한 단맛이 올라오면서 깔끔하게 마무리된다. 오히려 이러한 특성이 차를 처음 접하거나, 다양한 종류의 보이차 맛을 아직 구분하지 못하는 이들에게 편안함을 준다. 처음부터 너무 강렬한 풍미가 나는 차를 접하면 부담을 느낄 수도 있는데, 대수차는 그 중간 지대를 지향하기 때문이다.

물론 떫은맛과 쓴맛이 고수차에 비해 상대적으로 눈에 띄는 편이라는 평도 있다. 이는 나무 수령이 짧아 뿌리가 깊지 않다는 점, 따라서 토양 깊숙한 곳의 미네랄을 충분히 흡수하지 못했다는 점과 연결되기도 한다. 하지만 이 떫음과 쓴맛 역시 숙성 과정을 거치면서 일정 부분 부드러워지고, 감미로운 매력으로 변해 간다. 대부분의 대수차는 단기간에 소비하는 경우도 많지만, 능숙한 차인들은 대수차를 조금 더 묵혀서 마시기도 한다. 몇 년만 지나도 "어, 이 차가 이렇게 부드러웠나?" 하고 놀랄 정도로 맛이 유연해지기 때문이다. 즉, 대수차도 보관 환경만 잘 맞춰 준다면 시간의 흐름에 따라 새로운 풍미를 보여 줄 수 있다.

이처럼 대수차의 가격대가 합리적이고, 맛의 변화 폭도 제법 넓으니 차를 취미 삼아 입문하려는 사람들에겐 좋은 출발점이 된다. 보이차의 세계는 워낙 깊고 방대해서 처음부터 최고급 고수차에 손을 대면 경제적 부담은 물론 맛의 복합미를 정확히 파악하기도 어렵다. 반면 대수차는 어느 정도 풍부한 수량을 기반으로 공급되기에 희소성 문제가 적고, 맛이 비교적 일정하므로 보이차 입문서 같은 역할을 톡톡히 수행한다. 가령, 주변에서 흔히 볼 수 있는 블렌딩(blending) 제품이나 브랜드 제품 중 상당수가 대수차를 기반으로 한다. 이는 보급형 보이차라 할 수 있으며, 마트나 전문 차 상점에서 손쉽게 구할 수 있어 일상에서 부담 없이 시도하기에 제격이다.

대수차의 채엽과 가공 과정도 궁금해하는 이들이 많다. 대체로 봄에 첫 수확을 진행하며, 새싹이 올라오는 시기가 되면 일제히 차밭에서 잎을 딴다. 보이차 특유의 가공 방식은 생차(生茶)와 숙차(熟茶)라는 두 갈래로 나누어지는데, 생차의 경우 햇볕에 말린 찻잎을 약간 덖고, 고르게 건조해 뭉치거나 징(餠) 형태로 눌러 마무리한다. 숙차는 여기에 추가로 습열 발효 과정을 거쳐 짧은 시간 안에 더 부드럽고 진한 맛을 낸다. 대수차는 이 두 가지 공정 모두에서 사용되며, 각각 다른 매력을 만들어 낸다. 생차로 만들면 좀 더 신선하고 상쾌한 풍미가, 숙차로 만들면 구수하고 진득한 단맛이 부각돼 소비자 입장에서 취향에 따라 고를 수 있는 선택지가 넓어진다.

시장 측면에서 보면, 대수차는 상당히 큰 비중을 차지한다. 고수차가 일종의 '프리미엄 브랜드'라면, 대수차는 대중 시장을 이끌어 가는 '일반 제품'에 가까운 개념이다. 이는 품질과 양면에서 다양한 제품 라인업을 형성하기에 적합하기도 하다. 예컨대 특정 브랜드에서 '입문용'이나 '데일리 차' 같은 카테고리로 내놓는 제품은 대부분 대수차를 주원료로 삼는다. 대수차는 앞서 언급한 대로 맛이 균형 잡혀 있고 가격이 합리적이므로 일상에서 자주 차를 마시는 이들에게 부담이 훨씬 덜하다. 한 번에 많은 양을 구매하기도 쉬워서 집이나 사무실, 혹은 카페에서 상비해 두고 조금씩 우려 마시기도 좋다.

이 같은 대수차의 대중성은 차 마시는 문화가 확산하는 데도 기여한다. 고수차나 희귀차에 비해 경제적·심리적 장벽이 낮아 더 많은 이들이 보이차에 발을 들여놓을 수 있다. 처음에는 단순히 중국차 정도로만 인식하다가 대수차를 마시면서 보이차라는 구체적 범주를 이해하고, 더 나아가 다른 산지나 숙성 연도별 맛의 차이까지 알게 되는 것이다. 이러한 과정에서 차에 대한 호기심과 애정이 커지면, 언젠가 더 높은 수령의 나무에서 채엽한 고수차나 대를 이은 전통 방식으로 만든 특별한 제품에도 자연스레 관심이 가게 된다. 대수차는 보이차 세계로 들어가는 문 역할을 충실히 해 주고, 폭넓은 소비자층을 형성한다.

다만, 대수차 역시 품질 차이가 없진 않다. 같은 수령의 차나무라도 관리 방식과 지역, 가공 기술에 따라 결과물이 상당히 달라진다. 예컨대 해발고도가 높고 일교차가 큰 지역에서 자란 차나무는 다른 조건에서 재배된 차나무보다 맛이 한결 깔끔하고 향이 맑게 올라온다는 평가를 받는다. 또한, 전통 방식으로 덖고 말리는 과정에 정통한 장인이 작업하면 대수차라도 상쾌함과 부드러운 단맛이 조화롭게 살아나는 보이차가 만들어진다. 반면, 대량 생산을 위해 기계적 공정에만 의존하거나, 급격한 발효를 진행하면 차가 텁텁해지고 쓴맛이 도드라지는 사례도 있다. 따라서 대수차를 선택할 때도 어느 정도 정보와 평판을 참조해 보는 것이 좋다. 대수차니까 다 똑같다는 생각은 옳지 않다는 말이다.

실제로 많은 차인이 대수차를 여러 종류 맛보며 자기만의 취향을 찾아가는 과정을 거친다. 어떤 대수차는 꽃향기가 도드라져 '섬세하고 여성스러운 인상'으로 묘사되기도 하고, 다른 것은 차갑고 청량한 감각이 강해 '입안을 촉촉이 적시는 듯한' 맛이라는 평가를 받기도 한다. 결국, 다양한 산지와 제조 방식을 아우르는 대수차 세계 안에서 소비자들은 자신에게 맞는 차를 고르는 즐거움을 누릴 수 있다. 특히 "떫은맛이 너무 세지 않은가?" "마신 뒤 입 안이 깔끔하게 정리되나?" "단맛이 올라오기까지 오래 걸리지는 않는가?" 등의 기준을 갖고 몇 가지 제품을 비교해 보면, 대수차만의 다채로운 스펙트럼이 눈에 들어온다.

대수차의 젊고 활기찬 이미지는 차 문화가 젊은 세대로 확산되는 흐름과도 맞물린다. 과거에는 중국차나 보이차를 중·장년층의 전유물로 인식하는 경향이 있었다. 하지만 최근에는 건강과 힐링, 자기만의 라이프스타일을 추구하는 젊은 층도 대수차를 즐기기 시작했다. 카페나 티하우스에서도 중국차 전문 코너가 생기고, 젊은 취향에 맞춰 패키지를 디자인한 보이차도 등장한다. 이런 흐름 속에서 대수차는 '언제든 꺼내 마실 수 있는, 맛있고 부담 없는 보이차'로서 자리를 잡아 가고 있다.

물론 일부 소비자들은 "대수차는 아무래도 고수차에 비해 다소 깊이가 부족하지 않을까" 하는 의문을 품기도 한다. 이는 어느 정도 사실이지만, 다른 관점에서 보면 그 '부족한 깊이'가 오히려 장점이 되기도 한다. 짙은 숙성을 거쳐 무거운 맛이 우러나는 차를 선호하지 않거나, 떫은맛이 너무 강한 차를 어려워하는 사람들에게는 대수차가 훨씬 무난하고 편하게 다가오기 때문이다. 마치 와인 세계에서 오크통 숙성을 오래 거쳐 진득한 풍미가 나는 레드와인만 고집하기보다, 산미가 적당하고 과일 향이 살아 있는 화이트와인이나 로제와인을 가볍게 즐기는 층이 분명 존재하는 것과 유사하다. 차도 음료의 일종이며, 자신의 입맛에 맞게 골라 마시는 것이 중요하기에 대수차가 그 다양성의 한 축을 담당한다고 볼 수 있다.

이처럼 대수차는 보이차 문화가 넓게 뻗어나가는데 굳건한 기반 역할을 하면서도 나름의 독특한 미학을 형성한다. 마시는 이들에게 부담 없이 다가오면서도 시간에 따라 분명한 변화를 보여주고, 다양한 산지와 브랜드가 경쟁적으로 뛰어들어 품질을 높이기에 소비자 입장에서는 오히려 선택지가 늘어나게 된다. 장기 숙성이나 전문 지식 없이도 그 자리에서 바로 우려 마시는 한 잔만으로 대수차의 장점을 충분히 느낄 수 있다는 점은 특히 매력적이다. 실제로 '가성비'를 중시하는 소비자들이 먼저 눈길을 주는 것도 대수차이며, 차를 마시고 난 뒤의 청량하고 깔끔한 느낌은 일상적인 음료 대용으로 손색이 없다고들 말한다.

나아가 대수차는 농가와 지역 경제에 있어서도 중요한 의미를 갖는다. 다량으로 생산된 차엽은 대형 브랜드를 통해 전 세계로 수출되거나, 외국인의 기호에 맞게 가공되어 차 음료, 병차(瓶茶), 티백 같은 형태로도 판매된다. 이는 소수민족 마을이나 산간 지역 주민들에게 일정한 소득을 보장해 주며, 지역사회가 차 산업을 통해 발전할 수 있는 길을 열어 준다. 고수차의 극소량 고가 판매와는 다른 양상의 경제 구조를 형성하는 것이다. 그러한 생산과 유통 과정에서 대수차는 더욱 탄탄히 자리매김한다.

대수차는 젊다는 특성과 그로 인한 다양한 장점들을 품고 있는 보이차다. 고수차에 비할 수 없는 시간의 층위나 희소성은 부족할지 모르지만, 그만큼 '일상 속에서 자주 마시기 좋은 차'로서 보이차 문화에 넓은 문을 열어 준다. 또한, 대수차 특유의 균형 잡힌 맛과 합리적 가격은 차에 대한 진입 장벽을 크게 낮추며, 더 많은 사람들에게 보이차의 즐거움을 전하는 데 큰 기여를 한다. 이렇게 대수차가 지닌 대중성은 시간이 흐를수록 더욱 빛을 발할 것이다. 일부는 대수차를 통해 차 문화를 시작하고, 그 뒤에 점차 고수차나 다른 희귀 산지 차를 알아가는 과정에서 더 깊은 애정을 쌓을지도 모른다. 그리고 그러한 경험치가 쌓이면서 전반적인 보이차 시장과 문화가 활성화될 것은 분명하다.

따라서 대수차를 단순히 '덜 숙성된 차'나 '덜 귀한 차'로만 바라보는 건 옳지 않다. 오히려 대수차는 보이차 세계의 넓은 스펙트럼 중 가장 폭넓은 지지를 받고 있는 부문이다. 젊은 차나무가 선사하는 싱그러운 맛과 균형감, 수월한 접근성, 시간에 따라 느껴지는 은은한 변화가 어우러져 마시는 이에게 상쾌한 기쁨을 준다. 차를 음미하는 순간 느껴지는 떫은맛과 뒤이은 단맛이 교차하며, 목을 넘어간 뒤에도 깔끔함이 오래 남는 그 기분은 어찌 보면 보이차가 가진 또 하나의 얼굴이다.

대수차(大樹茶)는 젊은 차나무가 주는 '다양하고 균형 잡힌 맛'이라는 타이틀에 걸맞게 입문자부터 숙련된 차인에 이르기까지 두루 호응을 얻는 중요한 축이다. 고수차와는 다른 개성을 지니고 있지만, 동시에 보이차 문화 전반을 지지하고 활성화하는 대들보이기도 하다. 미래에도 이러한 역할은 계속될 것으로 보인다. 사람들은 대수차라는 '부담 없는 즐거움'을 통해 보이차 세계에 발을 들여놓고, 그 안에서 수많은 산지와 연식, 가공 방식, 브랜드를 하나씩 탐색하면서 차에 대한 이해와 취향을 깊이 있게 다져 나간다. 그렇게 대수차는 보이차 입문자에게 첫인상을 좋게 심어 주는 여정의 동반자이자, 평생 차생활을 함께할 소중한 '차 벗'이 되어 준다.

3. 차나무 숲 보전과 자연 친화적 재배

고수차와 대수차를 구분하는 것은 단순한 나무 나이가 아니라, 자연과 인간의 관계를 상징합니다. 고수차 숲은 생태계의 중요한 일부로 화학 비료나 인공 개입을 최소화해 자연 그대로의 상태에서 차나무가 자라도록 돕는 전통 방식을 유지해야 합니다. 이는 차의 품질과 희소성을 지키는 동시에 산림 생태계를 보호하고, 지속 가능한 농업을 실현하는 핵심입니다.

차나무 숲을 보전한다는 것은 단지 오래된 나무와 어린나무를 구분하는 문제가 아니라, 자연과 인간이 맺는 관계를 어떻게 지켜나갈 것인지에 대한 근본적인 질문과도 이어진다. 운남성의 고수차 숲이 특히 중요하게 거론되는 이유는 바로 여기서 비롯된다. 수백 년, 길게는 천 년을 훌쩍 넘겨 살아온 차나무들은 단순히 '오래됐다'는 상징적 의미 이상의 가치를 지닌다. 이 나무들은 오랜 세월에 걸쳐 산과 숲의 생태계를 지탱해 온 주체이자, 토양의 영양분을 깊숙이 빨아들이고 다시 자연에 돌려주는 순환 구조의 핵심에 놓여 있다. 고수차가 귀하게 평가되는 것은 이런 환경에서 뻗어 나온 잎이 만들어 내는 풍미가 복합적이기 때문이기도 하지만, 동시에 자연 그대로의 순리를 보여준다는 점에 대한 경외감이 크게 작용한다.

이를테면 전통적인 고수차 숲에서는 화학 비료를 거의 사용하지 않고, 살충제나 제초제 같은 인공적 개입 역시 최대한 줄이는 방식을 고수한다. 물론 현대 농업의 효율성을 높이기 위해 기계와 약제를 쓰는 것이 일반적인 추세지만, 고수차 숲은 그런 논리에서 벗어나 있다. 산골짜기에 파묻혀 있는 차나무들은 해충 피해나 잡초 경쟁도 자연스러운 생태계의 일부로 받아들인다. 나무가 스스로 살아남을 수 있도록 보호하되, 자연이 가진 치유력과 균형 감각을 믿고 맡기는 편이다. 이러한 방식이 때로는 생산량이나 작업 편의성을 떨어뜨리지만, 그 대신 다른 곳에서는 찾기 힘든 고유한 풍미와 생태 다양성을 유지하게 해 준다. 장마철에 폭우가 내려도, 혹은 건기에 가뭄이 들어도, 고수차 숲의 생태는 적절한 자가조절로 균형을 맞춰 가며 생명을 이어 간다.

대수차 숲 역시 차나무가 자라는 환경이라는 점에서는 중요하지만, 보통의 대수차 재배지는 좀 더 인위적 관리가 가해진다. 나무 수령이 비교적 짧고, 한정된 범위에 밀집해서 심어 두는 경우가 많다. 그래서 수확량이 커지면 농약이나 비료를 투입해 관리하는 사례가 적지 않고, 이 때문에 생태계 전반의 다양성이 줄어드는 경향이 나타나기도 한다. 물론 대수차 재배 방식도 시대 흐름에 따라 점차 친환경을 지향하며 개선되고 있지만, 고수차 숲처럼 예로부터 내려온 전통 방식을 고스란히 간직한 곳과는 환경적·문화적 배경이 사뭇 다르다. 그러나 중요한 것은 고수차든 대수차든, 차나무 자체가 숲과 인간이 함께 만들어 낸 결과물이라는 점이며, 이를 어떻게 조화롭게 가꾸고 계승하느냐가 앞으로의 과제가 될 것이다.

차나무 숲 보전과 자연 친화적 재배는 '지속 가능한 농업'이라는 커다란 흐름과 맞물려 있다. 이전에는 많은 농부들이 단기간에 더 많은 수확을 하기 위해 화학 비료와 농약을 적극적으로 사용했다. 생산량이 늘면 수익이 올라가니 경제적으로는 나쁘지 않은 선택처럼 보였다. 그러나 시간이 흐르면서 토양이 피폐해지고, 미생물 군집이 파괴되며, 그 결과 차나무들이 스스로를 지탱하기 어려워지는 악순환이 벌어지곤 했다. 또한, 장기적 관점에서 보면 인공적 방법으로만 살아남는 차나무는 기후와 병충해 변화에 취약해질 수밖에 없다. 특히 보이차처럼 장기 숙성을 전제로 하는 차는 그 뿌리를 깊이 내려 풍부한 미네랄과 영양을 흡수해야 제대로 된 맛을 낼 수 있는데, 화학 비료나 농약 사용이 잦으면 토양 생태계에 부정적 영향을 끼쳐 차 품질에도 악영향이 미친다. 그래서 결국 고수차 숲을 보전하는 전통적 방식이 단순히 '옛날부터 해 왔으니까'라는 말로 설명되는 것이 아니라, 지속 가능한 농업과 생태 보전에 대한 인식이 함께 작용한 결과로 이해해야 한다.

이처럼 자연 친화적 재배를 실천하기 위해서는 몇 가지 전제 조건이 필요하다. 우선 농부와 지역 공동체의 인식이 바뀌어야 한다. 처음에는 생산량이나 매출 감소를 우려해 친환경 방식 도입을 주저할 수 있다.

하지만 장기적으로 보면 토양이 건강하게 살아 있어야 고품질 차를 꾸준히 수확할 수 있고, 그에 따른 소비자 신뢰가 높아져 궁극적으로 수익이 안정화된다는 사실을 깨닫는 과정이 필요하다. 이를 뒷받침하는 정책이나 지원도 중요하다. 예컨대 지역 정부가 친환경 인증을 받은 차 밭에 인센티브를 주거나 민간단체가 농부들에게 친환경 재배 기술을 전수하고, 친환경 제품을 고가에 수매해 주는 식의 보조장치를 마련하면 훨씬 수월해진다. 반대로 이런 지원이 전혀 없다면, 개인 농부 입장에서 일시적 손해를 감수하며 친환경 전환을 시도하기가 쉽지 않을 것이다.

차나무 숲 보전이 단지 차의 품질 문제에만 국한되는 것은 아니다. 나무와 이끼, 곤충, 새, 그리고 다양한 야생식물들이 공존하는 숲 생태계가 온전히 살아 있는지 여부가 곧 지역의 문화와 전통, 더 나아가 주민들의 삶의 질과 직결된다. 운남성의 산악 지대에는 다이족, 하니족, 야오족, 라후족 등 여러 소수민족이 살아왔는데, 이들은 예로부터 숲과 강, 논밭, 차 밭을 한데 묶어 하나의 생활권으로 삼았다. 차나무 숲은 그 중에서도 특별한 의미를 지녔으니, 이는 생존을 위한 약용 식물 공급원이자 지역 공동체가 함께 가꾸고 지켜 온 전통문화의 근간이 되어 주었다. 숲을 보존한다는 것은 곧 그들의 과거와 현재, 미래를 지키는 일이기도 하다.

특히 운남성의 고차나무 숲은 '살아 있는 박물관'에 비유되기도 한다. 일부 나무는 높이도 상당할뿐더러 생물학적으로도 희귀한 종으로 분류될 정도로 오랜 역사를 품고 있다. 한 나무에서 여러 세대를 거쳐 채엽을 하고, 그 잎으로 만든 차가 역사 속 곳곳으로 퍼져 나갔다고 상상해 보면 그 자체로도 문화유산에 가깝다는 생각이 든다. 현대 관광객들이 이 숲을 찾는 것도 단순히 차 맛을 보는 데서 그치지 않는다. 수령이 긴 나무들의 기운과 숲 내음을 느끼고, 현지 농부와 대화하며 그들이 지켜 온 전통 방식을 엿보는 일이 곧 정신적 힐링이자 지적 체험으로 이어진다. 이는 생태 관광, 문화 관광이라는 이름으로 불리기도 하지만, 결국 자연 친화적 재배를 향한 사람들의 관심이 커지고 있음을 시사한다.

또한, 자연 친화적 재배는 다양한 국면에서 가짜 보이차 문제와도 맞닿아 있다. 시장에서 높은 가치를 형성하는 고수차를 악용해 가짜 라벨을 붙여 판매하거나, 사실상 대수차나 저품질 잎을 혼합해 놓고 '옛나무에서 채엽한 것'이라 주장하는 사례가 빈번히 발생한다. 그러나 진정으로 숲을 보존하고 자연 친화적 방식을 고수해 온 농가들은 스스로에게 자부심이 있다. 이러한 농가나 브랜드는 "우리는 어떤 방식으로 가꾸었고, 어느 숲에서 잎을 땄으며, 어떤 전통을 계승하고 있다"는 사실을 당당히 공개한다. 소비자들도 시간이 흐를수록 이런 신뢰 관계를 중요하게 보게 되면서 단순히 가격이나 브랜드 네임밸류가 아니라 '이 차가 정말 건강한 숲에서 나왔나'를 기준으로 삼게 된다. 진정성을 가진 농부나 제조자는 소비자와 직접 교류를 통해 자신의 숲을 알리고, 그것이 장기적으로 안정된 수익을 보장하는 선순환이 된다. 차나무 숲 보전이 곧 시장 신뢰 회복의 열쇠로도 기능하는 셈이다.

물론 자연 친화적 재배에는 여러 현실적 어려움이 따른다. 인력과 시간이 많이 들어가고, 날씨에 따라 생산량이 예측 불가하게 달라지기도 한다. 야생동물이나 해충으로 인해 일정 부분 피해가 생길 수도 있다. 하지만 '차나무 숲과 함께 살아가는 삶'을 꾸려 온 지역 주민들은 이런 위험을 감수해 가면서도 숲의 생태적 질서를 지키려 한다. 긴 안목으로 보면 이 방식이야말로 차나무가 오래도록 건강하게 자라고, 지역 공동체가 경제적·문화적 이익을 함께 누릴 수 있는 길이기 때문이다. 자연과 인간의 관계라는 큰 틀에서 볼 때 화학비료나 농약에 지나치게 의존하면 단기적으로는 편할 수 있으나 언젠가 큰 대가를 치르게 된다는 것은 이미 여러 사례로 증명됐다.

차나무 숲 보전의 가치가 널리 알려지면서, 국내외 전문가와 연구자들도 생태학적·인류학적 연구에 박차를 가하고 있다. 예컨대, 이 숲에 서식하는 곤충은 어떤 종인지, 차나무와는 어떤 공생 관계를 이루는지, 그 곤충들을 잡아먹는 새나 다른 동물들은 어떻게 생태계를 순환하는지 등을 과학적으로 규명하는 시도가 대표적이다. 또 다른 측면으로는, 고수차 숲이 간직하고 있는 민속적 지식이나 전통 관습이 무엇인지, 후대에 어떻게 전승시키고 보완해야 하는지에 대한 문화 인류학적 관심도 높아지고 있다. 이런 다각적인 연구가 축적될수록 차나무 숲은 농작물 재배지라는 단순한 범주를 넘어 생태·문화 복합체로 재평가될 가능성이 크다.

이렇듯 차나무 숲 보전은 여러 면에서 중요한 의미를 갖는다. 첫째로 차나무의 건강한 생장을 통해 품질 높은 차를 얻을 수 있고, 둘째로 숲을 중심으로 한 지역 생태계가 유지되어 주민들의 삶에 안정감이 깃들며, 셋째로 그 숲이 지닌 역사적·문화적 자산을 미래 세대도 누릴 수 있도록 이어 간다는 점이다. 고수차와 대수차라는 구분은 그중 하나의 표현 방식일 뿐 결국 자연과 인간의 관계가 얼마나 조화롭고 올바르게 유지되고 있는지를 보여주는 지표라고 할 수 있다. 오래된 숲이든 새로 조성된 차 밭이든, 인간이 자연을 함부로 대하지 않고 상호 협력의 태도를 취할 때 비로소 좋은 차가 나온다. 그리고 그런 차는 단순히 맛이 좋다는 평가를 넘어, 마시는 이에게도 "이 차가 어떻게 자라왔는지"라는 이야기와 함께 깊은 공감을 전해 준다.

물론 오늘날 전통 숲을 그대로 유지하는 것은 쉽지 않다. 도시화와 개발의 물결이 끊임없이 닥쳐오고, 각종 건설 사업이 산과 숲을 깎아 낸다. 운남성 곳곳에서도 도로가 새로 놓이거나 관광지화를 위한 인프라가 들어서면서, 차나무 숲이 줄어드는 현상이 목격되곤 한다. 하지만 이런 개발이 꼭 나쁜 것만은 아니며, 잘만 하면 숲과 관광, 지역 경제가 상생할 길을 찾을 수도 있다. 가령, 전통 숲을 체험할 수 있는 생태 관광 프로그램을 도입하거나, 제한된 범위 내에서만 시설을 건설해 숲과 외부 인프라를 적절히 연결하는 방법 등이 제시된다. 핵심은 자연과 전통이 가진 본연의 가치를 훼손하지 않는 선에서 인간의 편의를 도모하는 균형점을 찾는 일이다.

나아가 차를 마시는 소비자들이 차나무 숲 보전의 필요성을 더 적극적으로 인식할 때 친환경 인증이나 공정 무역 차를 선택해 주는 움직임이 점차 커질 것이다. 이는 결국 자연 친화적 재배를 추구하는 농부들에게 실질적인 보상으로 돌아가고, 숲을 지키는 일에 대한 동기 부여가 강화된다. '녹색 프리미엄'이라고 할 수 있는 이 흐름은 소비자와 생산자가 함께 만들어 가는 문화적·경제적 선순환으로 볼 수 있다. 과거에는 일부 차 애호가만이 숲의 가치를 중시했지만, 이제는 지구 환경과 지속 가능한 발전이라는 세계적 의제가 부상하면서 더 많은 이들이 차나무 숲 보전에 관심을 두는 추세다.

자연 친화적 재배란 차나무와 숲, 그 숲을 터전으로 살아가는 사람들의 삶을 유기적으로 연결하는 노력의 결과물이다. 환경을 파괴해 일시적으로 많은 양을 생산하는 것보다 생태계를 살리면서 좋은 차를 오래도록 생산하는 길이 궁극적으로 모두에게 이롭다는 사실을 깨닫는 여정이라고도 할 수 있다. 운남성의 예로부터 전해 내려온 전통을 단지 '옛날 방식'으로 치부하는 것이 아니라, 현대 과학과 기술, 정책, 국제 사회의 관심이 더해져 더 나은 형태로 계승·발전시킬 수 있다는 점이 중요하다. 차밭에 스며든 개울물, 한낮의 따사로운 햇볕, 산을 감싸는 운무, 그곳에서 일하는 사람들의 땀방울이 어우러져야 비로소 완전한 보이차가 탄생한다고 할 때 차나무 숲 보전은 하나의 선택이 아니라 필수적인 가치로 자리매김한다.

이러한 맥락에서 보이차를 단순히 '맛과 향의 집합체'로만 바라보기보다 '자연과 인간, 문화와 환경이 함께 빚어낸 결정체'로 인식하는 태도가 필요하다. 숲이 건강해야 차도 건강하고, 차가 건강해야 그 지역의 경제도, 문화도 지속 가능해진다. 오래된 나무에 대한 존중심을 갖고, 자연 순환의 원리를 지키는 전통 농법을 계승하는 농부들은 그 자신도 자부심을 느낀다. 이들은 "우리가 지키지 않으면 아무도 지켜 주지 않는다"는 생각으로 작은 것부터 실천한다. 예컨대 해충이 발생해도 합성 농약 대신 천적인 곤충이나 자연 추출물을 이용하는 방법을 쓰거나, 수확 시기를 조절해 차나무에 무리가 가지 않도록 배려한다. 이렇게 인간이 조금만 수고를 더하면, 숲은 오히려 훨씬 풍성한 결과물을 보답해 준다.

고수차와 대수차를 가르는 한 가지 기준이 '나무의 나이'라면 다른 한 가지 기준은 '얼마나 자연과 공존하며 자랐는가'이다. 이는 지극히 단순한 진술 같지만, 사실 차 마니아들은 이 차가 어떤 숲에서 태어났으며, 농부가 어떤 마음으로 자랐는지를 무척 중요하게 여긴다. 잘 가꾼 숲에서 자란 차는 마실 때도 그 숲의 기운과 이야기를 함께 전해주는 듯한 느낌이 들기 때문이다. 그래서 어느 농가나 마을이 전통 방식을 지키고, 숲을 해치지 않는 재배법을 실천한다면 소비자들은 그 자체를 가치 있게 평가한다. 그리고 그러한 평가가 널리 퍼져야만 산림 생태계가 오랫동안 보존되고, 보이차 문화도 더욱 튼튼한 기반 위에서 발전할 수 있을 것이다.

차나무 숲 보전과 자연 친화적 재배는 보이차의 정체성과 미래를 결정짓는 핵심 과제다. 그 숲이 지닌 생태적·문화적 다양성을 어떻게 보전하고, 동시에 현대 사회와의 조화를 이루느냐가 숙제가 될 것이며, 여기에는 소비자와 생산자, 지역사회, 정부, 연구자 등 모두가 각자의 자리에서 할 몫이 있다. 그러나 그 결과가 만들어 낼 결실은 분명 희망적이다. 운남성의 깊은 산속을 거닐다 보면 울창한 차나무 숲 사이로 부드럽게 깔리는 빛과 바람이 말해 준다. 자연 친화적 재배가 결국 차와 인간, 숲을 함께 살리는 길이라고. 그리고 그러한 길 위에서 만들어진 차 한 잔을 입에 머금는 순간, 우리는 거기 깃든 숲의 숨결과 시간의 흐름, 사람들의 정성까지도 함께 음미하게 된다. 그 경험이 주는 감동이야말로 왜 우리가 차나무 숲을 지켜야 하는지를 가장 강렬하게 일깨워주는 증거일 것이다.

제6장
운남성 주요 생산지

육대차산(六大茶山)의 신비

　　육대차산 지역의 공통점은 자연과 인간이 오랜 시간 동안 함께 만들어온 전통과 문화가 차에 오롯이 담겨 있다는 사실입니다. 차밭을 걷는 동안 농부들의 손길이 깃든 차나무, 험준한 산길을 넘나들던 상인들의 발자취, 그리고 이곳 소수민족들의 삶이 보이차 한 잔에 응축되어 있습니다.

차마고도와 보이차의 현장

　　8월 하순, 아침은 예상보다 일찍 밝았다. 전날 늦게까지 숙소 베란다에서 보이시의 밤거리를 바라보며 간단하게 보이차를 한 잔 우려 마신 덕에 깊은 수면을 하지는 못했지만, 긴장감과 설렘이 뒤섞인 기분이 몸을 일으켜 세웠다. 오늘은 본격적으로 보이차 산지를 향해 떠나는 날이었다. 지도를 보며 대략적인 경로를 머릿속으로 그려 보았을 때 이 여정이 만만치 않을 것을 직감했다. 운전사 겸 현지 가이드가 호텔 앞에서 대기하고 있다는 연락을 받자마자 후다닥 짐을 챙겨 로비로 내려갔다. 문을 나서자마자 아직 이른 시각인데도 후텁지근한 공기가 얼굴을 덮쳤다. "아, 여기가 열대기후가 맞긴 맞구나" 속으로 되뇌이며 가이드와 인사를 나눴다.

　　점점 하늘이 밝아오고 있었고, 도시는 어느새 바쁘게 깨어나고 있었다. 도로를 빠져나와 조금 달리자 바람이 차창 틈으로 새어 들어오면서 차 안의 기온을 천천히 낮춰 주었다. 도심을 벗어날수록 건물이 드문

드문해졌고, 이내 구불구불한 지방 도로가 펼쳐졌다. 어느새 주변에는 나무가 빽빽이 들어찬 숲이 시야를 가득 메우고 있었다. 그 모습을 본 순간, 곧이어 우리가 겪을 열대우림 같은 풍광이 머릿속에 그려졌다. 이 근방 지역은 열대 과일과 각종 농작물이 자라기에 좋은 환경이었다. 얼마 지나지 않아 실제로 도로 양옆에 각종 열대 과일을 파는 노점상이 나타났다. 망고, 두리안, 리치, 파파야 등 익숙한 듯 낯선 과일들이 줄지어 진열되어 있었다. 장터 앞에는 관광객으로 보이는 사람들이 모여들어 이것저것 맛을 보거나 값을 흥정하고 있었다.

도로는 점점 더 꼬불꼬불해졌고, 차창 밖 경치는 한층 '밀림'에 가까워졌다. 키가 큰 나무들이 끝도 없이 우거져 있었고, 그것들이 만들어내는 짙은 녹색 그림자가 차창 밖으로 바람결에 흔들리고 있었다. 마치 어느 남국의 정글을 통과하는 듯한 기분이 들었다. 뒤를 돌아보니 우리 차 뒤로도 오토바이가 속도를 내며 따라오고 있었다. 불안하게 흔들리는 차체를 보니 참 아슬아슬해 보였다. '저렇게 달리다가 사고 나는 거 아닌가?'라고 혼자 생각하고 있었다. 그렇지만 중국 사람들은 워낙 도로에서 강인한 생존력을 발휘하듯 오토바이를 타고 쌩쌩 달리는 것에 익숙했다. 현실에서는 놀랍도록 사고가 나지 않았다. 서로가 눈치껏 피하고 먼저 양보를 하는 모습이 신기하기도 하고, 동시에 '만약 변수라도 생기면 금방 사고가 터지겠다'는 생각도 들었다.

조금 더 전진하자 도로가 더 좁아졌고, 반대편에서 오토바이와 소형 트럭이 동시에 달려와 교차하는 구간이 나타났다. 곡예운전처럼 서로를 요리조리 피해 지나가더니 아무 일 없었다는 듯 금방 사라져 버렸다. "와, 여긴 정말 살아남으려면 운전 실력이 필수겠다." 보통 한국에서

라면 경적소리와 욕설이 난무하고 싸움이 일어났을 법한 상황이었는데, 다들 대수롭지 않게 받아들이는 분위기가 이채로웠다. 동시에 차창 밖으로 보이는 열대 과수원들, 중간중간 예쁜 꽃들이 장식된 작은 가게들이 시선을 사로잡았다.

우리 목적지는 해발이 높은 고산지대로 전통적으로 보이차가 재배되는 산들 중 하나였다. 가이드는 "이 근방으로 올라가면 곧 안개가 끼고, 구름이 산비탈에 걸터앉은 모습을 볼 수 있어요"라고 말해 주었다. 얼마 지나지 않아 정말로 산중턱에서 거대한 구름 덩어리가 우리가 이동하는 길에 내려앉았다. 비라도 오려나 싶었지만, 운전사 말로는 이곳 지대가 워낙 높고 습도가 높아서 오전에도 이슬과 안개가 지천으로 깔린다고 했다. 희뿌연 안개가 산 계곡을 타고 내려오는 광경은 말 그대로 환상적이었다. 마치 영화의 한 장면 속을 달리는 기분이 들었다. 차가 한 굽이를 돌아설 때마다 구름이 살짝 걷히기도 하고, 다시 몰려들어 차창을 뿌옇게 가렸다가 금방 지나가기도 했다.

이곳부터는 도로가 훨씬 가팔라졌다. 차가 힘겹게 언덕을 오르는 게 느껴졌다. 오르막길이 길어질수록 주위 경관은 더 깊은 산속으로 들어가는 듯한 모습을 보여주었다. 가파른 비탈에 농가 몇 채가 보이기도 했는데, 도대체 저런 첩첩산중에 어떻게 사람들이 모여 살까? 싶어서 의아했다. 운전사는 "저기는 몇 대째 차를 재배하던 농부들이 거주하는 곳입니다. 해발이 높으니 차 맛이 좋기로 유명해요"라고 설명했다. 구름이 내려앉은 골짜기와 그 위에 자리한 집들을 번갈아 가리키며 "저런 곳에서 태어났으면, 아마 어려서부터 늘 이런 풍경이 일상이었겠죠"라고 혼잣말을 했다. 모든 게 신비로우면서도, 어쩌면 이곳 주민들에게는 그저 평범한 삶일 수도 있겠다는 생각이 들었다.

산길을 얼마쯤 달렸을까. 지칠 무렵쯤 차 밭을 알리는 표지판이 하나 나타났다. '아, 이제 곧 차 밭에 도착하는 건가?' 마음속으로 기대하며 창문 밖을 내다보니 아직도 산줄기가 몇 겹이고, 길은 계속 이어지고 있었다. 운전사가 "보이차 농장이 골짜기 건너편에 있어요. 조금 더 가야 합니다"라고 했다. "차밭까지 가도 가도 끝이 없네"라고 일행 중 누군가가 중얼거렸고, "정말 이렇게 깊은 곳까지 들어와서 차를 재배하는구나" 하고 새삼스럽게 느껴졌다. 그때 도로 옆을 보니 거대한 굴착기와 시멘트 트럭이 줄지어 있었다. 공사 현장이었는데 산을 관통해 고속도로를 놓고 있는 모습이었다. "여기도 점점 개발의 손길이 미치는 건가." 조금은 아쉬운 마음도 들고, 한편으로는 지역 주민들이 이동하기가 훨씬 편해지겠다는 생각도 들었다.

운전사는 "앞으로 2~3년 뒤에는 이쪽에 완공된 고속도로가 생겨 운남성 남부 지역에서 주요 도시로 가는 길이 훨씬 빨라질 예정이라고 하더군요"라고 했다. 새길이 생기는 건 편리함을 줄 수 있지만, 동시에 전통적인 길의 풍경이 사라질 수도 있겠다는 양면성을 떠올렸다. 지금 우리가 구불구불한 도로를 달리며 느끼는 이 정취가 어쩌면 머지않은 미래에는 보기 힘든 풍경이 될 수도 있다는 생각에 이 순간이 더 귀하고 특별하게 여겨졌다.

중간에 한 번 더 차를 세워 휴식을 취했다. 비탈진 곳에 작은 매점이 있었는데, 안쪽에는 역시나 과일과 음료를 팔고 있었다. 매점 주인은 우리가 한국에서 왔다고 하자 반가워하며, "여기 보이차도 조금 있어요. 한번 맛보고 가세요"라며 잔을 내밀었다. 진열장 안에는 여러 종류의 차가 놓여 있었고, 모두 이 지역에서 직접 생산된 것이라 했다. 진한 향이 일행들의 코끝을 자극했다. 우리는 간단히 시음하며, 앞으로 직접 찾아갈 차밭이 이 차와 비슷한 풍미일지 궁금해했다. 주인이 따라 준 차는 숙차 쪽에 가까웠는데, 구수하면서도 달콤한 향이 뒷목을 감싸며 내려갔다. 한 모금 머금자 먼 산까지 뻥 뚫린 듯한 기분이 들었다.

"와, 여기서 마시는 보이차는 기분이 또 다르네요." 주변 경치를 둘러보며 모두가 입을 모았다. 시중에서 마시는 보이차도 물론 좋지만, 실제 산지에 와서 이런 계곡 바람과 함께 우려낸 차 한 모금을 마시니 그 자체로 여행의 묘미였다. 매점 앞 평상 위에 앉아 잠시 다리를 뻗었다. 문득 주변에 그늘진 나무 한 그루에서 새소리가 들렸다. 습한 열대 공기가 느껴지면서도 해발이 높은 탓에 바람은 선선했다. 아까까지 달리느라 몸이 지쳐 있었는데 이 순간만큼은 시간마저 느리게 흐르는 듯 평온했다.

다시 차를 몰아 출발하자, 이제는 더 이상 포장된 도로가 아닌 비포장길로 들어섰다. 자갈과 흙이 섞인 길에 차가 덜컹거리며 흔들렸다. 몸이 좌우로 흔들려서 "이러다 멀미날 것 같아"라는 탄식이 일행 사이에서 터져 나왔다. 운전사가 "여기가 진짜 시작입니다. 곧 산의 반대편 넘어가면 차 농장이 나와요"라고 말하며 웃었다. 눈을 들어 도로 끝을 봤지만, 안개와 잔뜩 늘어진 나무들 때문에 시야가 가려 좀처럼 끝이 보이지 않았다. 그래도 한편으론 이런 험한 길을 감수해서라도 꼭 보고 싶었던 게 바로 이곳의 차밭 풍경이었으니 묘한 기대감이 피로를 이겨 내게 했다.

가다 보니 오토바이 두 대가 우리 차를 앞질러 지나갔다. 반대편에서도 트럭 하나가 천천히 내려오고 있었다. 길가에 아이 몇 명이 모여 놀고 있었는데, 차가 지나가자 손을 흔들었다. 그 아이들 뒤로 흔하디흔한 시골집이 아니라, 지붕은 낡았지만 나무 기둥이 튼튼해 보이는 가옥들이 옹기종기 모여 있었다. "아마 소수민족 마을일 거예요. 운남성에는 다양한 민족이 함께 살고 있거든요"라고 운전사가 알려 주었다. 그 마을을 지나면서 우리는 차창을 통해 아침부터 분주하게 움직이는 주민들을 잠시 엿볼 수 있었다. 어떤 이들은 어깨에 짐을 둘러메고 밭으로 가는 듯했고, 또 다른 이들은 뭔가 수확한 작물을 손질하고 있었다. 고된 일일 텐데도 얼굴에 웃음이 번지는 모습을 보고, 이곳이 사람들의 삶의 터전이라는 사실이 더욱 실감 났다.

또다시 얼마를 올라가자 드디어 주변에 차나무들이 눈에 들어오기 시작했다. 처음에는 군데군데 작은 밭처럼 보였는데, 점차 해발이 높아질수록 수백 그루, 수천 그루가 군락을 이룬 모습을 볼 수 있었다. 밀림처럼 보이던 숲 틈새에 차나무가 빼곡히 자라 있고, 그 사이로 밭두렁인지 오솔길인지 모를 좁은 길이 간간이 이어지고 있었다. "와, 이게 바로 보이차 농장이구나" 중얼거리며 창문을 활짝 열었다. 흙내음과 습기가 뒤섞인 공기가 얼굴을 스쳤다. 운전사는 "우리 방문할 곳이 바로 저기예요"라며 손가락으로 어느 지점을 가리켰다. 분명 멀리 보이는데 차로도 접근이 쉽지 않아 보이는 경사였지만, 그는 태연한 표정이었다.

드디어 농장 초입에 도착했다. 입구에는 허름한 간판이 달려 있었다. 주인으로 보이는 40대로 보이는 여성이 마당에서 우리를 맞았다. 약속해 둔 방문이었는지, 이 중년의 여성은 반가운 기색으로 우리를 환대했다. 마당 한쪽에는 이미 차 덖는 도구들이 놓여 있었고, 한쪽에서는 누군가 찻잎을 선별해 바구니에 담고 있었다. 주인은 "잘 오셨소, 오늘은 날씨가 조금 흐리지만, 차 만들기엔 나쁘지 않은 날이오"라며 웃었다. 아직 우리는 이곳에 도착했다는 사실만으로도 감격스러웠지만, 농장 안쪽으로 더 들어가 보라는 손짓에 따라 마당을 가로질러 나갔다. 그러자 더 넓은 차밭이 펼쳐졌다. 곳곳에 나무들이 있어 그늘이 만들어지고, 그 아래 작은 차나무들이 질서정연하게 자라고 있었다. 가까이 다가가 보니 찻잎이 연한 녹색에서 진한 녹색까지 여러 색조로 물들어 있었다. 잎사귀마다 크기도, 질감도 조금씩 달라 보였다.

주인이 차 나무 앞에 서서 잎을 손가락으로 살짝 집어 올렸다. 우리는 어느 부분을 따야 할지, 어느 정도 크기의 잎이 가장 품질이 좋은지 분간이 어려웠다. 주인은 "이 윗부분에 있는 새순이 품질이 좋아요. 그리고 지기 전에 따야 해요"라며 시범을 보였다. 섬세한 손놀림으로 잎을 따는 모습에서 수십 년간 쌓인 숙련도가 엿보였다. "아, 이 찻잎이 우려져서 결국 우리가 마시는 보이차가 되는 거구나" 머릿속으로 그 과정을 떠올리니 왠지 모를 경외심과 감사함이 느껴졌.

주인의 손짓을 따라 차밭 여기저기를 둘러본 뒤 농장 한쪽에 마련된 간이 작업장에서 덖고 말리는 시연을 지켜보았다. 직원으로 보이는 다른 여성이 큰 솥 같은 도구에 찻잎을 넣고 부지런히 주무르고 비비면서 열기가 골고루 전달되도록 계속해서 손을 움직이는 작업이었다. 뜨거운 열기에 이마에는 땀이 송글송글 맺혔지만, 그의 눈은 초롱초롱 빛났다. "이 작업이 보이차의 첫 단계인 살청이랍니다"라는 말에 일행 모두가 그 광경을 지켜보느라 숨을 죽였다. 솥에서 솔솔 피어오르는 찻잎 향이 코끝을 찌르자, 얼마 전 잠시 맛보았던 그 구수한 보이차가 떠올랐다. "아, 바로 이 향이구나" 찻잎의 생동감이 수증기와 함께 퍼져 나왔다.

때마침 집 앞 평상 위에는 갓 수확한 찻잎을 널고 있었는데, 그 옆에서 다른 이들이 잎을 선별하고 있었다. 색이 짙거나 크기가 너무 큰 잎은 따로 빼내고, 뿌리나 이물질도 골라내는 작업이었다. 이들의 손은 정확하고 빨랐다. 비록 느릿느릿한 동작으로 보였지만, 한 번 잡으면 불필요한 잎을 척척 골라내고, 그 사이사이에 필요한 잎들을 분류해 야무지게 바구니에 담았다. "이렇게 하나하나 선별하니 정성이 들어갈 수밖에 없네" 그 광경을 지켜보며 우리 일행은 연신 휴대폰으로 사진을 찍었다.

작업이 한창 무르익어갈 때쯤, 주인이 집 안쪽으로 들어가자고 손짓했다. 우리는 따라 들어갔는데, 마루 위에 작은 차를 끓일 수 있는 식탁이 놓여 있었다. 그 위에는 이미 차 도구들이 준비되어 있었다. 주인은 우리의 예상대로 곧 갓 만든 생차 잎을 가볍게 덖어 말린 것을 꺼내더니 예열된 다관에 넣고 뜨거운 물을 부었다. 그리고 조심스레 뚜껑을 덮고 잠시 숨을 죽였다. 이윽고 첫 잔을 따른 주인은 "이건 아직 숙성이 덜 된 차라 약간 떫을 수 있어요. 하지만 진한 향을 한번 느껴 보세요"라며 잔을 내밀었다. 우리는 설레는 마음으로 잔을 받아들고 코끝에 가져가 살짝 향을 맡았다. 풋풋하면서도 강렬한 녹색 기운이 느껴지다가, 한 모금 삼키자 혀끝에서 쌉쌀함이 번졌다. 그리고 곧이어 부드럽게 스며드는 단맛이 뒤따랐다.

"우와, 향이 정말 풍부하네요." "처음에는 좀 쓰지만, 곧 달아지네." 모두가 신기하다는 듯 각자 감상을 말했다. 주인은 흐뭇한 표정을 지었다. "보이차는 시간이 흐르면서 맛이 달라져요. 이걸 잘 보관하면 몇 해

후에는 더 깊은 맛이 날 거예요." 가볍게 웃으며 차의 변화를 설명하는 모습에서 땀 흘려 찻잎을 기르고, 가공하고, 또 오랜 시간 숙성시키며 차와 함께 살아온 이들의 자부심이 엿보였다. 우리는 그저 고개를 끄덕이며, 잔을 기울여 두 번째 우린 차를 다시 맛보았다. 이번에는 첫 모금보다 더 부드럽고 단맛이 도드라졌다. 같은 찻잎이지만, 우릴 때마다 조금씩 다른 풍미를 보여주는 것이 보이차의 재미라는 걸 새삼 깨달았다.

우리는 다시 차밭으로 나가 산길을 조금 걷기로 했다. 주인과 주변 사람들이 말하길, 저 위로 올라가면 전통적인 방식을 더 잘 유지하고 있는 차나무 숲이 있다고 했다. 우리의 일정이 빠듯하긴 했지만, 이런 기회를 놓치면 다시 오기가 쉽지 않을 듯해 가볍게 산책 삼아 올라가 보기로 했다. 길은 여전히 험난했고, 곳곳에 진흙탕이 있어서 발이 푹푹 빠졌다. 가끔씩 개 짖는 소리가 멀리서 들리기도 했고, 산새들이 우짖는 소리가 숲속을 울렸다. 고도를 조금씩 높일수록 구름이 발아래로 깔리는 장면이 서서히 펼쳐졌다. 안개와 구름 사이로 초록빛 차나무가 더 푸르게 빛났다. "아, 정말 장관이다." 그 순간만큼은 이 고생이 전혀 아깝지 않았다.

숲의 가장 깊숙한 곳까지 올라가지는 못했지만, 대략 중턱 정도에서 발길을 돌려야 했다. 운전사는 "이보다 더 올라가면 더 오래된 차나무가 있긴 한데, 길도 험하고 오후가 되면 하산하기가 어려울 수도 있습니다"라고 했다. 아쉬움이 컸지만, 이미 우리는 충분히 멋진 풍광을 만끽했고, 보이차가 자라는 산의 기운을 온몸으로 느낄 수 있었다. 내려오는 길에 문득, 구름 아래로 펼쳐진 첩첩산중을 바라보며 "도대체 이런 곳에서 집을 짓고 살았다는 게 참 대단하다"는 생각이 다시금 들었다.

그리고 이들은 보이차를 통해 삶을 이어 왔고, 우리는 그 차를 마시며 또 다른 세계를 경험하고 있었다. 그 사실만으로도 충분히 의미 있는 시간이었다.

돌아가는 길은 올라올 때보다 조금 수월하게 느껴졌다. 그래도 비포장길이다 보니 차가 덜컹거리며 흔들리는 건 여전했다. 도로 옆 공사 현장도 그대로였다. 계속해서 굴착기가 바위를 깨부수며 산을 파헤치는 모습이 보였다. "얼마 뒤에는 이 험난한 길이 역사의 뒤안길로 사라지고, 매끈한 고속도로가 놓이겠지"라고 생각하니 진득한 보이차를 마시며 부대끼는 이 산골 마을의 모습이 좀 더 특별하게 다가왔다. 우리 앞에 기다리고 있는 미래는 분명 더 편리할 것이다. 하지만 이곳 풍경과 사람들의 이야기가 변치 않고 살아남으려면 전통과 개발이 잘 조화를 이뤄야겠다는 생각이 들었다.

산에서 내려오니 어느덧 해가 기울고 있었다. 하루가 훌쩍 가 버렸음에도, 시간 감각이 무뎌진 탓인지 점심 때부터 몇 시간밖에 지나지 않은 것만 같았다. 몸은 피곤했으나, 마음은 묘하게 차분해지고 충만해진 기분이었다. 이 험난한 길 위에서 만난 사람들, 차밭에서 경험한 여러 장면들이 머릿속에서 울림으로 남았다. "정말 길고도 인상적인 하루였네." 일행들도 하나같이 비슷한 소감을 내비쳤다. 고생도 적지 않았지만, 보이차의 근원지로 들어가 본 이 체험을 누구도 쉽게 잊지 못할 것 같다는 의견에 다들 동의했다.

차마고도를 거쳐 보이차가 오갔던 역사는 이미 오래전부터 축적되어 왔다. 그 옛날 상인들이 말을 타고, 혹은 지게로 차를 져 나르며 넘나들었을 산과 숲이 이제는 우리 같은 여행객을 맞이하고 있었다. 그 속에서 여전히 살아 있는 농부들이 전통 방식을 지키며 찻잎을 따고, 덖고, 숙성시켜 상품으로 내보내고 있는 것이다. 좁다란 길에 오토바이와 차량이 뒤섞여도, 구불구불 이어진 산길에 구름이 자욱이 깔려도, 개발의 바람이 불어 고속도로가 뚫려도, 이 산과 차밭은 사람들의 삶의 터전으로 계속 남아 있을 것이다. 그곳에서 피어난 차 한 잔이, 먼 어느 나라 사람들에게 기쁨과 위안을 줄 것이고, 우리는 오늘 그 현장을 직접 마주하며 짙고도 싱그러운 자연의 기운을 느꼈다.

    돌아오는 차 안에서 피곤함에 살짝 눈을 붙이려 했지만, 자꾸만 떠오르는 장면들이 있어 잠에 쉽게 들지 못했다. 밀림처럼 우거진 숲속, 열대 과일을 팔던 상인들, 구름 속에 파묻힌 산꼭대기, 엉금엉금 오르던 비포장 도로, 고산 마을에 살던 40대 여성과 그들의 차밭, 뜨거운 솥에서 피어오르던 찻잎 향기, 잔 위로 맑게 떨어지던 보이차의 호박빛 색. 모든 것이 이어져 한 편의 긴 영화처럼 머리를 스쳤다. "이런 게 진짜 현장 스케치구나." 사진이나 글로만 봤다면 결코 느낄 수 없었을 살아 숨쉬는 생생함이 가슴 깊이 새겨졌다.

    아마도 오늘의 여정은 이 운남성 보이차 산지를 두고두고 기억하게 해 줄 것 같았다. 평소에는 잘 몰랐던, 차 한 잔에 담긴 정성과 풍경, 사람들의 이야기를 눈으로 확인하고 몸으로 겪었다. "이제 집에 돌아가면, 보이차를 마실 때마다 이 산과 그 여주인을 떠올리겠지." 마음 한구석에는 벌써부터 그리움이 생겨났다. 내일이면 또 다른 일정을 소화해야겠지만, 오늘 하루 동안 지척에서 만난 이 차밭 풍경이 아마도 보이차를 마실 때마다 오래도록 떠오를 것이다. 그리고 그것이 바로 이곳, 현장에 직접 발을 들여놓았을 때만 얻을 수 있는 특별한 선물이라고 생각했다.

이렇게 우리 여행의 여정은 구불구불한 도로 위에, 짙은 녹색 숲속에, 농부들의 따스한 눈빛 속에 고스란히 묻어 두고, 우리는 숙소로 돌아가 그 기억들을 조심스레 품으며 마무리하게 되었다.

우리 일행은 운남성 주요 생산지를 다 둘러보고 싶어도 그렇지 못했다. 한 군데만 가는 것도 하루 종일 이동해야 했기 때문이다. 따라서 운남성에서 가장 유명한 보이차 산지 일부를 소개한다.

1. 징마이산(景迈山): 고대 차나무 숲과 문화경관

 징마이산은 수백 년 된 고차나무 숲으로 유명하며, 자연과 인간이 공존하는 전통적인 차 재배 방식이 이어지고 있는 곳입니다. 이곳에서 생산된 차는 숙성될수록 더욱 부드럽고 복합적인 맛을 지니며, 짙푸른 숲과 소수민족의 전통이 어우러진 독특한 문화경관이 형성됩니다. 징마이산 차밭은 보이차가 가진 자연적·문화적 가치를 현대에도 생생히 보여주는 대표 사례로 꼽힙니다.

 징마이산을 향해 길을 떠나기로 결심했던 순간부터 마음속엔 묘한 설렘이 피어올랐다. 이미 여러 매체와 이야기를 통해 접했던 보이차의 본고장 운남성, 그중에서도 징마이산은 오래된 고차나무 숲과 소수민족

들이 전통을 지키며 살아가는 곳으로 잘 알려져 있었다. 이곳에서 실제로 차밭을 걸어보고, 그 땅에서 자생하는 차나무를 직접 마주하면, 과연 어떤 느낌일까 궁금해졌다. 그저 책과 인터넷에서 찾아본 자료만으로는 채우지 못했던 갈증이 있었는데 이제 직접 그 숲속을 걸으면서 몸으로 느끼고 눈으로 확인할 수 있다고 생각하니 여행 출발 전부터 심장이 두근거렸다.

차를 타고 구불구불한 도로를 한참 달려 징마이산 근처에 도착했을 때, 가장 먼저 맞이해 준 건 무성한 초목이었다. 운전석 창밖으로 열대우림을 연상케 하는 숲의 풍광이 펼쳐졌고, 바람이 불 때마다 나뭇잎이 일제히 흔들려 초록빛 파도가 치는 듯했다. 그 사이사이로 작은 차밭들이 보였는데, 언뜻 보면 그냥 덤불처럼 보이는 나무들이 사실 차나무라는 설명을 듣고는 새삼 놀랐다. 흔히 생각하던 농장 스타일의 반듯한 줄도 아니었고, 키도 상당히 컸다. 이곳은 전통을 유지하며 화학비료를 쓰지 않는 '반야생' 형태의 차밭이 많다. 자연과 한 몸이 된 채 자라는 차나무 풍경이 눈길을 사로잡았다. 이 산은 보이차 명산지 중 하나이면서도 특히 고대 차나무가 잘 보존되어 있는 곳이었다.

도로 양옆으로 무성하게 자라난 열대나무들을 지나쳐 점차 고도가 높아지는 길을 따라 올라가면서 차창 너머로 보이는 풍경이 변해 갔다. 처음에는 비교적 탁 트인 시야에 비옥한 들판이 펼쳐졌지만, 시간이 지날수록 산세가 가팔라지고, 주변에는 짙은 녹음이 점점 빼곡해졌다. 커다란 바위와 나무뿌리가 불쑥불쑥 튀어나온 길을 차가 덜컹거리며 지나갈 때면 몸이 좌우로 크게 흔들렸다. 가끔씩 도로에서 땀을 뻘뻘 흘리며 일하는 공사 인부들이 보였는데, 그들은 오가는 차량을 힐끗힐끗 쳐다

보면서도 대부분 묵묵히 자기 일을 하고 있었다. "이 길이 잘 정비되면 관광객도 더 늘어나겠지." 마음 한편에는 이 산이 지닌 자연 그대로의 모습이 조금은 오래 보존되었으면 좋겠다는 바람도 들었다.

산길을 좀 더 올라가자, 고차나무 보호구역이 펼쳐졌다. 징마이산에서 가장 오래된 차나무들이 있는 곳이었다. 얼마나 오래됐는지, 머릿속에 그려지는 건 천 년이 훌쩍 넘는 노거수(老樹)의 모습이었다. 중국 기록에 따르면, 이 지역의 차나무 숲은 몇 백 년에서 천 년 이상 된 나무들도 드물지 않다.

우리는 곧장 차밭 투어를 시작했다. 마을에서 조금만 걸어 올라가면 나오는 고차나무 숲이 첫 목적지였다. 징마이산 인근에는 다이족, 하니족, 라후족 등 여러 소수민족이 산다. 주민들은 각자 고유의 옷차림과 언어, 생활 방식을 간직하고 있다. 이곳에서 생산되는 보이차는 이들이 대대로 지켜 온 전통 재배법과 그 삶의 방식이 녹아 있어 더욱 가치가 높았다. 그들의 생활 터전 그 자체가 보이차 문화의 근간이 된다는 생각을 하니 이 차밭 투어가 단순히 식물만 보는 시간이 아니라, 사람들의 인생을 엿보는 순간이기도 하다는 느낌이 들었다.

햇살이 산비탈을 타고 내려오면서 연둣빛 차나무들을 부드럽게 감싸고 있었다. 산책로를 따라 조금만 올라가도 고원지대 특유의 맑고 서늘한 바람이 불었고, 야생화를 심심찮게 볼 수 있었다. 마을 주민들이 생계를 위해 운영하는 작은 길거리 가게에서는 열대과일과 함께 직접 덖은 차를 소량씩 포장 판매하기도 했다.

오전에는 날이 꽤 더웠지만, 차마고도의 또 다른 구간에 들어서자 빽빽한 숲 덕분에 비교적 시원했다. 짙은 녹음 속에서 산새들이 울고,

중간중간 오솔길처럼 나 있는 길을 따라가니 어딜 봐도 그림 같은 광경이었다. 가끔 능선을 넘어 펼쳐지는 계단식 차밭을 내려다볼 때면, 마치 녹색의 계단이 구불구불 이어져 하늘까지 닿을 것만 같았다. 이 계단식 밭을 만든 것은 곧 인간이지만, 자연과의 조화를 해치지 않으려 애쓴 흔적이 보였다.

징마이산에서 가장 경치가 좋다는 차밭 전망대로 향했다. 산 중턱 정도 되는 곳에 자리 잡은 넓은 곳에서 널리 펼쳐져 있는 차밭을 한눈에 내려다볼 수 있었다. 초록색의 물결이 구불구불 이어졌다. 높은 곳에서 바라보면 "이 넓은 지역을 지탱해 주는 건 결국 차나무들이구나" 하고 새삼 실감했다. 징마이산은 물론 운남성 전체가 보이차로 인해 경제적, 문화적, 역사적으로 큰 변화를 겪었다고 하니 이 땅에서 차는 단순히 음료가 아니라 삶 그 자체를 상징하는 존재인지도 몰랐다. 이제 곧 이 풍경과 잠시 작별해야 한다고 생각하니 아쉬운 마음이 컸다. 마음 같아서는 한 달이고 두 달이고 더 머물며 이들의 일상과 차 문화에 깊이 스며들고 싶었지만, 현실이 허락지 않았다.

그렇게 징마이산을 중심으로 한 차밭과 차마고도를 누비는 여행을 통해 우리는 '생생한 현장 학습'이라는 말을 떠올렸다. 책에서 배운 바를 눈으로 확인하고, 손으로 만지고, 코로 향을 맡고, 귀로 소리를 듣고, 입으로 맛보는 시간이었다. 모든 감각이 동원되어 비로소 이 지역의 문화와 자연을 오롯이 느낄 수 있었다. 특히 열대우림과 고지대를 함께 품은 다채로운 지형과 생태계는 우리에게 놀라움 그 자체였고, 그 속에서 보이차가 어떻게 길러지고 만들어지는지를 알게 되니 더없이 소중한 체험이었다. 차마고도라는 역사적 길을 통해 차가 단순히 마시는 음료가 아니라 어떻게 사람들의 삶을 바꾸어 왔는지도 알 수 있었다.

　이 모든 경험이 모여, '보이차'라는 존재가 가진 힘을 깨닫게 만들었다. 오래된 차나무 숲에서 시작된 찻잎이 차마고도를 따라 수많은 사람을 만나고 지금까지 전해 내려오는 과정을 징마이산에서 직접 체득한 셈이다. 그 과정 속에서 자연과 인간, 전통과 현대가 어떻게 어우러져 있는지 눈으로 확인할 수 있었다.

　숲 안으로 들어가니 나무들이 마치 터널처럼 길을 덮고 있었고, 군데군데 억센 뿌리를 드러낸 고목들이 눈에 들어왔다. 운전사가 "이 나무가 대략 몇백 년 이상 된 고수차(古樹茶) 원료"라며 손짓으로 가리켰다. 실감이 잘 나지 않아 가까이 다가가 나무를 쳐다보았는데, 줄기 부분에는 세월의 흔적이 빼곡하게 새겨져 있었다. 이끼와 덩굴이 뒤엉켜 마치 무너질 듯 튼튼하게 서 있는데, 가지 사이로 햇빛이 뚫고 들어와 신비로운 분위기를 만들어 냈다. 이런 나무에서 따온 찻잎이 시간이 지나 숙성되면 더욱 깊은 맛을 낸다니 믿기지 않았다. 그 자리에서 한참을 서서 나무를 올려다보았다. 이 오랜 세월을 거친 나무가 빚어낸 차라면 분명 그 맛에도 세월이 담겨 있을 것 같았다. 가만히 귀 기울이면 나무가 숨 쉬는 소리가 들릴 것만 같았고, 그저 자연의 위대함에 경외심이 생겼다.

　이 고차나무 숲은 '생태 관광'이라는 측면에서도 아주 훌륭한 현장이었다. 평소에는 접하기 어려운 열대우림 속 다양한 식생이 한데 모여 있어 거대한 거미줄을 눈앞에서 본다거나, 나무줄기에 자생하는 꽃을 만나는 일도 흔했다. 길이 험해서 발걸음을 조심해야 했지만, 그 덕분에 발밑에 집중하며 더 세밀하게 주변을 살필 수 있었다. 이곳 주민들은 차나무와 함께 살아갔다. 주민들은 차나무를 거대한 숲 생태계 중 하나의

식물로 존중하며 살아가는 듯 보였다. 화학비료를 쓰지 않고, 과도한 가지치기를 하지 않으며, 자연에 맡기고 기다리는 태도가 이 지역 차의 독특한 맛을 완성해 갔다. 나무 하나하나가 모두 주민들에게는 소중한 삶의 일부이자, 또 다른 가족처럼 여겨졌다.

차밭 투어를 마치고 전통 농가로 이동했다. 주민들이 직접 찻잎을 덖거나 찻잎을 고르는 과정을 배울 수 있었다. 커다란 솥에 찻잎을 넣고 덖는 작업을 해 보는데 뜨거운 솥에서 풍겨 나오는 풀 향기가 뿜어져 나왔다. 계속해서 손을 움직여 줘야 탔거나 뭉쳐지지 않고 고르게 덖어진다. 이 때문에 주민들은 잠시라도 손을 멈추면 안 되겠구나 싶었다. 허리를 숙이고 있으니 땀이 비 오듯 흘러내렸는데, 그만큼 수고를 들여야만 찻잎이 제 맛을 찾는다는 생각이 들었다. 실제로 농가에서 일하는 이들은 이런 과정을 매일같이 반복한다고 하니 한 잔의 차를 마시기까지 얼마나 많은 노력과 정성이 들어가는지 다시금 깨닫게 됐다.

고된 작업이 끝나면 농가 사람들이 직접 차를 내어 준다. 차는 아직 완전히 숙성되지 않은 조금 전 덖어 낸 그 찻잎 중 일부로 우린 것이다. 그래서 떫은맛이 확 올라왔지만, 그 향은 아주 신선했고, 여러 번 우려 낼수록 살짝 단맛이 뒤따랐다. 이 과정을 겪고 나서야 비로소 "아, 이게 차가 만들어지는 과정이구나"라는 사실을 몸으로 느낄 수 있었다. 그저 매장에서 판매되는 형태만 보던 것과 달리 이렇게 제작 과정을 직접 경험하니 차 한 잔의 무게감이 전혀 달랐다. 농가 주인이자 아버지로부터 물려받은 50대 정도로 보이는 딸은 "이 떫은맛도 차가 살아 있다는 증거"라며 했고, 수십 년째 이 일을 해온 사람만이 낼 수 있는 여유를 풍기고 있었다.

점심 무렵에는 마을에 있는 식당에서 식사를 했다. 현지 음식을 먹는 내내 지역 특산품인 채소나 향신료가 입안에서 춤추듯 톡톡 튀었다. 중국 운남성 특유의 매콤새콤한 양념이 입에 착 달라붙었고, 불에 구운 생선과 산나물이 환상적인 조화를 이뤘다.

오후에는 본격적으로 옛 차마고도의 흔적을 찾아 나섰다. 징마이산 주변에는 과거 상인들이 오가던 길이 아직도 남아 있는데, 일부는 관광객을 위해 약간 정비가 되어 있다. 돌계단과 흙길이 어지럽게 연결되어 이어지는데, 산과 산을 잇는 험로를 본 순간 "이 길을 말과 함께 넘나들었다니, 대단한 인내심이다"라는 탄성이 절로 나왔다. 자칫 발을 헛디디면 낭떠러지로 떨어질 것 같은 곳도 많았고, 거기다 우기에는 길이 미끄럽고 안개까지 짙어져 더 위험하다고 했다. 예전 상인들은 이곳에서 며칠씩 걸으며 차를 실어 나르던 중 비바람과 산사태 등 각종 위험에 노출되었다고 한다. 그만큼 차가 소중한 교역물품이었기에 목숨을 걸고 운반할 수밖에 없었을 것이다.

지금은 도로가 정비되고 교통수단이 발달해 예전처럼 목숨을 걸 필요는 없어졌지만, 이 길 위에 남아 있는 상인들의 발자취를 떠올리면 마음 한편이 숙연해졌다. 몇 시간만 걸어도 다리가 후들거리는 이 길을 옛날에는 며칠간 걸었다니 믿기지 않았다. 그래서인지, 곳곳에 작은 사당이나 쉼터 같은 시설이 보였다. 상인들이 잠시라도 다리를 쉬어가거나 신께 안전을 기원했던 자취라고 했다. 이런 풍경을 직접 보니, '차가 세상을 잇던 길'이 단지 상품 이동 경로가 아니라, 사람과 자연, 그리고 문화와 역사가 교차하는 복합적인 통로였음을 다시금 실감했다.

길을 걷다가 문득 고요해지는 순간이 찾아왔다. 주변에서 새소리가 들리고, 바람이 나뭇잎을 스치는 소리가 귀 끝을 간지럽히며, 딱히 말을 주고받지 않아도 마치 타임머신을 타고 과거로 돌아간 듯한 기분이 들었다. 이곳이야말로 '차의 길'이라는 별칭이 얼마나 정확한 표현인지 깨닫게 해주는 곳이었다. 우리가 발 딛고 있는 이 길 위로, 셀 수 없이 많은 이들이 발걸음을 남겼고, 그들의 땀과 눈물, 때론 기쁨과 희망이 지금까지도 이어져 오고 있지 않은가. 마치 이 길이 살아 숨 쉬듯, 한 모금의 차가 시대와 시대를 이어주듯, 이곳의 전통과 문화는 끊이지 않고 현대까지 흐르고 있었다.

잠시 뒤 돌길을 따라 내려갔다. 발밑에 놓인 돌은 매끄럽게 닳아 있어 옛 상인들의 흔적을 생생히 드러냈다. 경사가 심하지는 않았지만, 군데군데 이끼가 끼어 있어서 천천히 걸어야만 안전했다. 내려가는 중간중간, 멋진 절경이 펼쳐져 카메라 셔터를 누르느라 분주했다. 구름이 피어오르는 산 언덕과 차밭을 배경으로 지금도 주민들은 거기에서 차를 따고 있었다. 대를 이어 내려오는 이 전통이 얼마나 소중하며, 또 대단한 일인지 생각하니 사진 한 장에도 마음이 꽉 차는 기분이 들었다. 사실 이런 풍경은 사진만으로는 전부 담아낼 수 없음을 알지만, 그럼에도 기록으로 남겨 두고픈 마음이 컸다.

돌아가는 길은 아무래도 아쉬움이 많이 남았다. 차가 산 밑을 향해 내려올수록, 다시 삭막한 포장도로와 시끌벅적한 시장, 그리고 개발의 흔적이 도드라지는 동네가 나타났다. 무수히 많은 간판, 수많은 차와 오토바이, 인파가 뒤엉킨 거리 풍경을 다시 마주하니, 아까의 숲속 정적이 더욱 소중하게 느껴졌다.

하루 종일 차밭과 차마고도를 돌아다니다 보니 몸이 상당히 피곤해졌다. 숙소로 돌아와 식당 한편에 마련된 작은 차탁자에 앉아 진한 색으로 우려낸 숙차를 마주했다. 바깥에서는 해가 저물어 가고 있었고, 산 그림자가 짙게 내려앉으면서 숲에서 스멀스멀 안개가 피어오르는 풍경이 보였다. 그 안개 너머로 차나무들과 길들이 아직도 우리 눈에 선했다. 차마고도를 걸으며 느낀 땀과 피곤함이 한순간에 스르르 풀리는 기분이었다. 잔을 들고 차를 입에 머금자 흙 내음과 달콤함이 동시에 몰려왔고, 오늘 하루 만난 풍광들과 사람들의 얼굴이 주마등처럼 스쳐 갔다. "이게 진정한 차 여행의 묘미구나" 하는 생각이 들었다. 차밭을 직접 밟고, 차나무를 어루만지고, 옛길을 걸은 뒤에 마시는 한 잔의 차는 평소에 마시던 그것과 격이 달랐다.

세상의 모든 곳이 도시화와 발전을 피할 수 없는 흐름에 놓여 있겠지만, 징마이산만큼은 그 변화에 맞서 자연과 조화를 지키려 애쓰고 있다는 사실이 인상적이었다. 오래된 차나무를 무분별하게 벌목하지 않고, 최소한의 방식으로 소득을 얻으며, 숲과 함께 살아가는 마을 사람들의 태도는 우리가 배워야 할 점이 많다고 느껴졌다. 보이차가 단순한 상품이 아니라, 사람과 자연이 함께 쌓아온 문화적·역사적 자산이라는 것을 이곳에서 더욱 깊이 깨달았기 때문이다.

그렇게 징마이산에서의 하루는 지나갔다. 하지만 그 기억은 결코 가볍게 스쳐가지는 않을 것이다. 앞으로도 보이차를 마실 때마다, 우리는 아마도 짙은 녹음이 우거진 그 숲, 아무 말 없이 자리를 지키던 고차나무들, 환한 웃음으로 차를 내어주던 마을 사람들, 풋풋하지만 강렬했던 차 향기를 떠올릴 것이다. 그때마다 마음이 조금씩 따뜻해질 것만 같다. 자연이 주는 은혜와 이를 헤아려 온 사람들의 지혜가 만들어 낸 하나의 세계. 징마이산은 바로 그런 모습을 간직한 특별한 땅이었다.

그리고 언젠가 또다시 이 운남 땅에 발을 딛게 된다면, 가장 먼저 떠오를 곳이 바로 징마이산일 것이다. 그때는 좀 더 여유로운 일정을 잡아 깊숙한 숲의 골짜기까지 들어가 보고, 주민들과 함께 생활하며 밤하늘의 별도 바라보고, 전통 축제도 구경하며 더 많은 이야기를 나눠 보고 싶다. 비록 이번 방문은 짧았지만, 그 귀한 순간들이 우리에게 '보이차'라는 이름의 의미를 한층 더 깊이 새겨 주었다. 징마이산은 분명 어딘가에서 묵묵히 숨 쉬며, 차와 사람, 시간이 어우러지는 새로운 하루를 또 이어가고 있을 것이다. 그리고 우리는 그곳에서 마셨던 단 한 잔의 차로 인해 오랫동안 행복한 기억을 간직하게 되었다.

여기서는 차가 사람이고, 사람이 곧 차다. 서로 떨어질 수가 없었다. 이곳 사람들은 차를 단순히 경제적 수단이나 음료가 아니라, 삶과 문화를 지탱해 주는 든든한 뿌리로 여기는 것 같았다.

이번 징마이산·차마고도 여행을 통해 우리는 차밭 투어와 전통 농가 체험, 옛길을 걸으며 알게 된 역사의 무게, 거기에 더해 생태 관광의 의미까지 겹겹이 배울 수 있었다. 열대우림과 고지대, 계단식 차밭이 주는 풍광은 현실감을 잃을 정도로 아름다웠고, 그 숲과 마을, 사람들을 관통하는 이야기는 흥미롭고도 깊이 있었다. 그래서 "여기가 정말 보이차의 진짜 본고장이구나"라는 생각을 절감하게 됐다. 차가 세상을 잇고, 인간과 자연을 연결하며, 시간과 문화를 이어주는 매개체라는 말이 결코 과장이 아니다. 징마이산의 차밭에서, 차마고도의 길 위에서, 그 사실을 오감으로 확인했으니 이제 더 이상 의심할 여지가 없었다.

돌아가는 길이 아쉬웠지만, 이곳에서 보고 듣고 느낀 것들을 소중히 간직하고 싶었다. 차가 가진 힘, 사람과 자연이 어우러져 만든 풍경과 역사. 그것이야말로 앞으로 우리가 보이차 한 잔을 마실 때마다 떠올리고 싶은 장면이 될 것이다. 차의 맛과 향은 단순히 물과 잎이 만나 만들어지는 게 아니라, 그 속에 깃든 수많은 이야기를 함께 우려내는 것이라는 사실을 징마이산 여행을 통해 온몸으로 배웠다. 이것이야말로 차마고도가 알려 준 교훈이자, 우리가 만난 징마이산의 참모습이었다. 이렇게 귀중한 깨달음을 얻었으니 일상으로 돌아가더라도 언제든 차 한 잔에서 징마이산의 바람과 숲, 사람들의 온기를 다시 떠올릴 수 있으리라 믿었다. 바로 그 생각 하나만으로도 이 여행은 값졌다.

2. 이우산(易武山): 부드럽고 섬세한 풍미

이우산은 역사적으로 보이차 유통의 핵심 거점이었으며, 맛이 부드럽고 향이 은은한 보이차를 생산합니다. 자연 발효과정에서 달콤함이 배어나는 생차가 유명하고, 숙성 중 떫은맛이 빠르게 사라져 우아한 풍미가 특징입니다. 이우산 차밭은 해발이 높은 지대에 위치해 찻잎이 천천히 자라며 깊은 향을 품게 됩니다.

이우산(易武山)에 발을 디딘 순간, 머릿속에 떠올랐던 이미지는 옛날 차마고도의 흔적과 부드럽고 섬세한 풍미로 이름난 보이차의 원천이라는 것이었다. 운남성의 여러 지역을 두루 돌아다닌 뒤에 찾아온 이우산은 그동안 보아 왔던 풍경과는 또 다른 매력을 품고 있었다. 산을 뒤덮은 짙은 녹색 차밭, 골짜기를 따라 흐르는 옛길, 그 길을 지키며 살아온 사람들의 표정이 마치 살아 있는 역사처럼 느껴졌다. '이곳은 본래 보이차의 대표적인 생산지 중 하나이며, 특히 부드러운 생차의 명산지다.' 이런 정보를 머릿속에 떠올리면서 우리는 천천히 이우산과의 첫 만남을 만끽하기로 했다.

산 입구로 들어설 때, 가장 먼저 눈에 띄었던 것은 차마고도의 옛 자취를 알리는 현판과 안내판이었다. 해발고도가 꽤 높아서인지 바람이 선선했다. 현판에는 이우를 알리는, 그것 자체가 옛 무역로의 핵심 거점이었음을 알 수 있었다. 이우산은 예로부터 운남성 보이차 교역의 중추를 담당해 온 지역으로 차마고도를 통해 티베트와 내륙 지방, 더 나아가 동남아까지 이어지는 길목이었다. 이미 차마고도라는 말 자체가 주는 매력과 낭만이 있지만, 막상 그 길이 지나는 실제 장소에 서니, 옛 상인들의 숨결이 느껴지는 듯 했다. 상상 속에서 말에 짐을 싣고 험준한 산길을 넘나들던 이들의 모습이 떠올랐다.

길을 따라 더 안쪽으로 들어가자, 예스러운 건물들이 드문드문 나타났다. 외벽에 칠해진 낡은 페인트나, 오랫동안 사용해 온 목재 지붕이 그 시대의 잔재를 고스란히 간직하고 있었다. 몇몇 건물은 현재도 차를 거래하거나 시음할 수 있는 소규모 상점으로 쓰이고 있었다. 문 앞에 걸어 놓은 간판에는 찻집을 알리는 간판이 적혀 있었다.

이우산 차를 한 모금 마시면, 살짝 쌉싸래함이 입안을 스치더니 곧이어 달콤하고 부드러운 여운이 퍼진다. 떫은맛이 빠르게 사라지고 목 뒤로 은은한 단맛이 감돈다. 다른 지역의 보이차와는 미세하게 다르다는 느낌이 들었다. 라오반장이나 맹해 쪽 보이차가 좀 더 묵직하고 강렬한 맛이라면, 이우산의 보이차는 상대적으로 섬세하고 부드러운 풍미가 돋보이는 편이었다. 이우산 생차는 오래 두고 마시면 더 깊은 맛을 느낄 수 있다.

이우산은 보이차의 역사를 말할 때 결코 빼놓을 수 없는 지역이다. 운남성 여러 산지 가운데서도 특히 이우산은 부드럽고 섬세한 풍미로 널리 알려져 왔다. 이는 해발이 높은 지대에서 천천히 자란 찻잎이 특유의 향과 맛을 오랜 시간에 걸쳐 축적하기 때문이다. 주변 지역에 비해 일교차가 크고 비구름이 자주 머무는 환경이어서 찻잎이 속도로만 성장하지 않고, 천천히 호흡하며 깊이 있는 향미를 키워 간다고들 말한다. 운남성 보이차의 여러 산지 중에서도 이곳을 '고귀한 차의 산지'라고 부르는 이들이 있을 정도로 이우산 생차는 오래전부터 부드러운 단맛과 은은한 향, 숙성 중 떫은맛이 빠르게 사라지는 특징으로 명성을 쌓았다.

옛 차마고도 무역이 한창일 무렵, 이우산은 보이차를 각 지역으로 흘려보내는 주요 길목 중 하나였다. 산악 지형을 넘어야 하는 무역로는 언제나 험난했지만, 상인들에게 이우산의 차는 그만한 고생을 감수하고도 충분히 가져갈 만한 가치가 있었다. 맛이 단정하고 결이 고운 생차가 많아 티베트나 내륙 지방 등 각지에서 높은 평가를 받았다. 일부 역사 기록에는 이우산 인근 마을에서 제작한 차가 명·청 시대 황실에 진상됐다는 언급이 남아 있다. 실제로 어느 시대이건 부드럽고 향긋한 차는 상류

층과 관료들의 사랑을 받았고, 사람들은 이 차를 마시며 산골짜기의 청량함과 은근한 단맛을 상상했다고 한다.

이우산 차의 부드러운 풍미는 자칫 단순하게 여겨질 수도 있지만, 실제로 마셔 보면 결코 가벼운 맛이 아니라는 데에 많은 사람이 동의한다. 처음 입에 닿을 때는 맑고 은은해 물처럼 느껴지지만, 목으로 넘기고 난 뒤에야 달콤함과 감칠맛이 입안에 퍼지며, 마지막엔 말로 표현하기 힘든 기분 좋은 여운이 길게 남는다. 떫은맛이 적어 차를 오래 우려도 비교적 거칠어지지 않고, 장기 숙성 시 맛이 빠르게 안정된다는 점도 특징이다. 그래서 초보자들이 처음 보이차를 접할 때 "이우산 차부터 시작해 보라"는 조언이 종종 나온다. 떫고 쌉쌀한 맛이 강한 차는 다소 부담스럽게 느껴질 수 있는데, 이우산 차는 상대적으로 접근하기 편하다는 이유에서다.

이우산에 대한 기록은 무역로의 변천과 함께 흥미롭게 이어져 왔다. 한때 차마고도를 따라 티베트와 내륙 여러 지역으로 차가 오가며 이우산 일대가 상당히 번성했는데, 무역이 끊기거나 바뀌면서 가끔 침체기를 겪기도 했다. 그럼에도 마을 주민들은 전통 차밭을 지켜 왔다. 불규칙한 기후에 맞서며, 다른 생계 수단을 찾으면서도 한쪽에서는 차밭을 버리지 않고 관리를 이어 간 것이다. 그러한 끈기와 애정 덕분에 지금의 이우산 차가 존재한다고 해도 과언이 아니다. 한 세대가 지나고 또 그 다음 세대가 지나도록 마을 사람들은 좋은 차를 얻기 위해 노력했다. 거친 산길에서도 말에 차를 싣고 운반하며, 외지인들과 교역을 이루어 냈다. 그러니 차밭이라는 공간이 단순히 찻잎만 길러내는 밭이 아니라, 여러 시대를 관통하는 문화와 생활의 터전이 되어 온 셈이다.

지금도 이우산에 올라 보면, 경사가 심한 산길 옆으로 차나무가 줄지어 서 있는 모습을 볼 수 있다. 높은 해발과 적당한 습도 덕분에 나무마다 윤기 있는 잎이 매달려 있고, 숲으로 들어갈수록 빛이 희미하게 투과되며 신비로운 분위기가 감돈다. 인근 마을에서는 해마다 일정 시기에 찻잎을 따며, 전통 가마나 전통 솥을 사용해 기본적인 살청 과정을 거친 다음 덖어 내는 방식을 여전히 고수하고 있다. 물론 대형 공장에서 대규모로 생산하는 차도 있지만, 이우산의 명성은 대부분 소규모 전통 방식을 통해 이루어진다. 이런 방식을 사용하면, 찻잎 고유의 결을 해치지 않고 그대로 살려내기가 훨씬 쉬워진다. 마을 노인들은 "차는 사람 손이 아니라, 자연의 시간과 기운이 만들어 주는 것"이라고 말하곤 한다.

이처럼 자연발효에 가까운 전통 기법은 이우산의 기후와 지형적 특성과 결합해 독특한 풍미를 낳는다. 해발이 높으면 기온 차가 크고, 낮과 밤의 온도차와 습도 차가 미생물의 작용을 유도한다. 찻잎 안에 들어 있는 폴리페놀이나 테아닌 등 다양한 성분이 발효 단계에서 조금씩 변화하며 독특한 맛과 향을 만들어 낸다. 다른 지역의 생차와 견주었을 때 이우산 차는 특히 첫 모금이 주는 산뜻함과 후반부의 달큰함이 조화롭다는 평가를 받는다. 쌉쌀함이 곧바로 찾아오는 것이 아니라, 은은히 배어나다가 부드럽게 감돈 뒤 사라지는 것이다. 차를 오래 우려도 스스로 균형을 잡아갈 수 있는 까닭에 대접용 보이차로도 많이 쓰였다는 옛 기록이 있다.

지역 문화도 부드럽고 섬세한 맛을 형성하는 데 큰 역할을 한다. 이우산 마을 주민들은 오래전부터 차나무를 단순한 '돈벌이 수단'으로 여기지 않았다. 봄이 되면 싹이 돋아나면서 온 가족이 밭으로 나가 손으로 직접 잎을 따고, 마을 공동 작업장에 모여 함께 차를 덖는 모습은 흔한 일상 풍경이었다. 찻잎을 대량으로 쓸어 담아 기계에 넣는 공장식 방식과 달리 이곳에서는 최소한의 살청 도구를 사용해 적정 온도로 덖어 내고, 흔들어 주고, 식혀 주는 과정을 반복한다. 이 모든 과정이 번거롭지만, 그 덕에 나무마다 조금씩 다른 특징을 지닌 잎이 서로 섞이면서도 균형 잡힌 맛을 낼 수 있게 된다. 현지인들은 여유를 중시하며, 서두르지 않는다. 차가 가져야 할 풍미는 이미 자연 속에서 완성되어 있다고 믿고, 자신들은 자연의 시간을 거스르지 않는 방식으로 조력할 뿐이라고 생각하기 때문이다.

이런 분위기 속에서 자란 차는 자연히 테이블 위에 올라왔을 때도 한결 부드러운 기운을 전한다. 특히 봄에 첫물로 딴 찻잎은 진한 녹색을 띠고, 찻잔에 우릴 때는 형광빛이 살짝 감도는 투명한 황록색 물이 내려온다. 잎을 몇 번 우려도 쉽게 물색이 탁해지지 않고, 마실수록 목 뒤로 부드러운 단맛이 올라오는 느낌이 좋다. 이러한 이우산 차의 특징이 '우아함'으로 표현되기도 하는데, 그만큼 맛의 구조가 단순하지 않고 다층적으로 전개되기 때문이다. 마시는 사람에 따라 "꽃향기를 느낀다"거나 "초원의 풋내가 머문다"는 식으로 감상이 다양하게 나오곤 한다. 이 차 한 잔에 산과 숲, 구름과 바람이 응축되어 있다고 얘기해도 어색하지 않을 법하다.

이우산 지역의 자연환경은 차뿐만 아니라 그곳에서 살아가는 사람들에게도 많은 영향을 끼쳐 왔다. 고지대다 보니 상업적으로는 교통이 불편해 한 시기를 지나면서 사람들의 발길이 드물어지기도 했다. 하지만 오히려 덕분에 옛 모습이 비교적 잘 보존된 마을들이 남아 있어 최근에는 소규모 관광객이 찾아드는 경우도 있다. 사전 지식이 있는 차 애호가라면 꼭 이우산을 방문해 보고 싶어 한다. 가파른 산길이지만, 이곳에 도착하면 곧바로 느낄 수 있는 차밭의 웅장함과 신비로움이 여행자의 호기심을 자극한다. 흙길 위를 걷다 보면 군데군데에 야생 차나무가 서 있고, 때로는 사람 키를 훌쩍 넘어서는 옛 차나무들도 발견된다. 이런 차나무는 수십 년, 길게는 백 년이 넘는 나이를 먹었을 터이니, 그 세월이 빚어낸 나이테처럼 맛에도 깊이가 깃들어 있을 거라는 상상이 절로 든다.

마을에서 직접 차를 마셔 보면 그 상상이 사실임을 실감한다. 이우산 주민들은 대개 차 덖는 솥이나 차 도구를 집 안에 두고, 손님이 오면 조금씩 꺼내 차를 끓여 준다. 소탈한 마을 사람들이라 길을 가다 우연히 인연이 닿으면, "차 한 잔 하고 가라"며 작은 찻상으로 초대하기도 한다. 손잡이가 달린 작은 차솥에 잎을 넣고, 방금 끓인 물을 부으면, 잎이 물 위에서 서서히 펴지다가 결국 녹아 들어가는 모습을 감상하게 된다. 기다림과 동시에 풍미가 우러나는 시간. 그 시간을 제대로 느끼기 위해선 서두르지 않고, 밖에서 불어오는 바람 소리나 사람들의 담소 소리를 곁들여 차를 음미하는 것이 좋다. 차를 몇 모금 마시다 보면, 한껏 고요해진 마음으로 이 산의 기운을 조금이나마 받아들이는 듯한 기분이 든다.

이우산 차의 부드럽고 섬세한 풍미는 대수차와 고수차를 막론하고 상당히 일관된 편이라고 알려져 있다. 물론 나무의 나이나 재배 방식, 해발고도에 따라 맛에 미세한 차이가 있기는 하지만, 전반적인 기조가 상당히 비슷하다. 그래서 마을마다 "우리 차가 최고"라고 자부하면서도, 대외적으로는 "이우산 차는 대체로 이런 느낌"이라며 자신의 산지를 대표하기도 한다. 여러 산지를 돌면서 차를 맛본 애호가들도 이우산의 차를 두고 "마치 비단 같은 질감이 있다"고 표현하거나, "차를 우려냈을 때 올라오는 향이 마치 새벽 숲속 공기처럼 청아하다"고 한다. 그만큼 이 지역의 차에는 어떤 통일된 개성이 있는 셈이다.

이같이 탁월한 풍미가 인정되면서 한편으로는 가짜 보이차 문제도 늘 문제시되어 왔다. 인기가 많고 가치가 높으니, 다른 곳에서 난 차에 '이우산산(易武山産)'이라는 거짓 표기를 붙여 팔기도 하고, 예전부터 나쁜 의도를 품은 상인들이 이우산 차 포장을 모방해 저렴한 잎을 섞어 파는 경우도 있었다. 그러나 최근 들어서는 생산자와 마을공동체, 소비자들이 진품을 판별하기 쉽게 하는 움직임이 커졌다. 차를 단순한 상품으로만 보지 않고, 이우산이라는 지역의 역사와 문화, 주민의 삶을 담은 결과물로 존중하자는 인식이 자리를 잡아가고 있다.

산 아래 지역으로 내려가면, 과거보다 훨씬 규모가 커진 시장들이 눈에 띈다. 여기서는 이우산 차뿐 아니라, 운남성 각지의 차들이 다양하게 거래된다. 상인들은 차를 경매에 내놓거나, 시음 부스를 차려 놓고 지나가는 이들에게 맛보게 한 뒤 협상해 판매한다. 그 과정에서 이우산 차는 항상 우아한 맛의 대표주자로 자리매김해 있다. 일부 상인들은 이우산 차를 '보이차계의 귀족'이라고 부르기도 하는데, 지나치게 과장된 표현이라 하더라도 전혀 근거 없는 말은 아니라는 게 많은 이들의 중론이다. 여러 산지를 두루 경험해 본 사람들도 이우산 차가 지닌 매끄러운 질감과 은은함을 높이 평가한다.

이렇듯 이우산을 말할 때 빠질 수 없는 것 중 하나가 바로 '부드럽고 섬세한 풍미'다. 이것은 자연과 인간이 오랜 세월 함께 빚어낸 결과다.

해발 높은 지대와 구름 많고 습기가 풍부한 기후, 오랜 전통을 간직해 온 마을 주민들의 제다 방식, 현대에 이르러서도 크게 다르지 않은 생활패턴과 가치관이 어우러져 결국 이우산 생차만의 독특한 맛과 향을 완성해 낸다. 사실 시간이 흐르면서 지역 환경이 조금씩 변하고, 도로와 건물 등이 들어서면서 옛 모습을 전부 유지하기 어려워지고 있긴 하다. 하지만 이우산 사람들은 "급변하는 세상 속에서도 지켜낼 건 지켜야 한다"는 신념을 내세워 차를 위한 자연환경과 전통 기법을 최대한 보호하는 편이다.

무엇보다 이우산 차를 맛본 사람이라면 그 부드러운 감촉 뒤에 숨어 있는 강인함도 간과하기 어렵다는 점을 깨닫게 된다. 이 고장에서 나오는 차는 겉보기에 모나지 않고 달콤하지만, 몇 번 우려 마셔도 쉽게 허물어지지 않는 내공이 숨어 있다. 맛이 오래 이어지고, 찻잎 자체가 지닌 에너지가 든든해 마시고 난 뒤 속이 편안해지는 느낌을 받는 사람이 많다. 이는 단순한 미각이나 후각 차원의 문제가 아니라, 역사와 자연, 그 속에서 터를 잡고 살아온 사람들의 이야기가 어우러진 결과물이라고도 볼 수 있다. 그래서 이우산 차 한 잔을 마실 때면, 눈앞에 보이는 찻물 외에도 이 산과 마을의 풍경과 이야기를 함께 느끼게 된다.

오늘날 이우산을 찾는 차 애호가들은 저마다 다른 동기를 품고 있다. 어떤 이는 정말로 고수차 혹은 전통 제다 방식을 체험해 보고 싶어서 찾아오고, 또 어떤 이는 단순히 관광차로 방문했다가 이 지역 차의 매력에 빠져 차에 대한 관심을 키운다. 또 다른 이들은 차마고도 탐방의 일환으로 이우산 근처를 경유하며 옛날 무역로의 흔적을 찾아다닌다. 어느 동기로 왔든, 이우산 특유의 자연과 마을 분위기 속에서 차를 직접 맛보고 나면, 이전과는 다른 시각으로 보이차를 바라보게 된다는 얘기가 많다. 이우산이 선사하는 부드러운 한 모금이 결국 차의 본질적 아름다움과 시간을 되새기게 해 주는 것이다.

앞으로도 이우산은 보이차계에서 빼놓을 수 없는 산지로 남으리라고 믿는다. 관광객 유입으로 인한 개발 문제, 기후 변화, 가짜 보이차 유통 등 여러 과제가 있지만, 이곳 주민들과 애호가들은 차를 향한 애정과 전통에 대한 존중을 바탕으로 변화를 모색하고 있다. 어디서 생산된 차이건 자연과 사람의 조화가 중요하지만, 유독 이우산에서는 그 조화가 섬세하고 평온한 맛으로 되살아난다. 찻잔에 입을 대기 전, 이미 아늑한 향이 코끝을 간지럽히고, 목을 타고 넘어간 뒤에는 촉촉한 달콤함이 배어든다. 이 부드러움 속에 깃든 강인함이야말로, 오랜 역사를 거치며 스스로를 지켜 낸 이 산과 마을, 그리고 차나무가 주는 선물이다.

이우산이란 곳은 자연의 축복과 인간의 손길이 절묘하게 어우러져 완성된, 보이차 문화의 정수가 응축된 공간이라 할 수 있다. 이곳에서 부드러운 바람과 은은한 햇살, 깊은 안개가 차나무를 어루만지며 키워 낸 차는 향과 맛 그 이상을 담고 있다. 높은 산세에 가려져 있지만, 차를 통해 세상과 소통해 온 역사가 길게 이어져 왔고, 그 흐름이 지금까지 유효하다. 누군가 찻잔을 기울일 때 이우산의 숲과 그 숲에 깃든 바람, 마을 사람들의 오랜 노력이 함께 녹아들어 가슴을 적신다고 생각하면, 그 차 한 모금이 얼마나 소중한지 새삼스레 깨닫게 된다. 모두가 바쁘게 살아가는 시대에 이우산 차가 알려 주는 여유와 섬세함은 많은 이들에게 작지만 큰 울림으로 다가온다. 만약 누군가 보이차의 수많은 산지 중 어떤 곳을 먼저 경험해 보아야 하느냐 묻는다면, 주저 없이 이우산을 권하고 싶다. 차 한 잔과 함께 산 안개를 머금은 풍경을 상상해 보는 것만으로도 이미 마음 한켠이 편안해진다. 그리고 그 편안함이야말로 이우산이 전해주는 진정한 아름다움이라 할 수 있다.

이우산 여행은 결코 화려하지 않았다. 현대식 대도시 관광지에서 흔히 볼 수 있는 눈부신 쇼핑몰이나 대형 테마파크 같은 것은 없었다. 대신 오래된 거리와 낡은 건물, 손으로 직접 덖은 찻잎에서 피어나는 전통의 향기가 전부였다. 하지만 그 소박함이 오히려 더 짙게 마음에 남았다.

돌아가는 길, 떠올린 건 이우산이 보여 준 '섬세함'이었다. 강렬함이나 화려함이 아니라, 천천히 배어드는 깊이와 온화함을 통해 사람들의 마음을 사로잡는 것이 이 지역 차 문화의 특징 같았다. 보이차의 세계에 조금 더 정통한 이들이라면, 이 이우산 차의 우아함을 한 번쯤 경험했으리라. 우리도 이제 그 대열에 합류한 셈이다. 비록 깊은 전문가 수준은 아니지만, 적어도 이 땅에서 목격한 차와 사람, 그리고 시간의 결합이 얼마나 오묘하고 소중한지를 피부로 느낄 수 있게 되었으니 말이다.

3. 라오반장(老班章): 강렬하고 묵직한 '왕의 풍미'

라오반장은 차 애호가들 사이에서 '보이차의 왕'으로 불릴 만큼 강렬한 맛을 자랑하는 지역입니다. 이곳의 보이차는 쌉쌀한 맛과 단맛이 동시에 강하게 느껴지며, 숙성될수록 그 묵직하고 진한 풍미가 환상적으로 변합니다. 농후하고 호탕한 성격 때문에 보이차 마니아들이 열광하는 대표 산지입니다.

라오반장은 차 애호가들 사이에서 '보이차의 왕'이라는 별칭으로 불릴 만큼 강렬하고 묵직한 풍미를 자랑하는 곳이다. 운남성의 여러 보이차 산지 중에서도 유독 그 맛과 향의 강도가 두드러지고, 마시고 난 뒤에 뒤따르는 긴 여운과 묵직함이 한 번 맛본 사람에게 강렬한 인상을 남긴다. 그래서 누군가는 이곳을 '왕의 풍미가 살아 숨 쉬는 산지'라고 부른다. 보이차를 어느 정도 마셔 본 이들이라면, 라오반장의 진한 맛이 주는 쾌감을 한 번쯤은 들어 보았을 것이다. 실제로 맛이 꽤나 강해 처음 접하는 사람이라면 당황스러울 수도 있다. 하지만 그 강렬함 속에 단맛과 부드러움이 은근히 깔려 있어 빠져들게 되면 헤어나오기 어려운 독특한 매력이 있다.

라오반장을 '보이차의 왕'이라고 부를 만큼 특별하게 만드는 요인은 여러 가지가 있다. 가장 먼저 꼽히는 것이 해발이 높은 고산지대에 자리했다는 점이다. 비슷한 위도대의 지역이라도 라오반장은 기복이 심한 지형과 큰 일교차 덕분에 차나무가 더디게 자라며, 그만큼 찻잎에 많은 성분이 응축된다. 여름에는 해가 뜨거운 편이지만 밤에는 서늘한 공기가 산골짜기를 감싸기에 찻잎이 낮에 받은 에너지가 밤에는 서서히 정체되며 깊은 맛을 품는다고 한다. 해발이 높다 보니 구름이 종종 얕게 깔리기도 하고, 때로는 짙은 안개가 골짜기를 채우는데, 그 모두가 차나무가 자라는 환경에 큰 영향을 미친다. 이런 기후와 지형은 떫고 쓴맛이 빠르게 도드라지게 만들면서도 시간이 지날수록 은근한 단맛이 함께 어우러지는 풍미를 완성한다.

라오반장의 차나무 중에는 상당히 오래된 것들이 많다고 전해진다. 고수차라고 부르는 오래된 차나무부터 비교적 젊은 대수차에 이르기까지 다양한 수령의 나무가 공존하지만, 이곳에서는 특히 고수차가 주목받는다. 그 이유는 고수차가 내뿜는 풍미가 강렬하면서도 복합적이기 때문이다. 오래된 나무의 뿌리는 땅속 깊이 뻗어 있어 토양 속 각종 미네랄과 영양분을 고루 흡수한다. 자연의 힘을 듬뿍 받아 성장한 찻잎은 내재된 성분이 풍부해 제대로 발효·숙성 과정이 이루어지면 진하고 농익은 맛을 낸다. 라오반장을 찾는 이들은 이 묵직한 풍미를 '사람의 혼을 흔드는 맛'이라고 표현하기도 한다. 실제로 한 모금 넘길 때마다 쌉쌀함이 큰 파도로 몰려왔다가 곧이어 달콤하고 진한 여운이 입안을 조용히 감싸는 느낌이 독보적이다.

라오반장이 '왕'이라 불리는 또 다른 이유 중 하나는 보이차 마니아들이 여기에 대해 갖는 일종의 경외감 때문이다. 운남성 안에서도 라오반장 차를 전문적으로 다루는 상점이나 브랜드는 따로 구분되어 있고 가격도 상당히 비싸다. 생잎 자체가 귀하기 때문이기도 하지만, 단순히 희소성만으로 값이 오르는 것은 아니다. 실제로 라오반장 차를 오랜 세월 숙성했을 때 드러나는 맛의 진폭이 크고, 그 변화를 지켜보는 재미가 커서 애호가들이 열광한다. 처음에는 꽤 강한 떫은맛과 쓴맛이 앞서지만, 서너 해만 지나도 확연히 달라진다. 떫고 쓴맛이 한결 줄어드는 동시에 달콤함과 농후함이 커지며, 갈색 혹은 흙빛으로 우러나는 찻물 역시 한층 깊고 윤택한 빛을 띠게 된다. 라오반장 생차를 두고 "잘 익으면 그 어떤 술보다 농후한 차 향이 난다"는 말이 나올 정도다.

현지인들은 라오반장 특유의 호탕한 매력을 '산의 성격'에서 비롯된다고 설명하곤 한다. 높은 고산에서 부는 바람은 단지 서늘함을 가져다줄 뿐 아니라, 나무가 환경에 맞서 견뎌야 하는 조건을 엄격하게 만든다. 그래서 차나무가 적은 영양분을 최대한 잘 활용하도록 진화하고, 자연스레 성분이 진해지며 농도가 깊어지는 것이다. 이런 성장 과정을 거친 찻잎은 발효 후에도 힘이 좋고, 숙성 과정에서 점점 더 농밀해진다. 실제로 라오반장 차를 몇 번 우려 마셔도 쉽게 물맛처럼 엷어지지 않는다는 점이 많은 이들에게 인상적이다. 한 번 우려내면 여러 차례 우려도 줄어들지 않는 진함을 유지하는데, 바로 이런 특성이 '왕의 풍미'라는 별칭을 낳았다.

사실 라오반장의 맛을 처음 접하는 사람이라면 그 농후함에 놀라거나, 심지어 거부감을 느낄 수도 있다. 이 차는 생차 상태에서도 묵직하고 쌉쌀하며, 혀와 목을 강하게 휘감는 느낌이 있다. 다른 지역의 보이차에 비해 쓴맛과 떫은맛이 일시에 몰아치듯 다가오는 경우가 잦은데, 이것이 익숙하지 않은 이들에게는 다소 부담스럽게 다가올 수도 있다. 그러나 참을성 있게 몇 번 더 마시거나, 혹은 온도를 약간 달리해서 우려내다 보면, 그 안에 숨겨진 단맛이 분명히 존재한다는 사실을 알게 된다. 달콤함이 한순간에 폭발하는 것이 아니라, 쓴맛 뒤를 바짝 뒤따르며 매끄럽게 올라오기 때문에 그 조화가 상당히 매력적이다. 마시는 사람에 따라선 이 강렬한 맛이 주는 짜릿함에 매료되기도 하고, 숙성 차로 몇 해 지났을 때의 라오반장 맛을 꿈꾸며 꾸준히 모으기도 한다.

차마고도의 역사 속에서 라오반장은 꽤 깊은 인상을 남긴 지역 중 하나다. 다른 산지와 마찬가지로 높은 산길을 통해 차를 실어나르는 작업이 매우 어려웠지만, 이곳 찻잎이 풍부한 가치가 있다는 사실을 안 상인들은 기꺼이 험준한 길을 택했다. 마을 주민들도 차를 소중히 생각하며, 전통적인 방식으로 차를 생산해 왔다. 특히 고수차 군락이 보존되어 있다는 점이 큰 매력인데, 이를 지키기 위한 노력도 오랜 세월 이어져 왔다고 한다. 때문에 최근 들어 세계 각지에서 차에 관심을 가진 사람들이 라오반장의 고수차를 체험하려고 직접 이곳을 찾기도 한다. 물론 과거에 비해 접근성이 나아지긴 했어도, 여전히 라오반장에 가기 위해서는 구불구불한 산길을 넘어야 하는 일이 적지 않다.

오늘날 라오반장을 방문하는 관광객이나 차 애호가들은 원한다면 현지 농가에서 직접 차 만드는 과정을 조금씩 경험해 볼 수도 있다. 마을 주변에는 차밭이 이어져 있고, 시기만 맞는다면 찻잎을 따는 모습도 목격할 수 있다. 해마다 봄철이 되면, 새싹이 오르면서 기운이 가장 충만한 잎을 딸 수 있어서 품질 좋은 생차가 많이 나온다. 겨울이 지난 뒤 처음 피어나는 연둣빛 잎을 '봄차'라고 부르는데, 라오반장 특유의 거칠고 강한 맛이 이 시기에 탁월하게 표현된다고 한다. 이를 따서 햇차로 내놓을 때는 입안에 알싸하고도 진한 풀 내음이 감돈다. 그런가 하면 가을철에 수확되는 잎은 한 번 성장기를 지난 뒤여서 맛이 한결 안정되고 여유롭다. 어느 쪽이든 기본적으로 강렬함이 기본 바탕에 깔려 있지만, 봄차와 가을차가 주는 섬세한 차이를 직접 비교해 보는 것도 흥미로운 일이다.

라오반장에 대해 이야기를 나누다 보면, 종종 고가에 거래되는 차 이야기가 빠지지 않는다. 실제로 라오반장 고수차는 희귀성과 품질을 인정받아 시장에서 높은 가치를 형성한다. 몇 년 전부터는 품질 좋은 라오반장 생차 한 덩어리에 상당한 금액이 매겨지는 경우가 흔해졌고, 경매 시장에서도 자주 주목받았다. 이처럼 값이 치솟다 보니 가짜 라오반장 표기 문제도 동시에 거론된다. 마치 유명한 와인 산지에서 가짜 레이블을 붙여 판다거나, 명품 브랜드를 위조하는 것처럼, 라오반장 차 역시 다른 지역 산물을 섞어 놓고 라오반장산이라고 속이는 사례가 생기는 것이다. 이 문제는 보이차 시장 전반을 혼란스럽게 하는 큰 요인이 되었지만, 생산자와 현지 공동체, 정부가 함께 인증 시스템을 강화하려 애쓰면서 점차 개선되고 있다. 그래도 희소성 높은 라오반장 고수차라면 구입할 때 꼼꼼하게 출처를 확인해야 한다는 조언이 꾸준히 이어진다.

이렇듯 가짜가 나돌 정도로 라오반장의 명성이 자자한 데에는 무엇보다 마시기 전부터 기대감을 갖게 만드는 어떤 분위기가 있다. 차인을 자처하는 이들이 라오반장 차를 꺼내 들 때면 곧 이어질 강렬한 풍미에 대한 기대와 설렘이 함께 생겨난다. 마치 묵직한 레드와인을 병에서 막 따를 때, 그 농후한 색과 향을 상상하며 기분이 고조되는 것과 비슷하다. 그래서 라오반장 차를 "술처럼 마신다"는 표현을 쓰는 이들도 있다. 실제로 차가 어느 정도 숙성되면 술을 연상시키는 짙고 농밀한 향기가 감돈다는 평이 많다. 처음에는 꼿꼿하게 서 있던 쓴맛이 부드럽게 눌리고, 대신 달콤하고 스파이시한 뉘앙스가 올라온다. 목을 타고 넘어갈 때 느껴지는 묵직함이 일품이라, 충분히 '왕'이라는 호칭이 어울린다는 생각이 들게 만든다.

라오반장 마을에 대해서 현지인들은 "사람들도 강한 기질을 가지고 있다"고 말한다. 그 강렬함이 차 맛에 그대로 반영된 것 같다는 농담이 오갈 정도로 이곳 주민들은 하나같이 툭툭 던지는 말투와 꾸밈없는 태도를 보인다. 자연환경이 혹독하고 생활 여건이 녹록지 않았기에 오랫동안 터를 지키려면 강단이 필요했을 것이다. 그런 기질이 결국 다른 어느 지역과도 다른 차 맛으로 이어졌고, 그렇게 형성된 풍미가 세월을 지나며 더욱 견고하게 자리 잡았다. 그만큼 라오반장 차를 만들 때도 마을 사람들은 대충 넘어가는 법이 없다. 본격적인 제다 과정에서 살청(殺靑)하는 불 온도, 덖는 횟수, 말리는 시간 등을 꼼꼼히 챙기면서도 오랜 경험에서 나온 직감으로 작업을 완성한다. 마치 대가가 빚어내는 예술 작품처럼 차를 다루는 모습에는 거침이 없어 보이지만 일정한 규칙과 감각이 엄연히 존재한다.

이 지역을 찾는 일부 여행자들은 라오반장 차밭을 직접 걸어 보기도 한다. 휘어진 고목처럼 보이는 큰 차나무나 가지가 듬성듬성 뻗은 중년의 나무들, 어린 묘목들이 함께 자라는 모습을 보면 신기하게 느낄 수도 있다. 이 중 어떤 나무에서 수확한 잎이 가장 맛있는 차로 이어지는지 정답은 없지만, 전통적으로는 수령이 오래된 나무일수록 깊은 맛을 낸다고들 말한다. 다만 젊은 대수차도 라오반장 특유의 강렬함을 어느 정도 이어받아 얼마든지 호쾌한 맛을 선사할 수 있다. 결국엔 사람의 기호와 구체적인 제다 방식, 숙성 여부에 따라 결정되는 부분이 크다. 라오반장 차밭은 첩첩이 산을 두르고 있어 구간마다 차나무 군락의 특징도 조금씩 다르다고 한다. 이를 두고 "한 마을 안에서도 풍미 스펙트럼이 넓다"고들 평한다.

라오반장을 논할 때 빠지지 않는 이야기가 바로 숙성에 대한 것이다. 강렬한 맛과 향이 숙성과 함께 어떻게 진화해 가는지 지켜보는 일은 보이차 애호가들에게는 일종의 로망이다. 이곳 차는 어린 시절에 마시면 그 거친 매력이 인상적으로 다가오지만, 중·장기 숙성으로 넘어가면 곡선이 부드럽게 풀어지면서 단맛이 뚜렷해진다. 떫고 쓴맛이 거의 사라지고, 그 자리를 달큰하고 묵직한 기운이 차지한다. 오래 묵힐수록 마치 흑갈색 보석처럼 차탕 색이 짙어지면서, 침을 삼킬 때마다 목 안에서 은근히 퍼지는 카라멜이나 초콜릿 같은 뉘앙스가 감돈다는 평도 있다. 그래서 숙성에 성공한 라오반장 차는 어디에서건 귀한 대접을 받고, 경매 시장에서도 높은 가치를 인정받는다.

물론 그러한 숙성 결과는 제다 과정과 보관 환경에 따라서도 크게 달라진다. 라오반장의 원료가 아무리 좋아도, 발효나 숙성을 부실하게 하면 그 진가를 발휘하기 어렵다. 그래서 라오반장산 보이차를 살 때는 단지 "라오반장에서 땄다"는 말만 믿고 구입하는 것이 아니라 어느 생산자와 브랜드가 어떻게 가공했는지까지 따져 보는 게 중요하다. 차에 대한 지식이 부족하면 이를 구분해 내기 쉽지 않기에 많은 초보자들이 라오반장 이름만 듣고 충동적으로 샀다가 실망하는 경우도 있다. 그러나 한번 제대로 된 라오반장을 경험한 이들은 그 풍미가 주는 충격을 잊지 못하고 이후로도 꾸준히 수소문하며 좋은 제품을 찾곤 한다.

라오반장 마을에는 예전에 비해 외지인들이 많이 찾아오면서 새로운 분위기가 스며들었다고 한다. 주민들도 관광객을 위해 간단한 숙박시설을 꾸려 놓거나, 시음 장소를 마련해 두는 등 변화를 적극적으로 받아들이는 모습이다. 다만 아직까지 도로나 교통 상황이 그렇게 편리하지 않아 장거리 이동이 불가피한 사람들에겐 부담일 수 있다. 그렇지만 바로 이 점이 라오반장의 고유한 멋을 지켜 주는 장치이기도 하다. 지나치게 관광지가 되어버리면, 본연의 자연환경과 전통이 빠르게 훼손될 가능성이 크기 때문이다. 시골 마을 특유의 소박함과 느릿한 시간, 깎아지른 산세가 어우러져야만 비로소 라오반장의 '왕의 풍미'가 완성되는 것이므로 주민들은 그 균형점을 찾기 위해 애쓰고 있다.

라오반장 하면 무겁고 강렬한 보이차를 떠올리는 사람이 많지만, 사실 이곳에선 그런 농후함만 존재하는 것은 아니다. 찻잎을 살짝만 우려 마시면 의외로 상큼한 기운이 살아나기도 하고, 여러 번 우려도 진득하게 이어지는 단맛 덕에 디저트 차처럼 부드러운 기분을 주기도 한다. 얼핏 보면 단순히 '강함'만 있는 차처럼 보이지만, 자세히 들여다보면 미묘한 단맛과 신선함이 부지불식간에 나타났다 사라지는 것이 라오반장의 매력이라 할 수 있다. 그래서 한 잔 마시고 끝내기보다는, 적어도 서너 잔 이상 우려 가며 맛의 변화를 관찰하는 편이 좋다. 입안에서 무거운 맛이 한순간 사그라들 때, 그 자리를 달콤한 기운이 서서히 채운다는 사실을 깨달으면 비로소 이 차가 지닌 여러 결들을 동시에 보게 된다.

라오반장은 '보이차의 왕'이라는 명칭 그대로 강렬함과 복합성이 공존하는 특별한 산지다. 이곳에서 태어난 차는 차를 즐기는 사람들에게 강력한 존재감을 선물하고, 숙성 과정을 거치면서 끊임없이 새로워지는 풍미를 보여준다. 일종의 중독성 같은 매력이 있어 과감한 맛을 좋아하는 이들은 금세 빠져들고 만다. 어떤 애호가는 라오반장 차를 모으는 것을 취미이자 목표로 삼을 정도라고도 한다. 물론 개인 기호에 따라 너무 자극적이어서 부담스럽다고 느낄 수도 있다. 하지만 차의 세계가 인간의 미각과 감성을 다양하게 자극하는 장이라면 이렇게 또렷이 구분되는 산지 고유의 특색이 존재하는 것은 그 자체로 큰 즐거움이다.

이처럼 라오반장은 운남성 전역에 걸쳐 다양한 산지들이 있음에도 거기서도 독보적인 존재로 꼽힌다. 수많은 보이차 애호가들이 품질 좋고 오래 숙성된 라오반장 차를 '인생 차'로 여기며 지갑을 열어 추적하는 일도 흔하다. 야생에 가까운 고수차가 주는 와일드한 향취와 산간 지역의 혹독한 환경을 이겨 낸 힘이 고스란히 찻잎에 응축되어 있다는 점이 가장 큰 강점이다. 그래서 누군가가 "보이차 중 가장 진하고 묵직한 걸 추천해 달라"고 물어오면, 대개 사람들이 망설임 없이 라오반장을 권한다. 그만큼 맛의 인상이 확실하고, 한 번 입에 담으면 쉽게 잊히지 않는 강렬함이 있기 때문이다.

라오반장의 이야기를 들으면, 결국 차 한 잔 속에는 자연과 인간의 역사가 함께 녹아 있다는 생각이 든다. 척박한 고산지대에서 나무를 가꾸고, 우직하게 장인 정신으로 제다 과정을 이어 온 마을 사람들의 노고가 없었다면, 오늘날 라오반장이 '왕'이라는 호칭을 얻을 수 없었을 것이다. 모든 것이 쉬워지고 빨라진 시대에 오히려 이러한 전통성과 강렬한 풍미가 더욱 귀하게 느껴진다. 구불구불 산길을 넘어 길고 험한 여정을 거쳐 도착해야 비로소 만날 수 있는 차나무와 사람들, 그곳에서 완성된 차가 인간에게 주는 감동은 생각보다 훨씬 크다. 맑고 은은한 차를 좋아하는 사람에게는 처음에 거부감이 들 수도 있겠지만, 차에 대한 호기심과 도전 정신이 있다면 언젠가는 라오반장의 맛에 매료될 가능성이 농후하다.

라오반장은 보이차를 논할 때 절대 빼놓을 수 없는 대표 산지이며, 강렬한 맛과 묵직한 바디감으로 '왕의 풍미'라는 별칭을 당당히 누리고 있다. 그러나 그 별칭 이면에는 오랜 세월에 걸친 마을 사람들의 노력과 자연의 엄격한 선물이 있었다. 해발 높은 산과 일교차 큰 기후, 자양분이 풍부한 땅, 장인의 손길이 한데 모여 이토록 독보적인 차를 탄생시킨 셈이다. 이곳을 직접 찾지 않는다 해도 라오반장 표기가 확실한 진품 보이차를 시음해보면 그 맛이 왜 특별한지 어렴풋이 느낄 수 있다. 그리고 만약 실제로 라오반장을 방문한다면, 구름을 머금은 높은 산과 기복 심한 지형, 산 아래로 시원하게 뻗어 나가는 녹색 바다가 한눈에 들어오면서 그동안 들어 왔던 '강렬함'이라는 단어가 얼마나 생동감 있는 풍경과 결부되어 있는지 깨닫게 될 것이다. 그것이야말로 라오반장이 주는 가장 큰 선물이자, '왕의 풍미'가 결코 단순한 수사가 아니라는 사실을 증명하는 순간이다.

4. 맹해(勐海)와 불해(布海): 대조적이면서 상호 보완적 매력

맹해(勐海)는 숙차의 본거지로 발효가 많이 진행된 진하고 깊은 맛의 보이차가 유명합니다. 쌉싸름하면서도 달콤하고 흙 내음이 배어 있는 풍미가 특징이며, 첫 모금에서부터 쉽게 다가설 수 있는 편안한 맛을 제공하죠. 반면 불해(布海)는 가벼운 향과 산뜻한 맛을 가진 생차가 잘 알려진 곳입니다. 상쾌한 꽃향기와 신선한 떫은맛이 적당히 어우러져 초보자들도 즐기기에 좋은 균형 잡힌 맛을 자랑합니다. 불해의 차는 맹해 차와 대조적이면서 동시에 보이차 세계의 스펙트럼을 넓혀주는 중요한 산지입니다.

맹해(勐海)와 불해(布海)는 서로 다른 개성과 풍미를 지닌 대표적인 보이차 산지로 한쪽은 숙차의 본고장으로 잘 알려져 있고 다른 한쪽은 신선한 맛과 향기가 돋보이는 생차의 매력을 대변하고 있다. 운남성 전역에 분포된 수많은 차 산지 중에서도 이 두 지역은 대조적인 분위기를 갖추고 있어 보이차의 스펙트럼이 얼마나 넓고 다채로운지 보여주는 좋은 예시로 자주 언급된다. 어떤 사람은 맹해를 '흙 내음이 녹아든 숙차의 세계'라고 부르고, 불해를 '상쾌한 생차의 시원함'을 상징하는 산지라며 칭찬하기도 한다. 실제로 이 두 곳에서 생산되는 차를 번갈아 마셔보면, 같은 운남성에 속해 있으면서도 기후와 지형, 발효 방식이 얼마나 맛에 큰 영향을 미치는지 체감하게 된다.

맹해는 운남성 서남부 지대에 위치해 있으며 기온과 습도의 조건이 숙차 발효에 딱 맞아떨어지는 곳으로 알려져 있다. 숙차가 제대로 숙성되려면 일정한 습도와 온도를 유지하면서도 공기가 너무 탁하거나 건조하지 않아야 한다. 맹해는 이러한 조건을 비교적 안정적으로 갖추고 있어서, 숙차 제조 공정에서 자주 활용되어 왔다. 그래서 맹해를 일컬어 '숙차의 고향'이라고 부르는 이들이 적지 않다. 물론 맹해에서도 생차가 나오지 않는 것은 아니지만, 전통적으로 숙차가 주류를 이루고 시장에서도 맹해산 숙차가 가장 많이 유통된다. 이 지역을 처음 방문하면 공기 중에 섞여 있는 흙 내음과 발효 특유의 구수한 향이 후각을 살짝 자극해 온다. 특히 큰 브랜드 공장부터 소규모 전통 농가까지 다양한 규모의 생산자들이 한데 모여 있어 지역 전체가 말 그대로 '보이차 산업의 한 축'을 담당하고 있다는 느낌을 준다.

맹해 숙차의 특징을 한마디로 정리하면, 쌉싸름한 맛과 달콤함, 흙

냄새가 고루 어우러진 묵직한 풍미가 아닐까 한다. 차를 우리기 전 건조 상태의 찻잎을 살펴보면, 짙은 갈색 혹은 흙빛에 가깝게 보이는데, 이는 이미 발효 과정을 거친 결과다. 한데 물을 부어 우려내면, 탕색이 어둡고 진한 적갈색 혹은 흑갈색으로 표현되기도 한다. 마시자마자 은근히 단맛이 피어오르지만, 그 뒤를 따라 진한 흙 내음과 쓴맛이 올라온다. 사람마다 편차가 있겠지만, 대부분은 이 과정을 "부드럽게 입안을 감싸는 느낌"으로 묘사한다. 떫고 쓴맛이 긴 여운을 남기기보다는 비교적 빠르게 녹아들어 달콤함이 이어지고, 흙 향이 부드럽게 깔린다. 그래서 숙차를 처음 접하는 사람들도 크게 거부감 없이 접근하기 쉽다. 맹해 숙차가 대중에게 널리 사랑받는 이유 중 하나는 바로 이 편안한 마시기 쉬움이다.

맹해에서는 규모가 큰 차 공장을 방문해 볼 수 있는데, 이곳에 가면 발효에 쓰이는 대형 더미 혹은 '퇴적' 과정을 직접 눈으로 확인할 수 있다. 찻잎을 큰 무더기로 쌓아 놓고, 적정 습도와 온도를 유지해 주면서 발효시키는 것이다. 이때 미생물 활동이 활발하게 일어나 찻잎의 성분이 분해 및 재구성되며, 떫고 쓴맛이 줄어드는 대신 구수하고 진한 맛이 형성된다. 발효가 마무리되면 찻잎을 건조시키고, 이를 원료로 다양한 형태의 숙차 제품이 만들어진다. 지푸라기가 깔린 바닥 위에서 작업이 진행되기도 하고, 큰 콘크리트 바닥 위에서 전문 장비로 습도를 조절하는 경우도 있다. 그 광경은 일종의 '공예'에 가까워 차를 사랑하는 이들에게는 무척 흥미로운 체험이 된다.

맹해 숙차는 발효를 거친 뒤에도 시간이 지남에 따라 맛이 조금씩 변해 간다. 비록 생차처럼 장기 숙성이 핵심은 아니지만, 보관 연도가 오래될수록 향이 더욱 깔끔해지고 부드러워지는 특징이 있다. 그래서 막 만든 숙차보다는 몇 해 이상 잘 보관한 숙차를 선호하는 이들도 많다. 차를 오래 즐겨온 사람들은 '새 숙차'에서 느껴지는 미묘한 발효취가 시간이 지날수록 점차 사라져 차가 좀 더 맑고 편안하게 변한다고 말한다. 특히 맹해 숙차는 원재료가 되는 잎의 질도 좋고, 발효 기술이 오랫동안 축적되어 왔기 때문에 오래될수록 가치를 인정받는 경우가 흔하다. 그러다 보니 어느 시점이 되면 경매 시장에서 맹해 지역의 '빈티지 숙차'가 꽤 높은 가격에 거래되는 일도 종종 벌어진다.

불해는 맹해와는 사뭇 다른 개성을 띠고 있다. 가벼운 향과 산뜻한 맛을 가진 생차가 유명하다는 점이 가장 큰 차이점이다. 불해산 보이차를 우려 마시면, 처음엔 풀 내음이 도드라지고 뒤이어 과일 혹은 꽃을 연상케 하는 상큼함이 입안을 맴돈다. 생차 특유의 떫은맛이 있긴 하지만, 그 강도가 너무 세지 않아 초보자들도 쉽게 적응할 수 있다. 어떤 이들은 불해 차를 두고 '봄날 아침 같은 신선함'이라고 표현하기도 한다. 그런 이유 때문인지 불해 생차는 특히 더운 날씨에 얼음을 살짝 띄워 차갑게 마셔도 그 맛이 무척 괜찮다고 알려져 있다. 혹은 차게 식힌 뒤에 물처럼 마셔도 차 고유의 은은한 향이 목을 시원하게 타고 내려가 스트레스를 덜어 준다.

불해의 이러한 산뜻한 풍미는 지역의 기후와 땅의 특성에서 기인한다고 볼 수 있다. 맹해보다 해발이 조금 낮은 곳도 있고, 상대적으로 햇살이 고루 닿으면서도 습기가 지나치게 높은 편이 아니라는 말도 있다. 또 일부 구간은 운남성 특유의 계단식 차밭이 잘 조성되어 있어 적절한 일조량과 온도를 유지한다. 게다가 불해에서는 전통적인 생차 제조 방식을 비교적 충실히 지키는 농가들이 많다. 즉, 딴 잎을 급속하게 가열 처리해 산화를 멈추고, 살짝 덖어 햇볕에 말리는 과정을 거쳐 차가 비교적 신선함을 그대로 간직하도록 한다. 사람에 따라선 "불해산 차를 마시면 혀끝이 살짝 간질간질하게 느껴지고, 코끝에는 연녹색의 풋풋함이 남는다"고 묘사하기도 한다.

맹해와 불해가 이렇게 선명한 대조를 이루다 보니 두 지역의 차를 함께 시음하면서 보이차 세계의 스펙트럼을 체감하는 사람도 많아졌다. 예를 들어 맹해 숙차를 마시다가 곧바로 불해 생차를 맛보면, 앞서 느꼈던 묵직함과 달콤함이 단숨에 상쾌한 풀 내음으로 전환되는 독특한 기분을 경험할 수 있다. 반대로 불해 생차에서 시작해 맹해 숙차로 넘어가면, 가벼운 청량감 위에 깊은 흙 내음과 단맛이 더해져 미각의 층위가 한층 확장되는 느낌을 받게 된다. 맹해와 불해는 서로 완전히 다른 차를 만들어 내는 듯 보이지만, 이렇듯 상호 보완적인 매력을 가지고 보이차 시장을 풍부하게 만들어 준다.

현지에서도 맹해나 불해 어느 한쪽만 고집하는 사람도 있지만, 대개는 용도나 기호에 따라 자유롭게 골라 마시는 편이다. 예컨대, 기름진 음식을 먹고 난 뒤엔 맹해 숙차가 속을 편안하게 달래 주는 느낌이 있어서 좋다고들 말한다. 쌉싸름한 맛이 기름기를 조금 눌러 주고, 발효차의 따뜻한 기운이 몸을 덥힌다고 믿기 때문이다. 반면 더운 낮 시간에 갈증을 해소하거나, 땀을 많이 흘렸을 때 상쾌하게 목을 축이고 싶다면 불해 생차를 찾는 경우가 많다. 떫으면서도 산뜻한 맛이 입안을 싹 정리해 주고, 몸에 축적된 열기를 내려주는 듯한 느낌을 준다고들 한다. 과학적으로 보면 실제로 차에 들어 있는 카테킨과 카페인 등이 이러한 기분을 형성하는 데 일조한다.

맹해와 불해가 모두 대중적 접근성이 좋은 산지라는 점도 눈여겨볼 만하다. 라오반장 같은 특정 지역에 비해 지명도는 덜할 수 있으나 그만큼 부담 없는 가격대부터 시작해 고급 라인까지 다양한 상품이 존재한다. 맹해 쪽은 워낙 오랫동안 차 시장의 한 축을 담당해 왔기에 대형 브랜드의 공장이 많고 전국 혹은 해외로 수출되는 물량도 상당하다. 불해 쪽도 최근에는 브랜드화한 움직임이 점점 늘어나고 있어 제대로 된 불해 생차를 정식 유통 경로로 접할 기회가 늘었다. 보이차 초심자에게 특히 유리한 점은 가격과 맛이 무난한 제품을 먼저 시험해 볼 수 있다는 것이다. 마찬가지 이유로 전문 애호가들은 "맹해와 불해에서 어떤 차를 골라야 할지 고민된다면, 우선은 대중적인 라인업부터 시도해 보라"고 권한다. 입문자들이 부담 없이 마실 수 있는 맛과 향이 마련되어 있기 때문이다.

이 두 지역에서는 지역 축제나 전통 행사가 열리는 경우도 있다. 맹해에서는 주로 숙차와 관련된 시음 행사나 생산 공정 견학 프로그램이 열리는 반면, 불해에서는 생차의 맛을 살린 요리나 디저트를 선보이는 이벤트가 열리기도 한다. 각각의 특산물을 활용해 문화·관광 프로그램으로 연계하는 모습도 볼 수 있다. 이는 운남성 지역 전체가 차 문화를 통해 부가 가치를 창출하려는 노력과 맞닿아 있다. 마을 단위에서도 소규모 로스터리나 제다 체험 공간을 만들어 외지인들을 맞이하고, 그 과정을 체험할 수 있게 돕는다. 차 한 잔을 넘어 지역 문화와 일상, 더 나아가 주민들의 생계 기반까지 다양하게 연결되어 있다는 사실을 직접 느낄 수 있는 좋은 기회다.

맹해와 불해는 기후 조건과 토양, 해발고도가 조금씩 달라 각각의 차가 가진 개성이 명확하게 드러난다. 하지만 두 지역 모두 운남성 특유의 비옥한 토양과 숲이 어우러진 차밭 환경이라는 공통점을 지니고 있어 기본적으로 차 맛이 깔끔하고 성분이 풍부하다. 중요한 건 어떤 방식으로 발효하고, 숙성하고, 제다 과정을 거치느냐에 따라 맛의 방향이 달라진다는 점이다. 맹해에서 주로 '진하고 깊은 숙차'가 발달했다면, 불해에서는 '신선하고 가벼운 생차'가 다수다. 그러나 최근에는 맹해에서도 생차가 일부 생산되고, 불해에서도 숙차를 시도해 보는 농가가 생기는 등 지역 간 경계가 완벽하게 고정된 것은 아니다. 그렇지만 맹해와 불해가 대표하는 전통적인 이미지와 맛의 방향성은 여전히 많은 이들에게 향유되고 있다.

실제로 두 지역의 차를 함께 구매해 놓고 날씨나 기분에 따라 번갈아 마시는 사람들도 적지 않다. 차는 단순히 목마름을 해소하는 음료가 아니라 상황과 컨디션에 따라 다른 느낌을 주기 때문이다. 아침에 숙차 한 잔으로 부드럽게 속을 달래고 싶다면 맹해 쪽 제품을, 오후나 저녁 무렵 조금 더 상큼하고 청량한 기분을 내고 싶다면 불해 생차를 꺼내 마시는 식이다. 혹은 반대로, 속을 따뜻하게 데워 줘야 할 밤에는 맹해, 낮 시간의 갈증 해소에는 불해를 택하기도 한다. 이런 식으로 맹해와 불해는 하나의 차 문화권 안에서 상호 보완적으로 기능하며, 더 많은 사람에게 보이차를 친근하게 소개하는 다리 역할도 수행한다.

대조적인 두 지역이 시너지 효과를 내고 있다는 점은 보이차 시장에도 긍정적인 영향을 미친다. 맹해의 명성에 끌려 숙차를 찾던 사람이 우연히 불해 생차를 접하고서는 다시 새로운 세계에 발을 들이는 사례가 많다. 반대로 싱그러운 생차를 마시기 좋아하던 애호가가 어느 날 문득 무겁고 진한 숙차를 시도했다가 그 매력에 푹 빠져 버리는 일도 흔하다. 두 산지는 경쟁 관계라기보다는 보이차 시장을 함께 키워나가고 저변을 넓히는 협력자 혹은 파트너에 가깝다. 이처럼 운남성의 차 문화가 한데 어우러져 성장하고 있다는 것은 차애호가들뿐만 아니라 지역 주민들에게도 고무적인 일이다. 차가 잘 팔려야 경제가 돌아가고, 전통문화도 유지될 수 있기 때문이다.

이렇듯 맹해와 불해는 대조적이면서도 묘하게 닮아 있는 점이 많다. 차를 만드는 이들의 정신은 크게 다르지 않다. 자연과 조화를 이루어야 차 맛이 극대화된다는 것과 정직한 제다 방식을 통해 소비자에게 믿음과 맛을 선사해야 한다는 점에서 두 지역 모두 같은 지향점을 갖고 있다. 물론 기후와 지형, 발효 스타일의 차이로 최종 결과물에는 확연한 개성이 부여되지만, 보이차가 궁극적으로 자연·시간·인간의 합작품이라는 인식은 동일하다. 또한, 예부터 차마고도를 통해 연결되어 온 경제·문화적 교류가 맹해와 불해 주민들에게도 긍정적인 유산으로 남았다. 역사가 깊은 차 무역은 현대에도 지역 발전을 지속시키는 동력이 되고 있다.

사람에 따라선 맹해와 불해 중 어느 곳을 더 좋아할지 취향이 갈리기도 한다. 진하면서도 편안한 기분을 원한다면 맹해 쪽이 적합하고, 맑고 청량한 인상을 선호한다면 불해 쪽이 맞을 것이다. 하지만 꼭 둘 중 하나만 골라야 할 필요는 없다. 오히려 교차해서 시음해 보면 '색다른 조합'이 주는 묘미가 배가된다. 가령 식사 후 맹해 숙차로 입안을 깔끔히 정돈했다가 후식으로 불해 생차를 작게 우려서 마시면 상쾌함이 더해진다. 또는 반대로, 불해 차로 오후를 보내다가 밤에는 깊은 숙차를 마셔 그 여운을 곱씹을 수도 있다. 그런 식으로 하루를 두 가지 차 향으로 꽉 채운다면, 보이차의 무궁무진한 세계가 한층 실감나게 다가온다.

맹해와 불해, 이 두 지역의 이야기는 결과적으로 보이차가 얼마나 다양한 모습으로 존재할 수 있는지를 잘 보여준다. 운남성이라는 거대한 지역 안에서도, 미묘한 지리·기후 차이와 가공 방식을 통해 이렇게 상반된 맛과 향을 창조해 낸다는 사실이 경이롭다. 그리고 그 차이를 기반으로 한 풍요로운 스펙트럼이 오늘날 보이차가 중국을 넘어 전 세계의 차 애호가들에게 사랑받도록 이끌고 있다. 사실 보이차에 입문한 사람들이 흔히 "보이차는 다 똑같은 맛 아니냐"고 질문할 때, 가장 효과적인 답변 중 하나가 바로 "맹해와 불해 차를 직접 비교 시음해 보라"는 것이다. 한 모금씩 번갈아 마시다 보면, 같은 큰 틀의 보이차 안에서 이렇게나 다른 개성과 매력을 꽃피울 수 있음을 금세 깨닫게 된다.

맹해와 불해는 보이차 세계가 지닌 대조적이면서도 상호 보완적인 면모를 대표한다. 한쪽이 지나치게 강조되었다면 보이차라는 장르는 지금처럼 폭넓은 지지를 얻지 못했을 수도 있다. 하지만 어딘가에선 깊고 무겁게 숙성된 차가 나오고, 또 다른 곳에선 신선하고 섬세한 생차가 피어오르는 덕분에 보이차는 음료로서나 문화로서나 훨씬 다채로운 빛을 발하게 되었다. 바로 그 다채로움이 세계 곳곳의 차인들을 사로잡고 있다. 운남성의 수많은 산지 가운데 맹해와 불해는 이런 '풍미의 양극'을 잘 보여주는 상징적 공간이다.

오늘날 이 두 지역을 찾는 여행자들은 각각의 매력을 체험하며, 차 문화가 도시를 넘어 산골 깊숙이 어떻게 전파되고, 또 지역민에게 어떤 가치를 가져다주는지 목격한다. 맹해에서는 숙차 공장의 커다란 발효 더미를 눈앞에서 보고, 농가에 들러 차밭에 반쯤 파묻힌 듯 자라는 차나무들을 구경할 수도 있다. 이와 달리 불해에서는 생차 특유의 프레시함을 다양한 방식으로 활용하는 법을 배우고, 때로는 지역 축제에 참여해 전통 민요나 춤을 감상하며 차로 예우를 받기도 한다. 그렇게 서로 다른 표정의 산지에서 사람들은 한 잔의 차 속에 깃든 기후와 환경, 문화의 차이를 온몸으로 느끼게 된다.

　이처럼 맹해와 불해는 그 뚜렷한 대조로 인해 각각 독립적인 색깔을 지니고 있으면서도 동시에 한데 엮였을 때 '보이차 문화'가 완성되는 양 날개의 축과도 같다. 두 산지를 오가며 시음하는 과정은 보이차 세계의 폭과 깊이를 이해하는 최적의 방법이 된다. 이들이 서로 다른 길을 걷고 있는 것처럼 보여도, 운남성이라는 큰 테두리 안에서 자연·인간·시간이 함께 빚어내는 예술의 다양한 결을 함께 표현해 내고 있는 것이다. 강렬하면서도 편안한 맹해 숙차, 그리고 새벽 공기처럼 상큼한 불해 생차. 이 둘 사이를 자유롭게 넘나들면서, 보이차가 품은 역사와 맛, 문화를 찬찬히 음미해 보면, 하나의 차 안에 정말 무궁무진한 이야기가 녹아 있다는 사실이 새삼 감탄스럽게 다가온다.

제7장
가짜 보이차의 세계

1. 폭발적 수요와 희소성의 아이러니

보이차는 '시간이 만든 예술'로서 빈티지 차 시장에서 높은 가격을 형성하며 폭발적인 수요를 불러일으켰습니다. 그러나 수백 년 된 고수차나 장기 숙성된 고급 보이차는 생산량이 제한적이기 때문에 수요 공급의 불균형이 심화되고, 이 틈을 노린 가짜 보이차가 시장을 교란시키고 있습니다.

보이차 시장을 처음 접했을 때 가장 놀라웠던 점은 생각보다 훨씬 많은 돈이 오간다는 사실이었다. 단순히 찻잎 몇 덩이를 사고파는 일에서 벗어나 빈티지 보이차 한 덩이가 수백만 원을 넘어 수천만 원에까지 거래되는 모습을 보면서 과연 이게 '차'의 가격이 맞는가 하는 의구심이 들 정도였다. 실제로 오래된 고수차, 특히 100년 이상 된 나무에서 채엽한 잎으로 만든 차들은 상상조차 하기 힘든 고가에 팔리는 사례가 적지 않았다. 소위 '보이차가 예술'이라 불리는 이유도 이러한 면모와 무관하지 않았다. 풍미와 향이 예술에 가깝다거나, 오래된 차를 귀하게 여기고 숭배한다는 의미가 아니라, 오히려 그 가격이 미술품이나 예술품처럼 천정부지로 치솟았다는 데서 비롯된 농담 섞인 표현이라는 생각도 들었다.

그런데 이처럼 시장이 뜨거워진 배경을 들여다보면 의외로 간단하면서도 복합적인 요인이 뒤섞여 있었다. 먼저 보이차 특유의 '시간이 만든 예술'이라는 이미지가 큰 몫을 했다. 곰곰이 생각해 보면, 대부분 차는 수확해 가공하면 그 즉시 최상의 맛을 내거나, 아니면 수년 내에 마시는 게 일반적이었다. 반면 보이차는 뒤로 갈수록 즉, 수년 내지 수십 년을 숙성해 갈수록 점점 맛과 향이 깊어진다. 이 '장기 숙성'의 개념은 보이차를 단순히 음식물로 보기보다는 시간이 흐를수록 가치가 상승하는 '투자 대상'이나 '수집품'처럼 바라보도록 만드는 문화적 기반이 되었다. 이러한 특징은 자연스레 빈티지 개념으로 이어졌다. 10년, 20년, 혹은 30년 이상 묵은 보이차는 시장에서 더욱 희소하고 귀하게 취급되었고, 그 결과 가격이 치솟는 현상이 발생했다.

특히 중국 내에서 경제가 빠르게 성장하던 시기에 부유층과 중산층이 급격히 늘어나면서 새로운 투자나 취미를 찾기 시작했다. 주식이나 부동산 외에 다른 대체 재테크 수단으로 미술품, 골동품, 수석, 심지어 희귀 도자기 등 갖가지 분야에 대한 관심이 폭증했다. 이러한 트렌드와 맞물려 차 문화 또한 새로운 국면을 맞이했다. 전통문화에 대한 애정이 높아지면서 차 문화가 주목받았고, 특히 그중에서도 '숙성될수록 가치가 올라간다'는 보이차가 급부상했다. 고급 보이차가 중국 내부에서 엄청나게 소비되고, 또 투기 수단으로까지 여겨지면서 수요가 폭발적으로 증가하게 된 것이다. 말 그대로 '마시기 위한 차'에서 '투자하는 차'로 성격이 변해 가는 과정이었다.

이처럼 투기적 성격이 강해지면, 대개 가격 거품이 생겨나는 건 당연한 수순이었다. 실제로 한동안 보이차 가격이 폭등하면서 중국 최대 차 생산지인 운남성의 차농가와 차상들은 물론이고 차를 유통하던 상인들도 갑작스러운 호황을 맞았다. 오늘 팔면 내일은 더 오를까, 혹은 지금 이 순간이 가장 비싼 시점인가 하는 기대와 불안이 뒤섞인 상황에서 보이차에 대한 수요가 끊임없이 증폭된 셈이다. '시간이 곧 돈'이라는 말이 자연스럽게 적용되는 세계였고, 보이차를 잘 보관하기만 해도 나중에 수십 배로 가격이 뛴다는 소문이 돌았다. 진짜 그런 일이 실제로 벌어지기도 했다. 예를 들어 명성이 높은 특정 브랜드의 옛날 생산 차가 보관 창고에서 다량 발견되면, 컬렉터들이 득달같이 달려들어 순식간에 사들였고, 이후 수십 배로 값을 매겨 재판매했다는 일화가 자주 들렸다.

이렇게 시장이 뜨거워지다 보니 어느 순간부터는 실제로 차를 좋아하고 차를 음미하는 사람들보다, 오직 시세 차익을 노리는 이들이 훨씬 많아졌다고도 한다. 차 문화 애호가들은 "차를 마셔보지도 않고 차를 사고판다"는 농담을 할 정도로 투기 열풍이 거세졌다. 그러다 보니 희소성은 더욱 부각되었고, 특별한 산지의 소량 생산 차나 오래 숙성된 빈티지 차는 그 가치가 한층 더 치솟았다. 모두가 한정된 생산량을 놓고 다투기 때문에 가격은 부르는 게 값이 되었다. 이른바 '차 한 덩이에 집 한 채'라는 과장된 표현이 나올 정도였다. 실제로 유명한 지역의 몇몇 고수차는 정말로 자동차 한 대 값, 혹은 그 이상으로 거래되어 차 애호가들을 놀라게 했다.

이런 상황이 지속되다 보면 자연스럽게 등장하는 것이 바로 가짜 보이차였다. 수요가 넘쳐나는데 공급은 한정적이니 반드시 빈틈이 생기기 마련이었다. 희소성이야말로 보이차 가치의 핵심이기에 이를 악용해서 가짜를 만들어내는 이들도 늘어났다. 여기서 말하는 가짜는 단순히 산지 표기를 속이거나 수령을 부풀리는 수준을 넘어 완전히 다른 품질의 차를 유명 브랜드의 포장지로 감싸 파는 경우도 포함된다. 실제로 도심의 차 상점 거리를 돌아다니다 보면, 온갖 브랜드 로고가 찍힌 차들이 질서 정연하게 진열되어 있지만, 그중 진짜가 얼마나 될지는 아무도 장담 못 한다는 우스갯소리가 있을 정도였다. 그것이 바로 '폭발적 수요와 희소성의 아이러니'가 만들어낸 부작용이었다.

　희소성은 가치 상승의 중요한 요인이 되지만, 동시에 시장을 혼탁하게 만들기도 한다. 보이차가 바로 그런 사례 중 하나였다. 제한된 지역, 제한된 생산량, 장기 숙성을 위한 창고 시설과 보관 노력 등이 결합되어 원래도 쉽게 대량 생산될 수 없는 품목이었는데 수요가 기하급수적으로 늘어나면서 품귀 현상이 벌어지기 쉬웠다. 게다가 숙성이라는 개념 자체가 마치 "묵으면 묵을수록 가치가 오른다"라는 환상을 심어주는 경우가 있어 제대로 된 차인지 구분하지 못한 채 묵혔다가 별다른 풍미 변화 없이 상해 버리는 사례도 종종 발생했다. 허술한 보관 때문에 곰팡이가 제대로 관리되지 않거나, 찻잎이 썩어버리면 도리어 독이 될 수도 있는데도 일단 오래됐다는 이유만으로 고가에 거래되는 상황이 벌어지기도 했다.

　이런 사례도 있다. 운남성의 어느 차 상인이 낡은 창고를 보여주며 "이곳에서 10년은 묵힌 차"라고 자랑했다. 하지만 창고 한쪽 벽은 습기가 제대로 배출되지 않아 곰팡이 냄새가 심했고, 차 포장지 일부는 이미 짓무른 자국이 있었다. 그럼에도 해당 상인은 "묵으면 묵을수록 좋은 차"라고 호언장담하며 엄청난 가격을 부르곤 했다. 과연 진심으로 차를 음미하는 사람이라면 선뜻 그 차를 좋은 차로 평가할 수 있을까 의문이 들었다. 그런데도 시장에서는 "오래 숙성되었다"는 말을 듣고 비싼 값을 치르는 구매자들이 존재했고, 그들은 대개 실제로 차를 뜯어 마시기보다는, 투자 목적으로 재판매할 기회를 노리는 경우가 많았다.

폭발적 수요가 불러온 '희소성의 아이러니'는 두 가지 측면에서 나타났다. 첫째, 진짜 고품질 보이차가 정말로 귀해졌다는 점이다. 산지의 생산량에는 한계가 있고, 고수차라고 불리는 노령 차나무는 마구잡이로 늘어날 수 없는데, 시장이 요구하는 양은 도무지 줄어들 기미가 없었다. 산지에서 찻잎을 채집하는 시기가 한정되어 있는 것도 문제였다. 비가 오면 잎이 잘 자라고, 햇빛이 강하면 잎의 성분이 어떻게 바뀐다든지, 자연의 리듬에 따라 생산량이 들쑥날쑥할 수밖에 없다. 그러나 시장은 '더 많이, 더 빠르게' 보이차를 원했다. 두 번째 측면은 그 희소성을 충족시키지 못하니 허위 정보나 가짜 상품이 넘쳐났다는 것이다. 예를 들어 원래는 어린 대수차의 잎으로 만든 차를 고수차로 위장하거나, 특정 브랜드의 포장지를 인쇄해 끼워팔거나, 심지어 찻잎에 색소를 칠해 오래된 느낌을 주기도 했다. 이러한 행태는 일반 소비자들을 혼란에 빠뜨리고, 결국 전체 보이차 시장에 대한 신뢰를 떨어뜨렸다.

한편으로는 명성과 자본이 결합해 대규모 공장이 생기거나, 명문 브랜드들이 재정비를 시작하면서 어느 정도의 질서가 생기기도 했다. 고유의 인증마크나 정품 스티커, QR코드 등을 도입해 브랜드 차원에서 가짜를 걸러내고, 재고 관리와 유통 과정을 투명하게 운영하려는 시도도 있었다. 하지만 이러한 노력도 폭발적인 시장 수요를 전부 감당하기에는 역부족이었다. 특히 인터넷과 모바일 쇼핑이 발달하면서 소규모 개인 거래까지 무수히 이루어지게 되었고, 가짜와 진짜가 뒤섞인 온라인 시장은 또 다른 혼탁을 불러일으켰다. 온라인상에서 '30년 묵은 보이차 특가'라며 유혹하는 광고를 보고 덜컥 구매했다가 실물을 받아보니 겨우 1~2년 숙성된 차였다는 식의 사례는 차 애호가들 사이에서 숱하게 전해지는 이야기다.

그렇다고 해서 보이차 시장 전체가 부정적인 면만 있는 것은 아니다. 폭발적 수요와 희소성은 아이러니하게도 보이차를 전 세계에 알리는 데 큰 기여를 했다. 예컨대 "차에 관심 없던 사람들도 보이차 가격이 엄청나다는 사실을 듣고 호기심을 가지게 됐다"는 말이 있을 정도로 보이차가 일종의 화제성 아이템으로 주목받게 된 것이다. 이 과정에서 '보이차는 무조건 비싸다'라는 잘못된 인식이 생기는 부작용도 있었지만, 동시에 합리적인 가격대에서 맛과 품질을 겸비한 보이차를 찾으려는 이들도 꾸준히 늘어났다. 결과적으로 보이차 전문 매장이 도처에 생겨났고, 관련 지식이나 정보를 공유하는 커뮤니티가 활성화되면서 차 문화 전체가 한 단계 도약하는 계기가 되었던 셈이다.

다만 시장에서 가격이 과열되면 결국 하락기나 조정기가 오기 마련이다. 보이차도 그런 과정을 거쳤다. 가장 뜨거웠던 시기에 비정상적으로 치솟았던 가격들은 어느 순간 갑작스럽게 꺾였고, 시세 차익을 기대했던 투자자들은 큰 손해를 입었다. 그 와중에도 진짜 차 애호가들은 느긋한 태도로 "결국 차는 마시는 것"이라며 과도한 투기 바람이 잦아들기만을 기다렸다. 실제로 '보이차 버블'이라 불릴 정도로 가격이 폭등했다가 하락한 시기를 경험한 사람들은 그때를 겪으며 보이차에 대한 태도가 훨씬 성숙해졌다는 이야기를 하곤 했다. 즉, 보이차가 극단적인 투기 대상이 아니라, 결국 마시고 즐기면서 차 문화 속에서 가치를 발견해야 한다는 교훈을 얻었다는 것이다.

하지만 한번 덩치가 커진 시장은 쉽게 줄어들지 않는다. 보이차가 여전히 고급 차의 대명사로 자리 잡고 있고, 세계 각지에 수출되는 양이 늘어나면서 운남성에서 생산되는 보이차의 가격도 일정 수준 이상을 유지하고 있다. 폭발적 수요가 잦아들었다 해도 이미 커져 버린 인프라와 브랜드 가치, 전 세계에 퍼져 있는 차 애호가들의 관심이 보이차를 계속해서 부양하고 있다는 인상을 받았다. 이는 궁극적으로 좋은 차를 공급하는 생산자에게는 긍정적이겠지만, 소비자 입장에서는 '과도한 가격'과 '가짜 위험'이라는 이중고를 감수해야 한다는 현실도 함께 남았다.

이러한 상황을 지켜보면, 결국 보이차 시장에서 가장 중요한 화두는 '진정한 가치와 진정한 희소성'이 무엇인가 하는 물음으로 귀결되는 듯하다. 진짜 좋은 고수차, 잘 숙성된 빈티지 차는 애초부터 희소하기 마련이다. 그것이 시장에 풀리면 제한된 물량을 놓고 경쟁이 벌어질 수밖에 없다. 이를 자연스러운 문화 현상으로 볼 수도 있지만, 지나친 투기가 개입하면 그 본연의 문화적·음미적 가치는 퇴색되고, '돈놀이'에만 몰두하게 된다. 그리고 이 틈에서 가짜 차가 기승을 부리거나, 이름값만 앞세운 허울뿐인 상품이 난무하는 부작용이 발생한다. 따라서 폭발적 수요와 희소성이라는 두 요소가 만나는 지점이 바로 보이차 시장의 아이러니가 가장 극명하게 드러나는 곳이라고 할 수 있다.

이런 면모는 차 농부 사이에서 느껴지는 일이다. 농부들은 어렵던 시절부터 차밭을 지켜 왔고, 부유층이 몰려들면서 대규모 시설이 들어서는 것을 보아왔다. 예전에는 그냥 소소하게 차를 따서 팔았는데, 어느 날부턴가 중간 상인들이 "이거 더 비싸게 팔릴 수 있으니, 조금만 더 숙성시켜 달라"고 요구하는 일이 잦아졌다. 그러면서 "지금은 뭐가 진짜고 뭐가 가짜인지 잘 모르겠다. 내가 딴 찻잎이 어떤 브랜드로 포장돼서, 어디서 어떤 값으로 팔리는지도 알 수 없는 일이 됐다"고 농부들은 이야기한다. 그저 오랫동안 고수차를 지켜 왔다는 자부심이 있는데, 누구는 이를 몇 배로 띄워서 되팔고, 또 누군가는 가짜를 섞어 팔기도 한다는 소문을 들을 때마다 씁쓸함을 감추지 못한다.

보이차가 시장에서 폭발적인 수요를 얻게 되면서 현지 생산자부터 최종 소비자까지 모두가 '희소성'이라는 자산을 어떻게 바라봐야 하는가가 중요한 과제로 떠올랐다. 희소성을 제대로 보존하고 전승하려면 윤리적이고 투명한 유통이 필수적이며, 동시에 적정 수준의 재배와 생산, 합리적인 가격 형성을 위한 관리가 이뤄져야 한다는 목소리도 나오고 있다. 그러나 이는 간단한 일이 아니다. 보이차는 이미 하나의 거대한 산업 생태계를 형성했으며, 그 안에는 전통과 문화, 투기와 자본, 명성에 대한 갈망, 그리고 일확천금을 꿈꾸는 욕망이 서로 뒤엉켜 있다. 따라서 이 아이러니를 완전히 해소하기는 쉽지 않을 것이다.

그렇지만 한 가지 분명한 점은 그 모든 혼란과 부조리에도 불구하고 보이차가 지닌 가치는 여전히 살아 있다는 사실이다. 진짜 고품질 보이차는 시간을 갈수록 깊어지는 풍미와 향을 선사하며, 차 애호가들에게는 그 자체로 큰 행복을 준다. 단순히 금전적 가치로 환산할 수 없는, 문화적·예술적·인간적 가치가 분명히 존재한다. 문제는 그것을 '차를 좋아하는 사람들'만이 알아보고, 투자 혹은 투기를 목적으로 접근하는 사람들은 그저 표면적인 희소성과 미래의 시세만을 본다는 데에 있다. 그래서 어쩌면 이 폭발적 수요와 희소성 사이의 아이러니야말로 보이차 시장이 앞으로도 오래도록 안고 갈 숙제인지도 모른다.

　길거리를 걸으며 보이차를 파는 상점들이 즐비한 차시장 거리를 볼 때마다 화려한 포장지와 현란한 마케팅 문구가 눈길을 사로잡는다. 중국어로 적힌 '진귀한 30년 숙차 특별가' 같은 문구가 붙은 가게 앞에, 관광객과 수집가, 전문상인들이 뒤섞여 발걸음을 멈춘다. 일부는 진지한 표정으로 찻잎을 살피고 향을 맡지만, 또 어떤 이들은 대충 몇 덩이씩 구매한 뒤 부피를 대략 계산해 트렁크에 욱여넣는다. 이 모습을 보며 '과연 이들은 이 차를 나중에 직접 마셔볼까, 아니면 어디선가 높은 가격을 받으며 되팔기 위한 것일까'라는 생각이 든다. 물론 둘 다 가능할 것이고, 또 그게 보이차가 가진 독특한 운명이기도 하다.

　그러나 폭발적 수요와 희소성이 만들어 낸 이 아이러니는 종종 씁쓸함을 자아낸다. 분명히 마시고 즐겨야 할 차가 때로는 돈의 흐름과 묶여 본질이 흐려지는 듯한 느낌이 들기 때문이다. 누군가는 이 흐름을 '자연스러운 진화'라고 할 수도 있겠으나, 어쩌면 차가 가진 고유의 서정성이 자본 논리에 압도당하는 모습으로 비칠 수도 있다. 실제로 현지 농부들이 고수차를 보호하기 위해 애쓰는 동안 도시의 투자자들은 그것을 몇 배로 부풀려 포장하지만, 그 농부들에게 공정한 이익이 돌아가는가는 또 다른 문제다. 이런 복잡한 상황을 생각해 보면, 보이차라는 차 한 잔 안에 담긴 맛과 향뿐 아니라, 수많은 인간의 욕망과 가치관이 함께 녹아 있다는 사실을 절감하게 된다.

　폭발적 수요와 희소성이라는 두 축은 보이차를 둘러싼 문화와 산업을 동시에 견인하는 원동력이자, 동시에 가장 큰 리스크이기도 하다. 그리고 역설적이게도, 그 아이러니함이 보이차 시장을 더욱 뜨겁고 다이나믹하게 만들었다. 이 아이러니가 매우 현실적이고 생생하게 작동하고 있다는 사실이 안타깝다. 지금도 어딘가에서는 진귀한 차를 낙찰받으려는 사람들의 치열한 경쟁이 벌어지고 있을 것이다. 다른 한편에서는 차마고도 인근의 조그마한 농가에서 조용히 찻잎을 딸 준비를 하는 이들이 있을 것이다. 그리고 이 둘을 이어 주는 매개체가 바로 보이차다.

그렇다면 해답은 무엇일까. 완벽한 해답이 있을 수는 없겠지만, 많은 차 애호가와 전문가들은 결국 '본질적 가치를 볼 줄 아는 안목'이 시장 내에 좀 더 퍼져야 한다고 말한다. 즉, 단순히 오래됐다고 해서 무조건 비싼 차가 아니라, 진짜로 품질이 뛰어나고 안전하게 잘 보관된 차인지, 그 차가 지닌 풍미와 배경이 제대로 증명되는지 확인할 필요가 있다는 것이다. 이것이 시장에 널리 자리 잡으면, 적어도 무분별한 가짜 상품이나 투기적 광풍은 줄어들 수 있지 않을까 기대해 본다. 물론 완전히 사라지지는 않을 것이다. 희소성이 존재하는 한, 그 희소성을 노리는 사람이 있기 마련이고, 그중 일부는 항상 편법을 시도하기 때문이다. 다만 보이차가 가진 문화적 가치를 이해하고, 실제로 마시는 즐거움을 소중히 여기는 인구가 늘어난다면, 지금보다는 조금 더 건강한 시장이 만들어질 가능성이 있다.

'폭발적 수요와 희소성의 아이러니'는 어찌 보면 단순한 경제 법칙에서 기인한 현상이라고 치부할 수도 있지만, 보이차가 수많은 사람들의 삶에 깊숙이 스며들어 있다는 점을 생각하면, 이 아이러니는 결코 가볍게 넘길 수 없는 문화적·사회적 문제이기도 하다. 전통적으로 보이차는 운남성의 토양과 기후, 소수민족의 삶이 오랜 세월 함께 어우러지며 꽃피운 결과물이었다. 또, 차마고도를 통해 티베트, 동남아시아, 내륙 지방을 이어 주던 역사적 가교 역할도 수행했다. 그 깊고 풍부한 이야기를 알고 나면 보이차를 단지 돈으로만 접근하기에는 마음 한편이 편치 않다. 맛과 향을 음미하며 그 속에 녹아 있는 자연과 인간의 숨결을 떠올리는 것이야말로 보이차의 진짜 묘미가 아닐까.

하지만 또 다른 한편으로는 이렇게 대중적 관심과 자본이 유입되면서 보이차에 대한 연구와 기술도 발전하고, 전 세계가 보이차를 즐길 수 있게 되었다는 긍정적인 면도 있다. 세계 각지의 박람회나 페스티벌에서 보이차가 소개되고, 외국인들도 '오래 숙성되는 흑차의 매력'을 접하게 됐다. 자본이 몰려들어 차밭과 공장이 현대화되면서 생산 효율이 올라가고, 보관 설비도 한결 좋아지게 되었다. '아이러니 속의 성장'이라고 할 수 있겠다. 소비자의 입장에서는 이런 복잡한 면을 모두 알고도 자신의 취향과 예산 범위 안에서 제대로 된 보이차를 즐길 줄 아는 지혜가 필요하다. 폭발적 수요와 희소성이라는 거대한 파도가 몰려왔다가 어느 정도 잦아든 상황에서 보이차 시장이 앞으로 어떻게 안정을 찾아갈지, 또 어떤 변화를 맞이할지는 누구도 단언하기 어렵다.

다만 확실한 것은 보이차라는 존재가 단순한 음료 이상의 의미를 지니게 되었다는 사실이다. 차 마니아, 투자자, 관광객, 현지 농민, 역사와 문화를 연구하는 이들까지 모두가 보이차라는 커다란 무대 위에서 저마다 다른 입장을 가지고 움직이고 있다. 누군가는 눈앞의 이익에 집중하고, 또 누군가는 전통을 지키며 정직하게 차를 생산하고, 어떤 이는 이를 바라보며 안타까워하기도 한다. 이런 복잡성이 바로 '폭발적 수요와 희소성의 아이러니'를 더욱 극적으로 만드는 원동력이다. 차 한 잔의 가치가 단순히 향과 맛, 효능에만 있는 것이 아니라, 그 뒤얽힌 문화와 사람들의 이야기 속에 깃들어 있다는 점이야말로 보이차가 던지는 커다란 메시지일 것이다. 그리고 이 메시지는 앞으로도 계속해서 새롭게 해석되고, 사람들의 마음을 움직일 것임이 분명하다.

2. 가짜 보이차의 유형

① 브랜드 라벨 위조: 유명 브랜드의 로고와 패키지를 도용해 저품질 찻잎을 포장하는 경우
② 산지·수령 허위 표기: 고수차나 특정 명산지 보이차로 위장해 판매
③ 숙성 연도 조작: 새 찻잎을 오래된 차처럼 속여 높은 가격에 판매

보이차 시장을 돌아다니다 보면 한눈에도 알 수 있을 정도로 다양한 브랜드와 산지, 제조 연도가 표기된 차들이 즐비하다. 그런데도 정작 이 차들이 어디에서, 언제, 어떤 나무에서 채엽된 잎으로 만들어졌는지 정확히 아는 이는 드물다. 겉으로 봐선 그럴듯한 포장과 라벨로 진짜인 것 같지만, 실상은 가짜 보이차인 경우가 많다는 이야기를 듣고 나면 한

껏 부풀었던 기대감이 순식간에 꺾이기도 한다. 가짜 상품은 어디서나 생겨나지만, 보이차는 발효와 숙성이라는 특수한 과정을 거치고, 시간이 지날수록 가치가 오르는 빈티지 개념이 형성되어 있어서인지, 가짜로 인한 문제가 더 심각하게 느껴진다. 이러한 가짜 보이차는 크게 세 가지 유형으로 나뉜다고들 한다. 첫째는 '브랜드 라벨 위조', 둘째는 '산지·수령 허위 표기', 그리고 마지막으로 '숙성 연도 조작'이다. 각각 어떤 식으로 이루어지는지, 이 문제가 왜 보이차 시장에 악영향을 끼치는지 살펴보면, 보이차 세계의 이면에서 벌어지는 허위와 진실의 다툼이 얼마나 복잡한지 절감하게 된다.

처음으로 접한 가짜 유형은 '브랜드 라벨 위조'다. 여행을 하면서 차 거리가 조성된 곤명 시내를 둘러본 적이 있었다. 한 거리에는 무수히 많은 차 상점들이 줄지어 영업 중이었고, 어떤 가게는 외부에서 보기에도 유명 브랜드 로고가 크게 걸린 간판을 내걸고 있었다. 들어가 보니 바로 이름만 들으면 알 법한 대형 브랜드의 포장지가 벽에 빼곡히 진열되어 있다. 그런데 조금 더 자세히 살펴보면 이들이 과연 정품인지 의문이 들만한 구석도 있었다. 가격도 의외로 지나치게 쌌고, 상자나 포장재의 인쇄 상태가 약간 흐릿하거나, 정품 로고에 비해 색깔이 조금 어긋난 것들도 간혹 있었다.

이를 방지하기 위해 보이차 업계는 유명한 몇몇 브랜드들은 포장재나 홀로그램 스티커, 특수 각인 같은 보안 장치를 부착해 가짜를 막으려 노력한다. 그러나 가짜 제조자들도 해마다 더 정교한 기술을 동원해 진짜와 똑같아 보이는 포장지를 찍어낸다. 하물며 일부는 정품 생산라인과 연계되거나, 거기서 일하던 직원들을 매수해 정품 포장지를 빼돌리기도 한다는 소문이 있었다. 이렇게 만들어진 '위조 브랜드 보이차'는 일반인이 보기에 거의 구분하기 어렵고, 심지어 오랫동안 보이차를 접해온 사람들도 한눈에 알아보기 쉽지 않다고 한다. 찻잎 상태를 살펴보고 우렸을 때의 향과 맛을 비교해 보면 어느 정도 감이 오지만, 시장에 새로 유입된 소비자나 외국인 관광객들은 쉽게 속는다.

이 문제의 가장 큰 골칫거리는 유명 브랜드가 쌓아온 명성에 기대어 아무 질 낮은 찻잎이라도 포장만 잘하면 고가에 팔 수 있다는 데 있다. 실제로 마트나 온라인 쇼핑몰에선 '정품 OO 보이차 할인 판매!' 식으로 광고하는 제품이 널리고 널렸는데, 그중엔 정식 인증을 받지 않은 가짜 라벨이 무더기로 사용된 사례가 보고되기도 했다. 브랜드 라벨 위조는 단순한 소비자 기만을 넘어 진짜 정품 브랜드와 생산 농가들의 신뢰를 심각하게 흔든다. 브랜드 측에서는 부정한 시장 교란 행위를 막기 위해 다양한 대비책을 내놓지만, 위조 기술 또한 끊임없이 발전하니 실질적인 해결이 쉽지 않다.

두 번째로 흔히 거론되는 유형은 '산지·수령 허위 표기'다. 보이차에서 '산지'는 사실상 모든 품질과 개성을 좌우하는 핵심 정보다. 예를 들어 이우산, 라오반장, 맹해, 징마이산 등 운남성 각 산지마다 독특한 향과 맛의 차를 생산하는데, 지역 이름만으로도 가격대가 확 달라진다. 거기에 '고수차'(古樹茶), 즉 수백 년 이상 된 차나무에서 딴 잎으로 만든 차라면 값어치가 더욱 높아진다. 수령이 길수록 나무뿌리가 깊이 박혀 토양의 다양한 영양분을 흡수해 독특하고 복합적인 풍미가 만들어지기 때문이다. 자연스럽게도 '이 차는 200년 된 나무에서 땄다' 같은 문구가 붙으면 시장에서 고가로 거래된다.

하지만 실제로는 대수차(大樹茶)나 심지어 어린 차나무에서 채엽한 잎을 가져다 잘 알려진 명산지의 이름을 슬쩍 붙이거나, '수령 300년' 같은 허무맹랑한 거짓 정보를 적어 광고하는 행태가 있다고 한다. 이를 검증하기가 일반인에게는 거의 불가능하다. 차 맛에 대한 해박한 지식이 없으면 구분하기 어렵고, 심지어 전문가들도 100년짜리 나무인지 300년짜리 나무인지 딱 부러지게 감별하기 쉽지 않다. 그만큼 유전자 검사나 토양 분석 같은 전문적이고 복잡한 절차가 필요하기 때문이다. 물론 일부 검사 기관이나 연구실에서 생산지를 추적하고 수령을 유추할 수 있는 기술을 갖추고 있지만, 그 비용이나 시간, 행정적 절차가 만만치 않아 실제로 시장에서 활발히 쓰이지 않는다.

그 결과 조금만 검색해 봐도 "이건 라오반장 고수차다, 500년 된 나무에서 딴 잎을 숙성했다" 같은 광고를 달고 파는 업체가 등장한다. 소비자들은 "어디 믿을 만한 평판을 찾을 방법이 없을까" 고민하지만 막상 가게 주인들은 워낙 말을 그럴듯하게 하니 분별이 힘들다. 생김새나 향을 보고 대략 짐작할 수 있다는 고수들의 의견도 있지만, 역시 그건 오랜 경험이 필요한 영역이다. 산지와 수령을 허위로 표기해 고가에 판매하는 이러한 가짜 행태는 특히 운남성 현지 농민들과 정직하게 사업하는 차상들을 곤란하게 만든다. 실제로 고수차를 일궈온 농민들이 '정말로 몇백 년 된 나무'에서 딴 잎을 적정 가격에 팔고 싶어도 이미 시장에 가짜 정보가 난무하니 소비자들이 의심의 눈초리를 거두지 못한다. 결과적으로 진짜 고수차의 가치도 퇴색되고, 거짓을 섞어 파는 이들만 배를 불리는 악순환이 생겨난다.

세 번째 유형은 '숙성 연도 조작'이다. 보이차에서 '연도'는 숙성 기간을 의미하며, 흔히 'O년산', '△△년도 생산', '◆년 숙성' 등의 표기가 붙는다. 이 연도가 길어질수록 차의 가격이 올라가는 경향이 있다. 실제로 오래 숙성된 보이차는 미생물 발효나 생화학적 변화가 일어나면서 초기의 떫은맛이 사라지고, 달콤하고 부드러운 풍미가 강조되는 경우가 많다. 그래서 오래된 차일수록 귀하게 평가받는 전통이 생겨났고, 빈티지 개념이 자리 잡아 중고 거래 시장까지 형성되었다.

　문제는 이를 악용해 실제로는 불과 1~2년밖에 안 된 차를 '10년 숙성', '15년 숙성' 같은 과장된 라벨을 붙여서 내놓는 경우가 있다는 것이다. 혹은 일정 기간 가속 발효를 거쳤지만, 이를 정통 숙성으로 둔갑시키기도 한다. 심지어 찻잎을 일부러 고온다습한 환경에 일시적으로 방치해 색과 향을 인위적으로 '오래된 느낌'으로 바꾸는 편법도 쓰인다. 그렇게 만든 차는 표면적으로는 오래 묵힌 것처럼 보여도 실제 마셔보면 밸런스가 무너지거나 불쾌한 곰팡이 냄새가 나는 등 진짜 숙성과는 거리가 멀다. 그럼에도 '오랜 숙성'이라는 이미지를 앞세워 비싼 값을 매긴다.

　현장에서 가짜 연도 표기를 발견했을 때는 패키지에 아예 '1990년대 생산'이라는 문구가 박혀 있는데, 정작 브랜드 공식 기록이나 공장 생산 이력을 확인해 보면 전혀 맞지 않는 경우가 있다고 한다. 또는 브랜드 로고는 그럴듯하지만, 해당 브랜드가 "우리는 그 시기에 이런 레시피를 내놓은 적이 없다"고 밝히면 만천하에 드러나는 것이다. 그러나 소비자는 대부분 그런 사실 확인 절차를 밟지 않으므로 판매자는 눈치 보지 않고 '옛 차'라고 주장하며 높은 가격을 요구한다. 거기에 혹해 구매한 사람은 차를 우려 마셔보고서야 "뭔가 이상하다"고 느끼거나, 혹은 직접 마시지도 않고 단순 투자를 위해 보관만 하다가 몇 년 뒤 되팔려 할 때에야 비로소 가짜임을 알게 되기도 한다.

이렇듯 브랜드 라벨 위조, 산지·수령 허위 표기, 숙성 연도 조작은 서로 별개의 문제 같지만, 결국 한데 뭉쳐 소비자를 속이는 통로가 된다. 예를 들어 '이우산 고수차를 15년간 숙성한 보이차'라며 유명 브랜드 로고를 박아 파는 경우가 대표적이다. 사실은 그 어떤 것도 진실이 아닐 수 있음에도 불구하고, 단 한 번 사기를 치고 잠적해 버리거나, 온라인에서만 판매하다가 계정만 없애면 그만이라는 식으로 악질적인 방식이 성행한다. 특히 인터넷과 모바일 쇼핑 시장이 급성장하면서, 신분을 숨기고 얼마든지 가짜를 팔 수 있는 길이 열려 버렸다. 국내든 중국 내든, 중고 거래 플랫폼에서도 슬쩍 '희귀 명산지 보이차'를 올려놓으면 차에 관심이 많은 사람들은 언젠가 한 번쯤은 호기심에 혹할 수밖에 없다.

이 문제는 단순히 소비자가 피해를 보는 데 그치지 않는다. 가짜 보이차가 넘쳐나면, 전체 시장에 대한 신뢰가 떨어지고, 장기적으로는 차에 대한 긍정적 이미지를 훼손한다. 정직한 생산자와 브랜드가 애써 품질 관리를 해도 소비자들이 "혹시 이것도 가짜 아닐까" 하는 의심을 거두지 못한다면 판로가 제대로 열리지 않는다. 운남성 현지 농민들 입장에선 더욱 억울하다. 가족 대대로 이어온 고수차 밭을 지키며 고생스럽게 찻잎을 채엽하고, 전통 방식을 고수해 제대로 발효·숙성했음에도 가짜가 넘쳐나니 제대로 된 값을 받지 못하는 상황이 벌어지기도 한다. 더욱이 시장이 혼탁해지면, 재정적으로 여유가 있는 대형 자본만이 살아남고, 소규모 전통 농가들은 도태될 위험이 크다.

이런 문제를 해결하기 위해, 몇몇 브랜드나 협회 차원에서 QR코드, NFC 태그, 홀로그램 스티커, 블록체인 기반 인증 시스템 등 첨단 기술을 적극 도입하고 있다. 예컨대 소비자가 차를 구매하면 스마트폰으로 QR코드를 스캔해 생산 이력, 산지 정보, 제조 일자, 브랜드 공식 인증 여부 등을 확인할 수 있게 하는 식이다. 그러나 이런 기술이 완벽한 해답은 아니다. 이를 우회해서 또 다른 방식으로 위조물을 만들어 내는 사례가 생기기 때문이다. 또한, 생산지가 분산되어 있고, 작은 마을과 농가마다 차를 만들 수 있는 구조라 전체 유통 과정을 100% 일원화하기 어려운 현실도 발목을 잡는다.

가짜 보이차 문제는 '돈이 되는 곳에 부정이 몰린다'는 경제 논리의 전형적인 사례다. 보이차는 시간을 거치면서 가치가 상승하는 특수성과, 중국 차 문화에서 차지하는 상징성, 글로벌 시장의 확대 등이 결합해 엄청난 부가가치를 만들어낸다. 게다가 명산지와 고수차, 숙성 연도라는 항목이 존재해 '희소성'과 '빈티지' 이미지를 강화한다. 이러한 시장 구조가 만들어낸 과열과 부작용이 바로 가짜의 범람이다. 누구도 완벽한 솔루션을 제시하지 못하는 상황에서 소비자들은 스스로 정보를 학습하고, 신뢰할 만한 채널이나 브랜드를 골라 구매하는 노력을 기울여야 한다. 물론 이것도 쉽지 않다. 처음 보이차에 입문한 초보자는 도대체 어디서부터 무엇을 확인해야 할지 막막해하기 때문이다.

그렇다면 실제로 가짜 보이차를 식별하는 데 도움이 되는 힌트는 무엇일까. 일반적으로 언급되는 팁으로는, 일단 '너무 과한 홍보 문구'나 '지나치게 싼 가격'을 의심하라는 것이 있다. 고수차, 유명 산지, 오래된 빈티지라는 세 박자를 두루 갖췄는데도 가격이 유독 저렴하다면,

의심해보는 것이 좋다. 또한, 정품 인증을 제공하는 브랜드 제품이라면 패키지에 부착된 정품 스티커나 QR코드를 꼼꼼히 확인하고, 가능한 한 직접 시음해 보고 향과 맛을 체험하는 과정이 필요하다. 가짜 차는 짧은 숙성으로 인위적 흙내나 곰팡이 내음이 강하고, 차 맛이 밋밋하거나 인공향이 나는 경우가 많다고 한다. 물론 이것도 어느 정도 차를 마셔본 경험이 있어야 분간할 수 있는 부분이다. 그래도 적어도 "정말 이 차가 어디서 생산됐고, 언제 만들어졌으며, 유통 과정은 어땠나"를 추적하고 확인하려는 태도가 중요하다고 할 수 있다.

이렇듯 가짜 보이차는 '브랜드 라벨 위조', '산지·수령 허위 표기', '숙성 연도 조작'이라는 세 가지 유형을 중심으로 널리 퍼져 있고, 이들은 서로 결합해 더욱 교묘한 방식으로 소비자를 속인다. 겉보기엔 그럴듯해 보이지만, 알면 알수록 시장 내부가 얼마나 혼탁한지 느껴진다. 그렇다고 해서 모든 곳이 사기꾼이라는 의미는 아니다. 실제로는 정직하게 장인정신을 지키며 고품질 보이차를 만들어내는 농가나 브랜드도 많다. 다만 이런 혼돈 속에서 자신의 가치를 지키며 살아남기 위해선 생산자와 소비자 양쪽 모두가 더 많은 정보를 공유하고, 투명성을 높이려는 노력이 필수다. 일부 산지에서는 '고수차 보호구역'으로 지정해 허가받은 농민만 채엽할 수 있도록 관리하거나, 지리적 표시제를 활용해 '진짜 이우산', '진짜 라오반장'임을 공인하는 시도를 하기도 한다. 이러한 제도와 기술, 소비자들의 판단력이 어우러져야만 가짜 보이차로 인한 피해를 줄이고, 제대로 된 차 문화를 이어갈 수 있을 것이다.

가짜 보이차 문제는 단순한 사기나 위조 사건을 넘어 보이차가 지닌 문화적·경제적 가치가 얼마나 크고 복합적인지를 보여주는 단면이다. 시간이 만들어 낸 독특한 숙성의 미학, 산지마다 다른 자연조건과 소수민족 전통의 조화, 현대인들의 투자·소비 욕구가 결합해 보이차 시장이 부풀어오르는 사이, 그 빈틈을 노린 가짜 차가 서슴없이 퍼져 나갔다. 이는 소비자들에게도 '싸고 좋은 차'를 찾고 싶은 마음과 '진짜 명품 보이차'를 갖고 싶은 허영심을 동시에 자극한다. 누구도 피해자가 되고 싶어 하지 않지만, 눈앞의 이익과 그럴듯한 광고에 속아 넘어가는 일은 늘 일어나기 마련이다. 요컨대, 보이차를 사랑하고 오래도록 즐기려는 이라면, 가짜를 피하기 위해 부단히 공부하고, 믿을 수 있는 경로를 통해 구매하며, 찻잎과 향을 직접 마주할 때 주의 깊게 살피는 습관이 필요하다.

사실 차는 거짓말하지 않는다. 진짜 좋은 차는 직접 마셔보면 다르다. 문제는 그 차를 마셔보기 전에 이미 포장과 라벨에 현혹되어 구매를 결정하는 사람들이 너무 많다는 것이다. 가만히 생각해 보면, 이는 보이차라는 문화가 단지 상품이 아니라, 마셔보고 느끼는 과정에서 정직한 풍미로 답해줄 수 있는 예술적 요소를 지닌다는 의미이기도 하다. 가짜가 판을 치는 혼탁한 상황에서도 결국 시간을 들여 차에 대한 감각을 기르고, 그것을 실제로 음미할 때 비로소 무엇이 진짜인지 알게 될 것이다.

가짜는 어디에나 존재한다. 그러나 보이차가 지닌 깊은 매력을 진심으로 즐기고자 하는 사람이라면, 결국 그 가짜의 벽을 넘어서는 힘을 얻게 될 것이다. 문제는 그 과정에서 불필요한 경제적 손해와 정신적 충격을 받지 않도록 스스로 조심해야 한다. 또한, 업계와 정부, 협회, 브랜드 등이 함께 투명성을 높이기 위해 노력해야 한다. '브랜드 라벨 위조',

'산지·수령 허위 표기', '숙성 연도 조작'이라는 이 세 가지 유형은 여러 형태로 변주되어 앞으로도 시장을 교란하겠지만, 그저 울분을 터뜨리기보다는, 조금씩이라도 개선책을 마련하는 방향으로 나아가야 한다. 그래야 정직하게 차를 만드는 이들이 제대로 인정받고, 진정한 보이차를 찾으려는 이들이 실망하지 않는 보다 건강한 보이차 문화가 지속될 수 있을 것이다.

3. 가짜 보이차 식별법

① 라벨·포장 검증: 브랜드 정품 인증마크, QR코드, NFC 태그 등의 진위 여부 확인
② 찻잎 상태 확인: 고른 색상·조직, 너무 파손된 잎이나 이물질이 없는지 검사
③ 시음: 가짜는 맛이 단조롭거나 인위적인 향이 강함. 정품은 균형 잡힌 쌉쌀함과 달콤함, 긴 여운을 지님

    가짜 보이차가 시장에 넘쳐나는 상황에서 제대로 된 진품을 구별하기 위한 식별법은 보이차 애호가들이나 초심자들에게 필수적인 지식이 되었다. 특히 보이차는 장기 숙성과 발효 과정을 거치면서 시간이 지날수록 가치가 높아지고 맛과 향이 달라지는 특성이 있어 빈티지 차로서 수집되거나 투자 대상이 되기도 한다. 이러한 가치와 명성을 노린 가짜 제품이 기승을 부리고 있으니 이를 식별하지 못하면 큰 경제적 손실뿐 아니라 건강 문제까지 초래할 수 있다. 가짜 차에 첨가되는 화학물질이나 불법 발효 과정에서 발생하는 독성 때문에 몸에 해를 입을 가능성이 있는 것이다. 따라서 소비자 입장에서는 보이차를 구매하거나 시음하기 전에 기본적인 지식과 감별 능력을 갖출 필요가 있다. 가짜 보이차를 식별하는 방법에는 여러 요소가 있지만, 핵심적으로 거론되는 세 가지를 꼽으면 라벨과 포장 검증, 찻잎 상태 확인, 그리고 시음을 통한 맛과 향의 판별이다.

라벨이나 포장 검증은 가장 직접적이면서도 간단한 첫 단계다. 유명 브랜드일수록 정품 인증마크나 QR코드, NFC 태그 등 첨단 기술을 도입해 제품의 진위를 판별하는 데 도움을 주려고 한다. 그러나 가짜 생산자들도 이러한 시스템을 모방하거나 위조하는 기술을 빠르게 따라간다. 예를 들어, 유명 브랜드가 사용하는 정품 인증마크를 그대로 복제하거나, QR코드 스티커를 위조해 찍어 놓는 경우가 흔히 발생한다. 그래서 겉으로 보기엔 똑같아 보여도 실제로 해당 QR코드를 스캔해 보면 제대로 된 브랜드 웹사이트로 연결되지 않거나, 연결이 되더라도 진품 확인 서버에 등록되지 않은 경우가 있을 수 있다. 물론 이런 위조 수법이 교묘해져 아주 정교하게 복제된 스티커를 붙여 놓고, 스캔 시 보이차 브랜드 사이트와 유사하게 꾸며진 가짜 웹페이지로 이동시키는 치밀한 사례도 있다. 이런 상황을 피하기 위해서는 브랜드에서 안내하는 공식 앱이나 홈페이지를 통해 정품 여부를 직접 확인해 보는 게 좋다. 단순히 스캔으로 끝내지 말고, 브랜드가 제공하는 고유 인증번호와 연동되는 시스템이 확실한지, 소비자가 직접 입력해 확인할 수 있는 절차가 있는지 살펴봐야 한다.

포장지 재질이나 인쇄 품질도 검증의 요소가 될 수 있다. 정품을 생산하는 유명 브랜드들은 보통 비교적 고급스러운 인쇄 기법과 종이 재질을 사용하며, 일부는 포장지 안쪽에 숨겨진 특수 문양이나 홀로그램을 넣어둔다. 또한, 제품 라벨에는 차의 생산 연도, 산지, 무게, 생산 정보 등이 체계적으로 기재되어 있으며, 품질 검사 표기가 별도로 붙는 경우도 많다. 가짜 보이차의 경우 이런 디테일에서 허술함이 드러나기 쉽다. 인쇄 상태가 흐릿하거나, 폰트 배열이 어색하고, 로고 위치가 맞지 않거나, 라벨에 기재된 정보가 중구난방이거나, 날짜 표현 형식이 실제 브랜드가 사용하는 표준과 맞지 않는 식이다. 물론 정교하게 위조되는 사례도 존재하지만, 그래도 세심한 관찰로 조금이라도 이상한 부분이 감지된다면 의심해 보는 것이 바람직하다. 단순히 '고수차' '특등급' 같은 문구만 부각되고, 정작 생산지나 차창(茶廠) 이름이 명료하지 않거나, 브랜드 공식 로고가 아닌 비슷하게 생긴 로고를 쓰는 식의 기만 사례도 흔히 볼 수 있다.

포장과 라벨을 일차적으로 확인했다면, 다음은 찻잎 상태를 살펴보는 단계다. 찻잎은 보이차의 품질을 직접 보여주는 지표이자 가짜 여부를 판별할 수 있는 중요한 근거가 된다. 정품 보이차의 찻잎은 일정하게 선별된 것이 특징이고, 색상과 조직이 비교적 고르게 잘 정돈되어 있다. 예를 들어 생차(生茶)라면 비교적 연둣빛에서 갈색빛으로 자연스럽게 변해가는 잎의 톤을 볼 수 있고, 숙차(熟茶)라면 짙은 갈색에서 적갈색, 혹은 흑갈색 사이를 띠면서도 윤기가 은은하게 감돈다. 지나치게 새까만 색이거나, 반대로 너무 밝게 염색한 듯한 느낌이 난다면 인위적 처리를 의심해 볼 필요가 있다. 또 잎의 가장자리가 심하게 찢어지거나, 본래 찻잎과 무관한 잡초나 가지 같은 것이 섞여 있다면 품질 관리가 제대로 이루어지지 않았을 가능성이 크다. 실제 고수차 등을 표방하면서 도저히 믿기 어려운 수준의 파손이나 불순물이 발견되는 사례도 많은데, 이는 그대로 가짜의 증거가 될 수 있다.

잎의 향과 질감을 체크하는 것도 잊지 않아야 한다. 굳이 우려내지 않고, 마른 잎 상태에서 코를 가까이 대보면, 보이차 특유의 은은한 풀 향, 발효 냄새, 혹은 달콤함이 배어 나오는 것이 정품의 특징이다. 생차라면 상큼하면서도 약간의 꽃향과 녹차스럽게 쌉싸래한 기운을 느낄 수 있다. 숙차라면 구수한 흙내음과 함께 숙성미가 깔려 있다. 반면 가짜 보이차, 특히 인공 발효나 염색 등 무리한 처리를 거친 경우에는 곰팡이 냄새가 심하게 풍기거나, 화학 약품 같은 금속성 냄새 혹은 너무 진한 향신료 냄새가 감돌기도 한다. 또한, 잎을 손으로 살짝 만져봤을 때 지나치게 축축하거나, 반대로 너무 푸석푸석해 먼지가 날리는 수준이라면 제작 과정에서 위생이나 품질 관리가 소홀했을 수 있으니 의심해야 한다. 특히 흙내음이 아닌 곰팡이 쪽으로 치우친 쾌쾌함이나 코를 찌르는 듯한 발효취가 거북하게 느껴진다면, 정상적인 자연 숙성이 아니라 인위적인 가열·가습을 과하게 적용했을 확률이 높다.

찻잎의 외관과 향을 확인했다면, 결정적으로 시음을 통해 맛을 보는 과정이 중요하다. 보이차는 맛을 한 번에 단정 짓기보다 여러 번 우려 마시는 과정에서 변화무쌍한 풍미를 체크해 보는 것이 좋다. 생차의 경우 첫 우림(洗茶)을 빼고 두 번째, 세 번째 우림에서 차 고유의 맛이 본격적으로 드러난다. 이때 입안에서 느껴지는 쌉싸래함이나 떫은맛이 지나치게 강하면서 끝까지 부드러워지지 않는다면 저품질 생잎을 썼을 가능성이 있고, 반대로 맛이 너무 단조롭고 물처럼 싱겁게 느껴진다면 장시간 수확 시기나 염색으로 인한 맛 손실을 의심해야 한다. 고수차 생차를 제대로 발효·건조한 뒤 숙성한 제품은 처음에 살짝 거친 떫은맛이 느껴지더라도 금세 미묘하고 복합적인 단맛이 올라오고, 목 뒤쪽으로 부드러운 감칠맛이 감돈다. 가짜 생차는 이 과정을 재현하기가 쉽지 않다. 또한, 세 번, 네 번 우려도 맛이 쉽게 날아가 버리거나, 반대로 처음부터 강렬한 합성 향이 나는 차들은 반드시 경계해야 한다.

숙차의 경우 시음 시 특유의 흙내음과 진득한 단맛, 구수함이 감미롭게 어우러져야 한다. 정품 숙차는 마실수록 입안에서 달큰한 느낌이 배어 나오며, 조금 지난 뒤에는 묵직하면서도 깔끔한 뒷맛이 남는다. 그러나 가짜 숙차는 이 과정을 급속으로 만들기 위해 발효를 무리하게 진행하거나, 심지어 갈색 염료나 카라멜 시럽 등을 더해 색을 짙게 만들기도 한다. 이럴 경우, 첫 모금부터 인위적인 단맛이 혀를 때리거나, 입안이 텁텁하게 마감되는 경향이 강하다. 또 자연 발효의 다채로운 향이 나타나지 않고, 향신료스러운 또는 약간 쓰레기 퇴비 같은 악취가 섞여 나오기도 한다. 이런 면에서 숙차를 제대로 즐길 줄 아는 사람들은 한두 모금이면 대략 이 차가 자연 발효 숙차인지, 아니면 무리한 조작을 거친 가짜 숙차인지 감을 잡을 수 있다.

시음은 향과 맛, 목넘김뿐 아니라 차의 색깔(탕색)도 관찰해야 한다. 일반적으로 생차는 색이 맑고 밝은 노란빛 내지 황금빛, 어느 정도 숙성된 생차는 연갈색이나 갈색에 가까운 색을 띤다. 숙차는 어두운 갈색이나 적갈색을 띠며, 진득해 보이면서도 너무 탁하지 않은 맑음을 유지한다. 가짜 차는 색깔이 극단적으로 검붉거나, 기이하게 뿌옇고 침전물이 잔뜩 생길 수 있다. 물론 숙차가 숙성 과정에서 약간 탁한 빛을 띨 수도 있지만, 그렇다 해도 마시는 도중에 침전물 덩어리가 크게 남는다든가, 차탕 표면에 기름막처럼 이상한 막이 뜨는 경우는 드물다. 이런 현상이 보인다면 불법 공정을 의심해보는 것이 맞다.

라벨·포장 검증, 찻잎 상태 확인, 시음의 세 단계를 거치는 동안, 혹시라도 이상한 점이 한두 개라도 감지된다면 마음속으로 경계심을 갖고 다른 정보를 더 찾아보는 게 현명하다. 예컨대 판매자가 '이건 진짜로 라오반장에서 온 차' '100년 넘은 고수차'라고 말해도 라벨에 산지 표기가 불분명하거나, 찻잎 상태가 설명과 다르다면 이미 앞뒤가 맞지 않는 것이다. 또한 '단 한 번도 공개된 적 없는 비밀 레시피로 만든 차' 같은 과장 홍보를 내세우거나 '현재 시중가의 절반도 안 되는 가격에 긴급 할인 판매한다'는 식의 급매를 유도한다면 가짜 보이차 가능성을 더욱 높게 의심해야 한다. 실제로 어느 정도 오랜 전통과 명성을 가진 차라면 손쉽게 '반값' 이하로 풀리는 경우가 거의 없으며, 단가가 형성되는 방식 자체가 수요와 희소성에 기반한다. 그러므로 지나치게 저렴한 가격이나 허무맹랑한 판매 스토리에 혹해 구매를 결정해서는 안 된다.

이때 주변 지인의 조언이나 인터넷 후기도 참고할 수 있지만, 가짜 업자들이 허위 후기를 조작하는 사례도 많으니 전적으로 믿기는 어렵다. 가능하면 본인이 직접 차를 우려보고 맛을 본 뒤 판단하는 것이 가장 좋다. 물론 온라인 주문으로 차를 구매해야 하는 경우도 있겠지만, 이왕이면 직거래나 오프라인 매장에서 간단히 시음할 기회를 얻어보자. 규모가 있는 차 전문 매장이나 신뢰할 만한 차 애호가 모임에서는 구매 전에 차를 우려 마시게 해 주는 경우가 많다. 이러한 시음 기회를 통해 "이 차가 정말 제대로 된 맛인지" 가늠할 수 있다. 혹은 적은 양의 샘플을 먼저 사보고, 집에서 직접 우려본 다음에 대량 구매를 결정하는 전략도 유효하다.

반대로, 판매자 측에서 시음을 극도로 꺼리거나, 제대로 된 설명 없이 "그냥 믿고 사라"고 강권한다면 가짜 가능성을 더 의심해야 한다. 정직한 보이차 업자는 보통 자신의 차에 대한 자부심이 있어 "맛을 보고 판단하라" "원한다면 조금 우려서 먹어보고 결정해도 된다" 같은 태도를 보이기 마련이다. 이를 거부하거나 탕색이나 맛을 볼 틈도 없이 대량 구매를 종용한다면 일단 피하는 것이 안전하다. 또, 이름만 들어도 알 수 있는 명산지(이우산, 라오반장 등)를 함부로 내세우면서 지나치게 저렴한 가격을 책정한다면, 아무리 포장과 라벨이 그럴듯해 보여도 거짓말일 확률이 높다. 예를 들어 실제 라오반장 고수차라고 하면 상당히 높은 가격대로 거래되는 게 일반적인데, 이를 '특가로 5분 안에 결제하면 90% 할인' 같은 조건으로 판다면 상식적으로 납득하기 어렵다.

가짜를 만들고 판매하는 업자들은 소비자들의 심리를 교묘히 파고든다. 보이차는 원래 복잡하고 정보가 제한되어 있다는 점을 악용해 초심자들이 선뜻 구별하기 어려운 틈새에 의도적으로 침투한다. 예를 들어 숙성 연도를 몇십 년 더 부풀려서 써 놓거나, 명산지와 전혀 무관한 저급 찻잎을 섞어 놓고도 라벨에 '특등급 고수차'라고 버젓이 표기하기도 한다. 게다가 최근엔 소셜 미디어를 통한 개인 간 거래도 늘어나면서 검증받지 않은 1인 판매자들이 인터넷 방송이나 사진, 동영상을 이용해 "이 차는 정말 대단한 효능을 지녔고, 오래된 차나무에서 땄다"고 홍보하며 비싼 값을 부르는 경우도 잦아졌다. 이 경우 구매자가 사후에 불만을 제기해도 판매자 신원이 모호하거나 이미 연락이 끊긴 상태여서 아무런 보상을 받지 못한다.

그렇다면 이런 가짜 문제를 근본적으로 해결할 방안은 없을까. 라벨·포장 검증, 찻잎 상태 확인, 시음으로 맛을 보는 것이 소비자 차원에서 할 수 있는 즉각적인 식별법이지만, 장기적으로는 정부와 브랜드 측의 노력, 그리고 소비자 교육이 함께 이뤄져야 한다. 지리적 표시제나 생산지 인증 시스템, 블록체인 기술을 활용한 제품 이력 추적 등이 이미 논의되고 있고, 일부 브랜드는 이를 적극 도입해 소비자들에게 신뢰를 주려 애쓰고 있다. 예를 들어 NFC 태그나 QR코드를 단순한 스티커 수준에서 넘어서 개별 제품마다 고유 코드가 있어 스캔 시 정확한 생산자 정보와 일련의 유통 과정이 나타나도록 한 사례도 있다. 브랜드 입장에서는 이 과정이 비용 부담이 되지만, 가짜 문제를 방치할 경우 발생하는 시장 신뢰도 하락이 더 큰 비용을 초래하기에 결국 이런 투명화 노력이 필수적이라는 인식이 확산되고 있다.

소비자 역시 보이차에 대한 관심과 호기심을 가지고, 시간과 정성을 들여 차 문화를 배우고 이해하려고 노력할 필요가 있다. 가짜를 판별하는 가장 좋은 방법 중 하나는 결국 "진짜 보이차를 많이 맛보고, 제대로 된 생산 과정을 숙지하는 것"이라는 말이 있다. 여러 산지나 브랜드의 차를 접하면서 각 차의 맛과 향이 어떻게 다른지, 숙성 연도나 발효 방식에 따라 어떤 차이가 나타나는지 경험을 쌓으면, 자연스럽게 가짜 특유의 어색함을 감지하게 된다. 또한, 차를 직접 우려내면서 찻잎이 우러나는 속도, 탕색의 변화, 향기의 발현 양상 등을 꼼꼼히 살피다 보면, 자연스러운 발효를 거친 차인지, 급조된 차인지 구분하는 안목이 조금씩 생긴다.

라벨·포장 검증, 찻잎 상태 확인, 시음이라는 세 단계는 서로 독립적인 절차가 아니다. 오히려 유기적으로 연결되어 한눈에 이 차가 진짜인지 가짜인지 확신이 들지 않을 때 각각 다른 관점에서 증거를 모으는 방식으로 활용된다. 예를 들어 라벨과 포장에 아무 문제가 없다고 해도 찻잎의 색감이나 향이 의심스럽다면 가짜일 수 있다. 반대로 찻잎 상태가 아무리 그럴듯해 보여도, 시음에서 인위적인 약품 맛이 감지된다면 정품이 아닐 가능성이 높다. 이렇듯 단 하나의 기준만으로는 식별이 어렵고, 여러 기준을 종합적으로 살펴야 최선의 결론에 도달할 수 있다. 물론 고수들이라면 "찌는 듯한 쓴맛이 지나치게 강하다가 금방 사라지는 건 가짜 발효의 특징" 같은 식으로 소위 '미각 테스트'만으로 빠르게 판별하기도 하지만, 그 경지에 오르기까지는 많은 시행착오와 경험이 축적되어야 한다.

가짜 보이차 문제가 비단 지금만의 일은 아니지만, 최근 보이차의 인기가 치솟고 해외 시장까지 확대되면서 그 규모와 수단이 점점 더 교묘해지고 있다는 점이 우려스럽다. 그렇기에 더욱 꼼꼼한 식별 노하우가 필요하고, 소비자들이 스스로를 보호하기 위해 적극적으로 지식을 축적해야 하는 시대가 되었다. 다행히 온라인상에 다양한 정보가 공유되고, 차 애호가 커뮤니티나 전문가들이 지속적으로 감정 노하우를 전수하고 있으므로 초심자들도 얼마든지 본인만의 학습을 통해 안전장치를 마련할 수 있다.

가짜 보이차 식별법은 보이차가 왜 특별한가라는 근본 질문에 대한 답을 찾는 과정과도 맞닿아 있다. 시간과 자연, 인간이 어우러져 빚어낸 차라는 점, 발효와 숙성을 통해 맛과 향이 끊임없이 변화하는 예술이라는 점이 보이차의 핵심 가치다. 가짜 보이차는 이 핵심 가치를 속여서 빠른 이윤을 얻기 위해 진정성을 희생한다. 그러나 이를 지켜보는 소비자들이 깨어 있고, 올바른 감별법을 갖추며, '차는 단순히 상품이 아니라 문화와 자연의 결정체'라는 철학을 공유한다면, 시장에서 가짜가 횡행하는 일을 어느 정도 억제할 수 있다.

정리하자면, 첫째로 라벨과 포장의 진위를 철저히 살펴보고, 정품 인증마크나 QR코드, NFC 태그 등을 실제로 검증해야 한다. 둘째로 찻잎 상태를 꼼꼼히 확인해 색상과 조직, 잡물질, 향기 등을 체크함으로써 품질과 자연스러운 발효 여부를 가늠한다. 셋째로 시음을 통해 맛과 향, 탕색, 목넘김, 여러 번 우렸을 때의 변화를 종합적으로 분석해 자연 발효 숙성에서 비롯된 복합적 풍미인지, 인위적 조작으로 만들어낸 억지스러운 맛인지 판별한다. 이 세 단계가 잘 갖춰져 있다면, 적어도 가장 위험한 가짜 보이차에 속아 넘어갈 확률을 크게 줄일 수 있다. 그리고 궁극적으로는, 보이차를 잘 아는 사람들이 늘어나고, 정확한 정보를 나누고 공유함으로써, 오래된 전통과 문화가 담긴 소중한 유산인 보이차가 제대로 빛을 발할 수 있는 건강한 시장이 형성될 수 있을 것이다.

제8장
차와 함께하는 라이프스타일

1. 시간과 자연, 그리고 인간이 만들어낸 유산

보이차가 가진 가장 큰 매력은 '시간이 만들어내는 예술'이라는 점입니다. 운남성의 고차나무 숲, 소수민족의 전통적 재배 방식, 발효·숙성에서 오는 맛의 변화는 운남성의 자연과 사람, 그리고 역사가 공존한 결과물입니다. 이러한 공존의 정신은 현대 사회가 고민하는 '지속 가능성'과 '윤리성', '문화적 다양성'이라는 가치를 아름답게 구현합니다. 보이차는 자연·전통·현대를 하나로 잇는 특별한 매개체입니다. 이 차를 통해 우리는 느리고 깊은 삶의 방식, 건강한 몸과 마음, 문화적 풍요로움을 동시에 누릴 수 있습니다. 가짜 문제를 넘어 윤리적·지속 가능한 시장을 구축한다면, 보이차는 전 세계 차 문화의 보석으로서 더욱 빛나게 될 것입니다.

보이차를 말할 때, 빠질 수 없는 핵심어 중 하나가 바로 시간이다. 흔히 차 문화 전반을 이야기할 때도 시간의 흐름이 중요한 요소로 거론되지만, 보이차만큼 시간과 긴밀하게 연결되어 있는 차도 흔치 않다. 운남성의 깊은 산속에서 수백, 혹은 수천 년 동안 뿌리를 내려온 고차나무는 세월과 함께 성장해 왔다. 그리고 인간은 이 나무에서 찻잎을 채취해 차를 만들고, 그것을 다시 오랫동안 발효·숙성하는 과정을 거치면서 새로운 생명력을 부여한다. 한 잔의 보이차가 우리 눈앞에 다다르기까지는 대를 이어 가며 축적된 자연의 선물과 그 속에서 살아온 사람들의 손길, 발효와 숙성이라는 시간 예술이 조화를 이룬 결과라 할 수 있다.

보이차가 가장 먼저 보여주는 가치는 자연에 대한 경외심이다. 흔히 말하듯이 운남성의 차나무 숲은 생태계의 보고(寶庫)와도 같다. 습도와 온도, 토양과 일조량 등 차나무가 자라기에 최적의 조건이 수천 년 동안 유지되어 왔고, 그 과정에서 이 땅은 사람들에게 보이차라는 특별한 유산을 선물했다. 더욱이 운남성 고산지대에 사는 소수민족들은 굳이 나무를 베거나 인공적인 관리를 하지 않고도 자연에 순응하며 살아가는 전통적인 방식을 지켜 왔다. 이들은 옛부터 고차나무와 함께 공존해 왔고, 덕분에 험준한 산세와 기후 속에서도 '고수차'라는 귀중한 자원이 지금까지 이어질 수 있었다. 그들은 차나무를 단순히 경제적 수단으로 보지 않고, 마을공동체의 일부로 존중하고 보호했다. 그래서 오늘날까지 수백 년 된 차나무가 울창하게 보존되어 있을 수 있었고, 거기에서 만들어지는 차들은 자연이 빚어낸 경이로움을 그대로 담아낸다.

이렇게 만들어진 차는 사람의 손을 타야 비로소 빛을 발한다. 보이차의 생산과정은 여러 단계를 거치는데 그중에서도 발효와 숙성 과정이 핵심이다. 즉, 단순히 찻잎을 따서 덖어내고 건조시키는 것에서 끝나는 것이 아니라, 살아 있는 미생물과 효소 작용을 통해 차가 더 깊은 맛과 향을 갖도록 꾸준히 변화시키는 것이다. 이러한 발효와 숙성은 '시간'이라는 요소가 필연적으로 개입할 수밖에 없다. 녹차처럼 빠르게 가공해 바로 마시는 것이 아니라, 세월의 흐름 속에서 어떤 화학적·생물학적 변화가 일어나는지를 기다려야 한다. 그것이 바로 보이차의 묘미이자, 시간을 예술로 바꿔 놓는 마법이다.

이때 등장하는 또 하나의 중요한 축이 '인간'이다. 아무리 좋은 자연환경에서 자라난 찻잎이라도 숙성 과정을 이끌어 줄 사람들의 노하우와 철학이 없다면 그 진가를 발휘하기 쉽지 않다. 보이차를 만드는 이들은 세월 속에서 축적된 전통 기술과 지역 특유의 기후 조건을 조합해 찻잎이 스스로 변해가는 시간을 지켜보고 조절한다. 때로는 통풍을 더 시키기도 하고, 적절한 습도를 맞추기 위해 발효창을 세심하게 관리하기도 한다. 이는 흡사 장인(匠人)이 하나의 예술 작품을 다루는 과정과도 비슷하다. 발효가 진행될수록 찻잎의 성분이 재배열되면서 미세한 맛의 스펙트럼이 확대되고, 향 또한 점차 부드러워지거나 깊은 묵직함을 얻게 된다. 그리고 이러한 세밀한 변화가 수십 년에 걸쳐 이어지면, 한 덩어리의 보이차 안에 시간과 인간의 정성이 녹아든 예술적 풍모가 완성된다.

보이차는 자연·시간·인간이 삼위일체가 되어 빚어낸 결과물이다. 이때 우리가 놓치지 말아야 할 점은 그 조화가 일회성으로 그치는 것이 아니라 끊임없이 다음 세대로 이어지며 축적된다는 사실이다. 차나무는 하루아침에 수백 살이 될 수 없고, 숙성 또한 짧은 기간에 이루어지지 않는다. 사람의 기술 역시 한 세대에 배워서 끝나는 것이 아니라 대대로 전승되면서 조금씩 개선되고 발전해 간다. 이러한 느린 축적의 과정을 보이차 한 덩어리가 고스란히 품고 있기에 그것을 마주하는 사람들은 시간의 깊이와 자연의 웅대함, 인간의 정성 어린 손길을 동시에 느낄 수 있다.

오늘날 사회가 점점 빠른 속도를 요구하고, 효율성과 즉각적인 결과를 강조하는 문화로 흘러가는 상황에서 보이차가 제시하는 '느린 시간'의 가치는 더욱 빛을 발한다. 보이차를 마시며 천천히 우러나는 과정을 지켜보고, 첫잔을 맛본 뒤에도 시간이 지남에 따라 다시 변해가는 맛의 미묘한 변화를 감상하는 것은 현대인에게 쉽지 않은 '느림의 철학'을 보여준다. 차를 마시는 이들은 그 순간만큼은 분주한 일상에서 벗어나 오롯이 찻잔 속에 집중하게 되고, 이는 명상에 가까운 치유의 작용을 한다. 그리하여 보이차가 가진 가장 큰 매력, 즉 '시간이 만들어내는 예술'은 우리 삶에서 결코 가볍지 않은 의미를 지닌다. 왜냐하면 현대인이 간절히 필요로 하는 마음의 여유, 환경과 생태에 대한 성찰, 전통이 지닌 가치가 모두 이 작은 찻잎에 압축되어 있기 때문이다.

운남성 곳곳에서 만날 수 있는 고차나무 숲은 자연과 인간이 오래도록 함께 엮어 온 삶의 자취를 상징한다. 이 숲을 지탱하는 것은 풍부한 생물 다양성, 적절한 기후와 토양, 무엇보다도 지역 주민들의 전통적 재배 방식이다. 사실 차나무 숲을 돈이 되는 자원으로만 본다면, 단기 수익을 위해 무분별하게 벌목하거나 대량의 화학비료·농약을 투입해 단기간에 생산량을 늘리려는 유혹이 생길 수 있다. 하지만 그렇게 해서는 결코 '시간이 빚어낸 예술'의 가치를 이어 갈 수 없다. 화학비료나 농약은 단기적으로 생산량을 늘려 줄지 몰라도 장기적으로 토양과 생태계가 훼손되어 차밭의 질이 떨어지고 결국 보이차의 풍미나 숙성 잠재력도 그만큼 감소한다. 또한, 고수차가 지닌 역사적·생태학적 의미도 훼손된다.

그렇기에 운남성의 많은 소수민족과 전통 농부들은 차나무 숲을 지키는 일에 자부심을 갖고 있다. 화학물질 대신 자연적으로 자생하는 풀과 나무, 벌레와 조류가 어울리는 생태계를 최대한 유지하려 애쓰며, 이러한 방식이 자신들의 전통문화이자 후손에게 남겨 줄 유산이라고 믿는다. 이 점에서 보이차는 '지속 가능성'과 '윤리적 생산'이 무엇인지 가장 근본적으로 보여주는 사례가 된다. 자연을 해치지 않고도 경제적 가치를 창출할 수 있으며, 오히려 자연과의 조화를 통해 더 높은 가치를 인정받는다는 사실을 증명하기 때문이다.

보이차의 생산과 소비가 현대에 와서 폭발적으로 증가하면서 시장에서는 다양한 문제와 잡음이 발생했다. 특히 고수차라는 이름을 도용해 값싼 차를 고가로 판매하거나, 숙성 연도를 속여 막 만든 차를 오래된 빈티지처럼 속여 파는 등의 가짜 문제가 심각해졌다. 이러한 왜곡은 보이차가 애초부터 지닌 '시간과 자연, 인간이 함께 만든 가치'를 근본적으로 훼손한다. 정직한 농부와 브랜드가 애써 지켜 온 전통과 품질이 묵살되고, 소비자는 높은 가격을 치르고도 제대로 된 가치를 얻지 못한다. 그 결과 보이차 자체에 대한 불신이 생기고, 나아가 운남성의 소수민족 문화와 자연 생태계 보호 노력도 물거품이 될 위험이 있었다.

그러나 다행히도 최근에는 보이차 시장 전체가 윤리적·지속 가능한 방향으로 개선되려는 움직임을 보여준다. 브랜드들은 정품 인증 시스템을 강화하고, 가짜 보이차를 원천 차단하기 위한 블록체인 기반 추적 기술 등을 도입하고 있다. 정부나 관련 협회도 지리적 표시제를 통해 운남성 내 특정 지역에서 생산된 찻잎만이 정통 보이차로 인정받을 수 있도록 제도적 장치를 마련하고 있다. 이러한 제도적·기술적 장치가 구축되면서 어두운 불신의 그림자가 서서히 걷히고 있다. 동시에 농가들도 공정 무역을 실천하며, 소비자들에게 자신들의 생산 과정을 투명하게 공개함으로써 '정직한 차'에 대한 신뢰를 쌓아 가고 있다. 소비자들 역시 단순히 '비싸고 유명하니 좋다'라는 식의 사고에서 벗어나, 차의 산지와 재배 방식, 숙성 과정, 브랜드 철학을 꼼꼼히 확인하며 구매하는 문화가 형성되고 있다.

이렇듯 보이차가 가진 가치는 점차 원래의 빛을 되찾고 있다. 시간이 만들어 낸 예술로서의 면모가 다시 주목받고, 자연과 사람, 역사가 융합된 매개체로서 재평가되고 있는 것이다. 전 세계 차 애호가들은 "보이차야말로 삶의 깊이를 경험하게 해 주는 대표적인 차"라고 말한다. 한 모금 마실 때마다 차밭을 떠올리고, 험준한 차마고도를 오갔던 옛 상인들과 소수민족 마을 사람들의 삶을 상상하게 되고, 고수차의 굽은 나이테 속에서 스며 나온 인고의 세월을 느끼게 된다는 것이다.

바로 이런 공감이 "현대 사회가 고민하는 지속 가능성과 윤리성, 문화적 다양성을 아름답게 구현"한다는 의미와 연결된다. 보이차가 결코 빠르게 대량 생산되는 공산품이 아니라, 정직한 손길과 긴 시간을 필요로 하는 전통 산업이라는 점에서 그 생산 과정 자체가 지속 가능한 농업 모델의 표본이 될 수 있다. 또한, 여러 소수민족이 함께 유지해 온 문화유산이 담겨 있다는 점에서 현대 사회가 점점 상실해 가는 다양성과 공동체 정신을 되새기게 한다. 그리고 그 과정에서 개발과 보전의 조화를 자연스럽게 체득할 수 있다는 점이 보이차의 매력이다. 농약과 비료에 의존하지 않고도 훌륭한 품질을 유지하는 생태적 재배 방식, 소수민족 고유의 언어와 축제, 공동체 생활양식 모두가 차나무 숲에 녹아들어 있기에 가능한 일이다.

이런 이유로 이미 전 세계 많은 차 전문가는 보이차를 '미래를 준비하는 차'라고 부르기도 한다. 당장은 주류 음료 시장에서 녹차나 홍차만큼 대중화되지 않았을지라도, 보이차가 가진 가치와 철학은 향후 수십 년, 혹은 수백 년 뒤까지도 변함없이 유효하리라는 믿음 때문이다. 시간이 지나도 사라지지 않는 매력, 세대를 이어 유지될 수 있는 생산 방식, 자연과 인간이 서로 협력해 낳은 풍부한 스토리텔링이 있기 때문이다. 또 한편으로 느린 시간의 예술을 지향하는 보이차는 급변하는 현대 세상 속에서 희소성과 고유성을 더욱 인정받을 가능성이 크다. 이미 와인이나 위스키 등 발효·숙성 음료에 익숙한 서양 시장에서는 보이차의 '빈티지 개념'이 흥미로운 투자·소비 트렌드로 떠오르고 있기도 하다.

그러나 보이차가 세계적으로 더욱 빛나기 위해서는 앞서 언급한 가짜 문제나 시장 왜곡, 무분별한 투기 현상을 넘어서는 윤리적·지속 가능한 시장 체계가 필수적이다. 다행히도 여러 이해관계자—생산자, 브랜드, 정부, 소비자—가 그 필요성을 인식하고 조금씩 각자의 역할을 수행해 나가고 있다. 이를테면, 일부 브랜드는 소수민족 농가와 직접 계약해 정당한 가격을 보장하고, 농부들이 장기적으로 자연친화적 농법을 유지할 수 있도록 지원한다. 소비자들은 더욱 깐깐하게 정보를 확인하고, '진짜 가치를 지닌 차'를 찾으려 노력한다. 정부나 지역 협회는 운남성 차 산업 전반을 체계적으로 관리하고, 교육·홍보 활동을 전개하며, 제도적 개선을 이끌어낸다. 이런 일련의 움직임은 궁극적으로 '시간과 자연, 그리고 인간이 만들어낸 유산'인 보이차를 오래도록 지키기 위한 사회적 노력이기도 하다.

보이차 한 덩어리를 우려 마실 때마다, 우리는 이 차가 걸어온 지난 한 시간을 상상하게 된다. 찻잎은 깊은 산속에서 자라느라 변화무쌍한 일교차를 견뎌냈고, 소수민족 농부들은 자연에 순응하며 차밭을 지켜왔다. 채엽 후에는 전통 방식으로 덖고 건조하며, 오랜 발효창에서 천천히 숙성하는 과정을 거쳤다. 그 모든 경로가 투명하게 관리되고, 정직한 사람들의 노력으로 한데 모여 마침내 내 손에 닿았다. 시간을 마신다는 말이 결코 과장이 아님을 깨닫는 순간, 우린 "아, 이것이 바로 운남성의 자연과 역사가 빚어낸 예술이구나"라고 느끼게 된다. 거기에는 자연이 준 순수함과 위대함, 인간이 쌓아 온 인내와 지혜, 시간이 녹여 낸 깊이가 어우러져 있다.

이처럼 보이차는 단순히 맛과 향을 넘어 우리에게 삶을 되돌아보게 하는 계기가 된다. 커다란 숲에서 따온 찻잎이 이렇게나 다양한 변화를 거쳐 한 잔의 음료로 탄생했다는 사실은 삶이 결코 단편적인 과정이 아님을 시사한다. 우리는 스스로를 돌아보며, '내 안에 녹아 있는 시간'과 '주변 사람들, 환경과의 상호작용'을 생각하게 된다. 보이차를 음미하며 잠시 멈춰 서면, 복잡했던 머릿속이 정리되고, 매 순간 분주히 달려가느라 잊고 지낸 나의 뿌리와 시간을 다시 마주하게 된다. 이것이야말로 시간과 자연, 인간이 만들어낸 유산으로서 보이차가 선사하는 진정한 선물이 아닐까.

보이차가 지금까지 많은 사람의 사랑을 받고, 앞으로도 더욱 빛날 이유는 명확하다. 그것은 '전 세계 차 문화의 보석'이라고 불릴 만큼 풍성한 스펙트럼과 이야기를 담고 있으며, '이 시대가 요구하는 지속 가능성·윤리성·문화적 다양성'이라는 가치와도 부합하기 때문이다. 발효와 숙성을 거듭하며 스스로를 변화시키는 그 모습은 우리 인간의 삶이 어떻게 깊어지고 성숙해지는지를 은유하는 것처럼 보이기도 한다. 농부와 소수민족이 지켜 온 자연친화적 전통은 현대인이 잃어버린 연대와 생태적 균형 감각을 되새기게 한다. 시간을 유연하게 받아들이고, 단기적 이익이 아닌 장기적 비전을 추구하는 태도 또한 우리의 바쁜 일상에 큰 깨달음을 준다.

이렇듯 '시간과 자연, 인간이 만들어낸 유산'인 보이차는 그 자체로 하나의 거울이다. 우리가 어떤 삶을 살고 있는지, 자연과 얼마나 조화를 이루고 있는지, 어떤 미래를 꿈꾸고 있는지를 돌아보게 만든다. 그 거울 속 풍경은 조급함 대신 느린 호흡을, 획일화 대신 다양성을, 환경 파괴 대신 상생과 보호를 이야기한다. 이것이 보이차가 주는 궁극적 메시지이고, 우리가 이 특별한 차를 대할 때마다 떠올려야 할 소중한 가치다. 그러므로 가짜 문제를 넘어 윤리적·지속 가능한 시장을 구축해 나가고, 시간 속에서 더욱 깊어지는 보이차의 예술적·문화적 매력을 온전히 누릴 때, 비로소 보이차는 진정한 '전 세계 차 문화의 보석'으로 자리매김하게 될 것이다.

그리고 언젠가 누군가가, 혹은 우리 후대가, 천 년을 넘긴 차나무 앞에서 보이차를 우려 마시며 이 모든 이야기를 다시금 떠올리게 되리라. 그 숲은 여전히 푸르고, 인간은 그 숲과 조화를 이루며, 보이차를 매개로 깊은 깨달음과 평화를 누릴 것이다. 시간이 흘러도 보이차가 품은 본질이 변하지 않는 까닭은 그것이 단지 차 한 잔이 아니라, 자연과 인간, 시간과 역사가 아름답게 만난 자리이기 때문이다. 그 만남이야말로 보이차가 오늘날 우리에게, 그리고 미래 세대에게 건네는 소중한 유산이라고 할 수 있다.

2 차와의 대화

보이차를 마시면서 느낀 맛, 향, 색, 감상을 느끼면서 차가 일상의 예술로 만들어 줍니다. 보이차의 역사를 보면서 차가 어떻게 변하는지, 나의 감각이 어떻게 달라지는지를 한눈에 파악하게 해주며 단순 음료 소비를 넘어 차와 소통하는 경험을 선사했습니다.

보이차를 마시는 순간, 입안 가득 퍼지는 맛과 향은 언뜻 보면 그저 차 한 잔에 불과해 보이지만, 그 내면에는 수백 년간 이어져 온 자연과 시간, 인간의 손길이 녹아 있다는 사실을 종종 깨닫게 된다. 처음 잔에 부어진 차의 빛깔을 유심히 바라볼 때 짙거나 옅은 색의 물빛이 마음에 스며들고, 코끝으로 올라오는 은은한 향은 차밭의 바람과 흙냄새, 그리고 발효 과정을 거치며 변화해 온 무수한 이야기들을 암시하는 듯했다. 찻잎에서 우러난 한 모금이 목을 타고 내려가는 그 짧은 순간조차도, 오랜 역사와 깊은 문화적 배경을 떠올리게 만드는 것이 보이차의 매력이라고 할 수 있었다.

처음 보이차와 '대화'를 시도했던 때를 떠올리면, 그저 쓴맛 혹은 떫은맛이 조금 강한 차라고만 생각했었다. 하지만 시간이 지나고 여러 차례 우려 마실수록 잔 속에서 제각기 다른 표정을 짓는 보이차의 풍미가 마치 하나의 우주처럼 느껴지곤 했다. 생차를 마실 때면 처음엔 혀끝을 자극하는 쌉쌀함이 도드라지다가, 시간이 지나며 서서히 부드러운 단맛으로 연결되는 반전 같은 매력이 있었다. 숙차를 마실 때는 묵직한 흙 향과 깊은 단맛이 동시에 어우러져 일종의 '안정감'을 선사했다. 그러다가 또 어느 순간, 기분에 따라 전혀 다른 향이 올라오기도 하니, 단순히 맛을 음미하는 것 이상의 감각적 체험이 일어나는 것이다. 한 잔 한 잔이 서로 다른 순간을 비추며, 마치 보이차가 스스로 말을 거는 듯한 기분마저 들었다.

    처음에는 맛에만 집중했지만, 차를 마시는 횟수가 늘어나면서 차의 빛깔 역시 대화의 중요한 요소임을 깨달았다. 잔에 비치는 갈색 빛깔이 시간이 지날수록 진해지기도, 혹은 우려내는 온도나 횟수에 따라 옅어지기도 했다. 생차라면 투명하고 맑은 황금빛, 숙차라면 더 짙고 어두운 갈색 또는 붉은 빛을 머금은 색감이 주를 이룬다. 잔 표면에 어린 빛깔을 들여다보며, 마음속 질문이나 감정과 교감하는 습관이 생겼다. 어떤 날은 그 빛깔이 마치 작은 연못 같아 차분한 분위기에 빠지기도 했고, 또 다른 날에는 깊은 밤 숲속을 거니는 듯한 느낌을 떠올리게 했다. 차가 빚어내는 색의 세계가 참으로 다양하다는 사실은 날이 갈수록 '보이차와 대화한다'라는 표현을 더 실감하게 만들었다.

    보이차의 향 또한 무시할 수 없는 중요한 대화의 언어였다. 차 뚜껑을 살짝 열거나, 잔에 코를 가까이 대는 순간 올라오는 향기에는 그 차가 걸어온 시간과 산지의 특성이 고스란히 녹아 있었다. 이우산 근방에서 온 차라면 은은하고 달콤한 꽃향기가 느껴졌고, 라오반장에서 온 차라면 강렬한 쓴맛과 함께 묵직하고 당당한 기운이 뿜어져 나왔다. 맹해나 불해 지역의 차에서는 생차, 숙차 각각의 특유한 향이 즉각적으로 느껴진다. 한 모금 머금고 코로 숨을 내쉴 때마다 이 세상의 것이 아닌 듯한 기묘한 향이 고개를 들기도 했다. 물론 향이라는 것이 개인 취향이나 체질에 따라 다르게 다가올 수 있지만, 어떤 향은 잠시 멈춰 서서 "왜 이렇게 향긋하지?" 하고 생각하게 만들 만큼 농밀한 흔적을 남겼다. 이처럼 향에 집중해 차를 마시는 습관이 들면, 차를 입으로만 마시는 게 아니라 코와 피부로도 마신다는 느낌이 들었다. 향은 곧 기억과 이어져 차를 마셨던 순간들의 분위기와 감정을 오래도록 간직하게 해주었다.

이처럼 보이차가 우리의 감각을 이끌 때, 우리는 비로소 '차가 일상의 예술'이라는 사실을 직감하게 된다. 예술이라고 해서 거창할 필요는 없다. 때로는 아침 햇살이 비추는 창가에 앉아 잔 속의 빛깔이 반짝거리는 모습을 잠시 감상하는 것만으로도 충분했다. 보이차를 우려내고, 한 모금 머금고, 그 이후에 입안에 퍼지는 여운에 집중하다 보면, 복잡하던 머릿속이 어느새 차분해지고 번잡했던 하루의 일정이 잠시 멈춰 선다. 온 세상이 조용해진 그때, 차와 나 사이에는 미묘한 공기가 흐르는데, 그 순간이야말로 '차와 대화한다'고 말할 만한 찰나였다. 그저 한 모금 음미하는 데서 그치지 않고, 차가 전해주는 여러 감각과 더불어 마음을 돌아보게 만드는 것이다.

보이차가 이러한 소통의 매개체가 될 수 있는 것은 무엇보다도 시간의 예술이기 때문이라고 느껴졌다. 발효와 숙성 과정을 통해 수년에서 수십 년, 때로는 백 년 이상 묵힌 차도 존재한다고 한다. 나름의 시간을 차곡차곡 쌓으면서 찻잎은 스스로 변신을 거듭하고, 그 결과 보이차는 '노화를 통해 완성된 차'라는 독특한 위치를 획득한다. 생차가 숙성되면서 떫은맛이 차분해지고, 감칠맛과 단맛이 부각되는 과정을 직접 경험할 때면, "차도 사람처럼 성숙해지는구나" 하는 생각이 절로 들었다. 그저 시간을 흘려보내는 것이 아니라, 그 시간을 통해 차가 스스로 깊어지고, 완성된 형태로 거듭나는 과정을 바라보는 일 자체가 우리에게 묘한 경외심을 준다. 그러니 한 잔을 음미하는 동안, 숱한 계절과 세월이 걸쳐 있음을 알면, 차의 한 방울 한 방울이 우리에게 말을 거는 것 같기도 하다. "나는 이렇게 오랜 시간을 거쳐왔어. 네가 지금 하는 고민도, 느리게 지나가는 시간 속에서 차츰 해소되지 않을까?"

보이차의 역사를 공부하면서 '차가 어떻게 변해왔는지' 알아보는 것도 이 대화의 일환이다. 보통 우리는 차가 농부들의 손에서 자라, 공장에서 가공되어, 시장을 통해 판매되는 과정을 단순한 상품의 유통처럼만 보곤 한다. 하지만 보이차만큼은 산지와 소수민족, 차마고도로 대변되는 무역로와 역사의 흐름이 깊게 얽혀 있어 그 가치를 단숨에 이해하기가 쉽지 않다. 운남성 산지 곳곳에 자생하는 오래된 차나무들, 그 나무를 지켜온 사람들, 혹독한 자연환경 속에서도 차를 말에 실어 티베트나 몽골, 내륙 지방으로 운반했던 상인들의 이야기까지 들어 보면, 차 한 잔에 얼마나 많은 인간사와 문화가 녹아 있는지 알게 된다. 그 사실을 알고 보이차를 마시면, 아무런 배경지식 없이 마실 때와는 전혀 다른 감동이 뒤따랐다. 단순히 "약간 쓴맛이 난다"로 끝나는 것이 아니라, "이 쓴맛은 혹시 험한 산길을 넘나들던 상인들의 고생과 닮은 것인가" 하고, 차가 전해주는 이야기를 가만히 귀 기울여 듣게 되는 것이다.

'보이차와 소통한다'는 표현은 언뜻 보면 과장처럼 들릴 수도 있다. 그러나 차를 오랜 시간 마시고, 그 역사를 배우고, 생산 과정을 이해하다 보면, 그 모든 과정 속에서 축적된 이야기가 찻잎 한 장 한 장에 압축되어 있음을 느낄 수 있다. 눈에 보이진 않지만, 차를 찢어 펼쳐 보면 자연환경의 기운과 소수민족의 문화, 무수한 사람들의 손길이 문양처럼 새겨져 있는 것만 같다. 이런 상상을 하면, 차와의 대화가 결코 허무맹랑한 소리가 아니게 된다. 우리는 음미하는 마음을 통해 차라는 매개체가 전하고자 하는 메시지를 해석해 낸다. 내 안에 있는 기억과 감정, 차가 머금고 있는 여러 겹의 시간성이 어우러져 찻잔 위에만 존재하던 물이 비로소 '차'라는 예술로 재탄생한다.

때로는 스스로의 감각 변화를 관찰하는 것이 보이차와의 대화에서 가장 흥미로운 부분이 되기도 한다. 같은 차라도 컨디션이 좋을 때와 나쁠 때 맛이 다르게 느껴지고, 전날 과음이나 과로를 했다면 씁쓸함이 더욱 강하게 다가올 수도 있다. 혹은 마음이 가라앉아 있을 때에는 차의 향을 잘 인지하지 못하거나, 반대로 마음이 가벼울 땐 아주 미세한 향의 차이도 눈치 채게 된다. 이처럼 내 상태에 따라 차가 달라지는 것인지, 아니면 차가 변해서 내 감각을 흔드는 것인지 가늠하기 어려울 때도 있지만, 바로 그런 상호작용이 '보이차와 대화를 나눈다'는 느낌을 극대화시킨다. 나는 나대로 보이차라는 거울 앞에 서 있고, 차는 차대로 내 마음과 몸 상태를 비추며, 함께 호흡하고 있다는 생각이 든다.

보이차는 맛과 향, 색 이외에도 다양한 요소로 일상에 스며든다. 차를 우리고 우려내는 과정 자체가 소소한 명상 시간이 되기도 한다. 주전자의 뚜껑을 열고 찻잎을 넣고, 적당한 온도의 물을 천천히 붓고, 잔에 걸러내는 이 일련의 동작이 규칙적이고 반복적이어서 자연스레 마음이 정갈해지고 집중력이 높아진다. 이 시간을 통해 잠시나마 스마트폰이나 일상 속 소음에서 벗어날 수 있다는 것도 커다란 장점이다. 예컨대 아침 일찍 조용한 공간에서 차를 우리면서, 물이 끓는 소리를 듣고, 부드럽게 피어오르는 차의 향을 느끼다 보면, 마치 시간의 흐름이 한 박자 느려지는 것 같은 체험을 하게 된다. 그렇게 깊은 호흡을 하며 차와 함께 머무는 순간, 내가 평소에 미처 생각하지 못했던 작은 문제들이나 감정들이 서서히 표면으로 떠오르며, 차분하게 정리되는 기분을 느낀다. 혹은 그렇게 정리되는 과정에서 전혀 예상치 못했던 통찰이나 아이디어가 떠오르기도 해 이 시간을 더욱 소중히 여기게 된다.

이렇듯 보이차는 단순한 음료가 아닌, 우리 삶을 풍요롭게 만들어 주는 일상의 예술로 자리 잡을 수 있다. 차를 즐기는 사람들중 일부는 차와 관련한 일종의 '일지' 같은 것을 작성하기도 한다. 어떤 차를 언제 우려 마셨고, 맛은 어땠으며, 그날의 몸과 마음 상태는 어땠는지를 간단히 기록해 두는 것이다. 이것을 차에 대한 전문적 연구로 삼을 수도 있지만, 한편으로는 자기 자신을 들여다보는 계기가 되기도 한다. "오늘은 유난히 쓴맛이 강하게 느껴졌네. 나의 컨디션은 과연 어땠던 걸까?" 같은 질문을 던지며, 스스로에 대한 이해와 보이차에 대한 이해가 동시에 깊어지는 것이다. 나중에 이 기록을 쌓아두고 다시 읽어 보면, 차의 숙성에 따라 바뀐 맛이나, 내 인생의 어느 시점에서 어떤 차를 즐겼는지가 흥미롭게 조합되어 일종의 '보이차 일대기'가 완성된다. 그 안에는 개인의 시간과 차의 시간이 함께 뒤섞여 들어 있다는 점이 무척 매력적이다.

또한, 보이차를 중심으로 한 인간관계의 확장도 빼놓을 수 없는 이야기다. 차가 좋아서 혹은 보이차가 신기해서 여러 사람들과 모여 시음회를 열기도 하고, 각자 취향을 비교하기도 한다. 어떤 이는 은은한 꽃 향기를 선호하고, 어떤 이는 묵직한 흙 내음을 좋아하고, 또 어떤 이는 떫은맛과 단맛이 교차하는 묘미에 끌린다. 이러한 차이점들은 때로는 재미있는 토론이 되기도 하고, 때로는 서로 다른 취향에 대해 존중과 이해를 배우는 장이 되기도 한다. 같은 차라도 사람마다 느끼는 감각과 감상이 다르다는 사실을 통해 우리는 취향의 다원성을 인정하게 된다. 나와 다른 사람의 입맛을 존중하고, 각자 느낀 바를 공유하다 보면, 보이차 한 잔이 단순히 음료를 넘어 인간관계의 가교로 작동한다는 사실이 새삼스럽게 다가온다.

시간이 흐르면서 차를 우리고, 그 한 잔을 마시는 일이 우리 일상의 자연스러운 풍경이 되면, 어느새 보이차는 더 이상 '특별한 차'가 아니라, 내 삶에 깊숙이 들어와 숨 쉬는 동반자가 된다. 아침에 기상했을 때, 혹은 저녁 잠들기 전, 아니면 오후의 여유 시간을 잠깐 내어서 보이차를 우려내며 스스로를 가다듬는 순간이 반복되다 보면, 차와의 대화는 더욱 풍부해진다. 차가 내게 건네는 물음이나 차에게 전하는 감상을 굳이 말로 표현하지 않아도, 서로가 주고받는 교감의 언어가 오묘하게 쌓여가는 것이다. 그래서 "오늘은 이 차가 어떤 메시지를 전해 줄까"라는 호기심으로 잔을 들여다보면, 문득 내 마음에 평온이 찾아온다. 그 평온은 내가 다음 발걸음을 내디딜 용기와 활력을 제공해준다.

이러한 모든 과정이 단순히 개인 차원에 머무르지 않고, 더 넓은 의미로 확장될 수 있다는 점이 보이차 문화의 정수 중 하나라고 생각한다. 예를 들면, 앞에 언급한 차마고도의 역사나 소수민족들의 전통문화를 알게 되면, 차를 마시면서 자연스럽게 그들의 삶과 인류의 역사에도 관심을 갖게 된다. "이 차가 이렇게 맛있는 건, 어떤 환경과 어떤 사람들이 이 과정을 지켜왔기 때문일까?" 하고 질문하다 보면, 결국 차를 둘러싼 문화적·역사적·환경적 요소들에 대한 관심과 존중이 생긴다. 이는 결국 보이차가 단지 '개인의 취향'에만 국한되지 않고, 더 넓은 공동체적 가치와 연결되는 매개체임을 시사한다. 나아가 자연 보전, 지속 가능한 농업, 소수민족 지원, 공정 무역 등 보이차를 통해 생각할 수 있는 주제들은 무궁무진하다. 그래서 차 한 잔이 만들어내는 대화는 궁극적으로 인간과 자연, 역사와 미래를 함께 아우르는 광범위한 이야기가 될 수 있다.

'차와의 대화'라는 개념은, 결코 과장된 표현이 아니다. 한 모금의 차를 통해 우리는 수많은 감각과 시간을 만난다. 그 과정에서 우리는 내면을 성찰하고, 자연과 타인의 삶에 관심을 두게 되며, 삶의 속도를 잠시 늦추어 진정한 여유와 평온을 찾는 길을 발견한다. 보이차가 선사하는 맛과 향, 색깔, 이야기는 곧 일상의 예술이 되어 우리가 미처 보지 못했던 세상의 면모와 스스로의 깊이를 보여주는 하나의 통로가 된다. 차와 대화를 나눈다는 것은 결국 인생의 다양한 질문에 대해 스스로 답을 찾는 과정이기도 하고, 이 세계를 조금 더 다정한 시선으로 바라보게 만드는 문학적·예술적 경험이기도 하다. 그렇기에 보이차 한 잔이 품은 의미는 단순히 '보이는 것 이상'이라고 말할 수 있다. 그런 점에서 오늘도 잔을 들고, 차가 내게 무엇을 말해 줄지 기대하며, 기꺼이 귀를 기울이고자 한다. 차는 매번 다른 목소리로, 다른 얼굴로, 그러나 언제나 진심 어린 마음으로 우리를 맞이해 준다. 그리고 그 순간, 차가 전하는 조용한 목소리에 응답하다 보면, 내 안에서도 잔잔한 대화가 피어오르는 것을 느낀다. 그 대화가 곧 보이차가 주는 가장 큰 즐거움이자 선물이라는 사실을, 이제는 분명하게 말할 수 있을 것 같다.

3. 명상과 힐링

보이차는 천천히 우려내고, 천천히 마시는 과정에서 마음의 안정을 찾아주는 명상적 도구로 쓰이기도 합니다. 쌉쌀함과 단맛, 흙 내음을 조화롭게 즐기는 동안, 머릿속의 복잡한 생각이 정리되고, 몸과 마음이 한결 차분해집니다. 이러한 일상 속 작은 차의식은 현대인의 스트레스 해소와 심리적 치유에 큰 도움이 됩니다.

보이차를 마시는 행위가 단순히 차를 음미하는 것 이상이라는 사실을 깨닫게 된 건 어느 날 문득 너무나 지쳐 있던 순간에 보이차 한 잔을 마시면서부터였다. 평소 같았으면 무심코 마셨을 이 따뜻한 차가 그날

은 유독 마음에 잔잔한 파동을 일으켰다. 뭔가 그 깊은 흙 내음 속에서 편안함이 피어올랐고, 미묘하게 스며드는 쌉쌀함과 달콤함이 입안과 코끝을 맴돌면서 머릿속을 차분하게 정리해 주었다. 그 뒤로 나도 모르게 보이차를 조금씩 다른 방식으로 조금 더 천천히 우려내고 조금 더 조용히 마시게 되었다. 그렇게 차와 함께 하는 시간을 오래 곱씹다 보니, 어느덧 보이차가 '명상적 도구'처럼 여겨지는 순간이 찾아왔다. 바삐 달려가던 일상에서 벗어나 잠깐 멈춰 서서, 차 한 잔에 온 마음을 기울이는 것이 얼마나 큰 위안이 되는지, 실제로 경험하게 된 것이다.

우리가 처음 보이차를 마시면서 느꼈던 건 묵직하면서도 은은한 흙 내음이었다. 흔히 흙냄새라고들 하지만, 단순히 흙에서 나는 향기가 아니라, 땅속 깊이 스며든 미네랄과 시간의 층위가 복합적으로 조화를 이룬 냄새처럼 느껴졌다. 처음 입에 머금을 때는 조금 떫고 쌉쌀하지만, 곧이어 입안에서 부드럽게 퍼지는 단맛이 따라왔다. 이 단맛은 설탕 같은 강한 단맛이 아니라, 시간이 조금 지난 뒤 서서히 느껴지는 달큰함이어서 훨씬 포근한 느낌이었다. 그 미묘함이 바로 보이차의 가장 큰 매력이라 생각한다. 이 묘한 쌉쌀함과 달콤함이 서로 어우러지는 순간, 몸과 마음에 작은 안정감이 찾아온다. 숨이 한 박자 느려지는 듯하고, 잡생각이 희미하게 사라지면서 눈앞의 찻잔에만 집중하게 된다.

보이차를 조금 더 깊이 알아가면서, 자연스럽게 명상과도 연결 짓게 되었다. 보이차가 원래부터 명상의 매개체는 아니었겠지만, 차를 우려내고 천천히 마시는 행위 자체가 명상의 기본 원리와 맞닿아 있다는 사실을 깨달았기 때문이다. 명상은 흔히 '멈추고 집중하는 것'으로 정의된다. 차를 마시는 과정이야말로 아주 좋은 '멈춤'이자 '집중'의 기회였다. 물의 온도에 신경을 쓰며 찻잎을 넣고 우려지는 시간을 기다리면서 눈으로 차의 빛깔을 관찰한다. 물과 찻잎이 만나 변해가는 과정을 찬찬히 들여다보고, 차가 어느 정도 우러났을 때 조심스레 따라 내며 향을 맡는다. 그리고 한 모금 머금었을 때, 차에서 느껴지는 모든 미세한 변화를 살피며 천천히 삼킨다. 이 일련의 동작들은 그야말로 의식적이고도 정성스러운 순간들이다. 그 과정에서 번잡했던 생각이 잔물결처럼 가라앉고, 고요함이 자리 잡는다.

보이차 명상은 이런 차 자체의 특성과 결합해 일상 속에서도 심신을 편안하게 다듬어 주는 구체적인 힐링 방법이 된다. 스트레스가 극심할 때, 컴퓨터 앞에서 앉은 채로 허겁지겁 커피를 마시듯이 보이차를 들이켜서는 이 효과를 느끼기 어렵다. 중요한 건 '천천히'라는 키워드다. 물을 끓이는 단계에서부터 마음을 조금 내려놓고, 신중하게 찻잎의 양과 우릴 시간을 조절하고, 물이 끓는 소리에 집중하며 잠시 호흡을 가다듬는다. 그런 다음 차탕(茶湯)이 만들어지는 순간을 차분히 바라보고, 다 우려진 차를 따르며 잔에 스며드는 빛깔을 살핀다. 마지막으로 향을 가만히 코로 들이켜 본 뒤 한 모금 머금고, 입안에서 천천히 굴리듯 맛을 확장시킨다. 그리고 삼키기 전, 단맛이나 쌉쌀함, 혹은 흙 내음이 어떻게 어우러지는지 관찰한다. 이 과정을 몇 번 반복하다 보면 머릿속의 복잡한 생각들이 어느덧 뒤로 밀려나고, 오직 차 한 잔에만 온 감각이 집중되는 상태가 된다. 이것이 곧 명상의 한 형태다.

이때 보이차 특유의 쌉쌀함은 기분 좋은 긴장감을 주는 동시에, 뒷맛에 스며드는 달콤함과 결합해 몸과 마음을 부드럽게 풀어 준다. 특히 장기 숙성된 숙차를 마실 때는 그 진하고 깊은 맛에 몸과 마음이 순식간에 빨려 들어가는 듯한 기분이 든다. 흙 내음 속에 깃든 따스한 기운이 마치 한 박자 느린 음악처럼 조용히 심신에 깔린다. 이 편안한 여운이 스트레스를 누그러뜨리고, 모호했던 생각들을 한데 정리해 주는 힘을 발휘한다. 반면 생차를 마실 때는 조금 더 쌉쌀하고 싱그러운 느낌 덕분에 머리가 맑아지는 경험을 하곤 했다. 마치 숲속에서 맑은 공기를 들이마시는 기분이랄까. 그렇기에 자신의 기분 상태나 마음이 원하는 것에 맞춰 보이차 종류를 골라 마시는 재미도 있다. 몸이 무겁고 지친 날에는 숙차를, 머리가 복잡하고 답답한 날에는 상대적으로 청량감이 있는 생차를 마시면서, 내 상태를 그 차의 특성에 어울리도록 조절해 보는 식이다.

실제로 많은 사람이 이 차를 '명상의 도구'로 삼아 왔다는 이야기도 자주 듣는다. 동양 문화권에서 차가 지닌 문화적, 철학적 의미는 굉장히 깊다. 옛 선인들은 차를 통해 자연과 하나가 되고, 정신을 맑게 유지하려 했다. 그중에는 보이차 역시 중요하게 자리매김해 왔다. 운남성 일대의 소수민족이나 불교 수행자들은 이 깊고 편안한 차가 몸과 마음을 맑게 해 준다고 믿었고, 그래서 신성한 의식이나 예불 전후에 차를 마시는 전통이 있기도 했다. 이는 차가 단순한 갈증 해소용 음료가 아니라, 정신적 풍요를 위한 매개체로 쓰였다는 뜻이다. 그 맥락에서 보면, 보이차가 명상과 힐링의 도구가 된다는 건 어쩌면 당연한 이치일 수도 있다.

최근에는 서구권 연구자들이나 현대의 과학자들도 차가 주는 심리적 안정 효과에 주목하고 있다. 카페인과 테아닌 등의 성분이 적절한 비율로 섭취되면 집중력과 이완감을 동시에 높일 수 있다는 연구 결과가 나오기도 했다. 특히 보이차는 발효와 숙성 과정을 거치면서 폴리페놀,

미생물 대사 산물 등이 형성되는데, 이들이 신체와 뇌에 여러 유익한 작용을 한다고 알려져 있다. 물론 차 한 잔으로 모든 문제를 해결할 수는 없지만, 적어도 마음을 가라앉히고 스트레스를 완화하는 데 상당히 도움이 된다. 이 덕분에 심리 상담이나 요가, 명상 수업의 한 과정으로 차 시음을 도입하는 사례도 점점 늘고 있다고 한다. 차를 우려내고 마시는 시간을 통해 사람들에게 '쉬어 가라'는 메시지를 전하고, 일상 속 작은 의식을 통해 자아 성찰과 내면의 고요를 발견하게 돕는 것이다.

개인적으로도 하루의 시작과 끝에 보이차 한 잔을 마시는 습관을 들이는 것을 추천하고 싶다. 아침에는 비교적 가벼운 농도의 보이차, 혹은 생차 쪽을 선택해 머리를 맑게 하고 새로운 하루를 준비한다. 차를 한 모금 마시면서 오늘 해야 할 일들을 가만히 정리하는 시간은 분주한 스케줄 속에서도 중요한 일과 소소한 일을 구분해 내는 데 도움이 된다. 이때 잠시 호흡에 집중하면서 차 한 모금과 함께 몸과 마음이 가벼워지는 걸 느낀다. 그러면 "오늘도 무리하지 말고, 차분하게 해낼 수 있을 만큼만 해 보자"라는 다짐이 은근히 자신감을 심어 준다. 저녁에는 숙차처럼 조금 더 묵직한 보이차를 우려내 마신다. 이때는 낮 동안 어지럽게 지나간 일들을 되짚고, 불안했던 감정을 차와 함께 흘려보내는 의식이라고 생각한다. 진한 숙차를 한두 잔 마시다 보면 골치 아팠던 기억들도 어느새 차의 향에 녹아 서서히 흐려진다.

이런 방식의 '차 명상'을 지속하면, 삶의 패턴에 조금씩 변화를 느끼게 된다. 예전엔 일이 너무 바쁘면 밥도 건너뛴 채 서류만 붙잡고 있었지만, 지금은 최소한의 휴식 시간을 정해 놓고 차 한 잔을 우리며 잠시 숨을 고른다. 차를 우려내는 3분에서 5분, 혹은 그 이상의 시간이 무의

미하거나 낭비로 보일 수도 있지만, 그 짧은 사이에 몸과 마음이 재정비 된다는 점을 체감하고 나면 결코 소홀히 넘길 수가 없다. 오히려 이 짧은 휴식이 생산성을 높여 준다는 사실을 알게 되면, 스스로에게 주는 작은 선물처럼 느껴진다. '차와 함께 잠시 멈추는 시간'은 분주한 현대인들에게 꼭 필요한 쉼이 된다.

이처럼 보이차가 주는 명상과 힐링 효과는 어느 특정한 순간만을 위한 것이 아니다. 일상 속 언제든, 짧게라도 차를 우려내고 마실 수 있는 여건만 있다면 누구나 누릴 수 있는 평온함이다. 꼭 특별히 갖춰진 다실에서 정성스럽게 차 도구를 늘어놓고 해야만 좋은 차를 마실 수 있는 것은 아니다. 물론 그런 전통적인 차 의식에는 분명한 멋과 의미가 담겨 있지만, 간단히 일반적인 주전자와 찻잔만 있어도 마음을 가라앉히고 차와 교감하는 순간을 충분히 만들 수 있다. 스스로에게 "조금 더 천천히 살아봐도 괜찮아"라는 다짐을 전해주고 싶을 때, 찻잎을 꺼내 찻잔에 물을 붓고, 차가 우러나길 기다리는 그 짧은 틈에서 마음을 달래면 된다.

또 한 가지 중요한 점은 보이차를 마시면서 억지로 잡생각을 없애려고 하지 않아도 된다는 것이다. 명상이라고 하면 흔히 '아무 생각도 하지 말아야 한다'고 오해하는 경우가 많지만, 생각은 자연스럽게 떠오르는 것이기에 완전히 막을 수는 없다. 대신 그런 생각들이 떠올랐다가 스쳐 가도록 부드럽게 내버려 두는 연습이 필요하다. 차를 마시고 있을 때, 과거의 후회나 미래에 대한 불안이 문득 찾아올 수 있다. 그럴 때면 "아, 이런 생각이 또 올라오는구나" 하고 알아차린 뒤, 천천히 보이차 향을 다시 한 번 들이마신다. 그리고 차가 입안에서 느껴지는 감각에 집중하며, 생각이 흩어지도록 살짝 밀어줄 뿐이다. 그러다 보면 어느새 생각의 소음이 잦아들고, 찻잔에서 피어나는 고요함을 확인하게 된다. 이 반복이야말로 차 명상에서 핵심적인 과정이다.

또한, 보이차와 함께하는 명상의 장점은 시간이 지남에 따라 차의 맛과 향이 바뀔 수 있다는 것이다. 가령, 한 번 우려낸 차보다 두 번째, 세 번째 우려낸 차가 더 부드럽거나 단맛이 강해지기도 한다. 이 변화하는 과정을 예민하게 인식하는 것만으로도 감각이 예리해지고, 지금 이 순간의 경험에 더욱 집중하게 된다. 많은 사람들이 차를 여러 번 우려 마시면서 차가 어떻게 변해 가는지 탐색하는 즐거움을 만끽하는데, 그 자체가 작지만 중요한 명상이다. 매 순간 달라지는 맛을 음미하며, 우리 삶도 이처럼 조금씩 변화한다는 사실을 상기하게 된다. 때로는 첫 모금이 거칠고 텁텁해도, 몇 번 더 우려 마시면 의외의 달콤함이 찾아올 수도 있다는 점은 인생의 다채로운 가능성과도 맞닿아 있다.

현대 사회는 분 단위, 초 단위로 돌아가는 일상에 익숙해져 있다. 스마트폰 알림이 수시로 울리고, 시시각각 새로운 정보가 쏟아지며, 사람들은 늘 바쁘게 움직인다. 이런 환경에서 어쩌면 우리에게 가장 필요한 건 속도를 줄이고 자기 자신에게 집중하는 시간일지도 모른다. 보이차를 천천히 우려내며, 그 향과 맛이 전해주는 잔잔한 에너지를 받아들이는 행위는 그토록 바쁜 흐름에서 의식적으로 한 걸음 물러나 보는 용기를 가져다준다. 살짝 뒤로 물러나 고요한 시선으로 나와 세계를 바라보는 순간, 새로운 통찰력이 생기고, 무심코 쌓아 둔 피로와 걱정이 엷게 흐려지기도 한다. 이런 섬세한 차이야말로 보이차가 주는 명상적 힐링의 가장 큰 매력이라고 할 수 있다.

특히나 보이차는 발효차이기에 단순히 맛과 향만 다른 차들과 구분되는 것이 아니라 그 안에 살아 있는 미생물과 시간의 이야기가 함께 깃들어 있다. 이는 내면의 치유라는 개념과 묘하게 닮아 있다. 사람의 마음도 끓어오르는 감정과 후발효를 거쳐 인생의 여러 경험을 통해 성장하고 변화하지 않는가. 보이차가 시간을 머금고 변해가듯, 우리 마음도 시간이 흐르면서 더 깊어지고 넉넉해진다. 그래서 보이차 한 잔을 마실 때, "나 자신도 이 차처럼 언젠가는 더 성숙하고, 더 부드러워질 수 있을 거야"라는 희망을 품게 된다. 이는 정신적 치유와 성장이라는 관점에서 큰 의미를 지닌다.

물론 모든 사람이 처음부터 보이차 맛에 매료되는 것은 아니다. 어떤 이에게는 보이차의 독특한 쌉쌀함이나 흙 내음이 낯설고 부담스러울 수도 있다. 그렇다 해도 억지로 '좋게' 느끼려고 애쓰기보다는, 오히려 그 낯선 맛에서 느껴지는 감정을 그대로 받아들이는 게 중요하다. "이건 나에게 조금 쓴 느낌이군, 혹은 내가 익숙하지 않은 향이군" 하고 가볍게 바라보면 그만이다. 맛도, 향도, 감정도, 생각도 억지로 바꾸려 하지 말고 그냥 인식하는 훈련이야말로 명상의 본질이기 때문이다. 그렇게 꾸준히 차와 함께 시간을 보내다 보면, 어느 순간 그 쌉쌀함 뒤로 은근히 스며드는 단맛이 기분 좋은 위로가 되어 돌아올지도 모른다.

또 하나 빼놓을 수 없는 건, 보이차가 주는 따뜻함과 차분함은 사람과 사람을 이어 주는 교량 역할을 하기도 한다는 점이다. 누군가와 함께 차를 우려내어 나눠 마시다 보면, 자연스럽게 대화의 속도도 느려지고, 한 마디 한 마디를 더 곱씹게 된다. 그 과정에서 서로의 마음을 찬찬히 들여다보게 되고, 소소한 일상사나 고민거리도 차 한 잔 앞에서 스스럼

없이 터놓게 된다. 이것은 곧 마음의 상처나 소외감을 치유하는 힘을 지니고 있다고 본다. 인간관계 속에서 생긴 갈등이든, 스스로에게 느끼는 자괴감이든, 차 한 잔을 가운데 놓고 천천히 대화를 나누다 보면, 의외로 쉽게 풀릴 때가 많다. 이것도 보이차가 가진 힐링 효과 중 하나라 할 수 있다.

보이차가 선사하는 명상과 힐링은 대단히 사치스러운 것이 아니다. 차를 마시는 동안 삶에서 중요한 게 무엇인지 다시금 생각해 보고, 내 마음 속에 쌓여 있던 감정의 먼지를 가볍게 털어 내며, 내 숨소리를 좀 더 또렷이 느끼는 기회를 갖는 것이다. 그렇게 단순하고도 소박한 행위를 통해 우리는 스스로를 돌보고 보살핀다. 짧은 시간이지만, 그 안에 담긴 의미는 결코 가볍지 않다. 보이차가 지닌 독특한 풍미와 시간의 깊이가 우리의 내면을 부드럽게 어루만지며 편안한 안식처로 이끌어 준다.

그래서 보이차를 '천천히 마시는 습관'으로 삼기를 권한다. 하루 24시간 중 단 10분도 괜찮다. 그 10분간 스마트폰이나 TV를 끄고, 조용한 공간에서 보이차를 우려내며 자신과 대화를 나눈다면, 몸과 마음이 훨씬 가볍고 유연해질 것이다. 이렇게 자신을 돌보는 시간이 쌓일수록, 일상적인 스트레스와 갈등을 대하는 태도가 한결 너그러워지고 차분해진다. 갈등이 생겼을 때도 "일단 차 한 잔을 마시고 천천히 생각해 보자"라는 마음가짐으로 접근하면, 어느새 문제의 본질이 깨끗해지는 경우가 많다. 어쩌면 이것이 현대인이 꼭 배워야 할 '슬로 라이프'의 지혜가 아닐까 싶다.

물론 보이차의 맛이나 향이 입맛에 맞지 않을 수 있고, 다른 차를 선호하는 사람들도 많다. 하지만 보이차 특유의 깊은 발효 향과 묵직한 감각이 선사하는 명상적 효과는 다른 차와는 또 다른 특별함이 있다고 생각한다. 특히 날마다 스케줄에 쫓기고, 온갖 자극과 정보의 폭풍 속에서 정신없는 시간을 보내는 사람들에게는 이 묵직함과 느림이 커다란 위안이 된다. 한 박자 느린 움직임, 찻잎이 물과 만나 천천히 우러나는 순간의 아름다움, 차 한 잔을 통해 되살아나는 삶의 여백. 이 모든 게 보이차가 주는 선물이라 할 수 있다.

보이차가 '천천히 마시며 명상하고 힐링하는 차'로 자리 잡은 것은 우연이 아니다. 운남성의 독특한 자연환경과 오랜 전통, 발효와 숙성의 미학이 어우러져 만든 결과물인 만큼 그 안에 담긴 시간의 무게가 남다르다. 그 무게는 결코 부담스럽지 않고 오히려 우리가 살며 겪는 여러 고민을 너그럽게 감싸 준다. 천천히 들이마시고, 아주 살짝 머금은 뒤 삼키는 그 동작 하나에 삶의 지혜가 깃들어 있는 셈이다. 그 지혜를 내 것으로 받아들이는 순간, 쌉쌀함 뒤에 번지는 달콤함처럼 마음 깊숙이 안정이 찾아온다.

이렇듯 보이차가 주는 명상과 힐링은 단순한 몸의 휴식에 그치지 않고 정신적 치유와 자기 성찰의 기회를 동시에 제공한다. 하루하루 걱정거리가 많을수록 의식적으로라도 마음의 속도를 늦추고 차 한 잔과 함께 고요해지는 연습을 해 볼 필요가 있다. 그 연습을 꾸준히 이어 가다 보면, 언젠가 삶의 복잡한 국면에서도 찻잔을 떠올리며 미소 지을 수 있게 된다. "그래, 이런 어려움도 언젠간 부드럽게 스며들겠지"라는 희망을 차의 시간에서 배울 수 있기 때문이다. 내면의 평화를 찾고, 스트레스에서 벗어나고 싶은 사람들에게 보이차가 하나의 열쇠가 되어 줄 수 있으리라 확신한다. 보이차 명상과 힐링은 삶을 좀 더 깊이 있게 바라보고, 자신과 차분히 대화하며, 세상의 빠른 흐름 속에서도 나만의 속도로 걸어갈 수 있게 해 주는 멋진 동반자가 될 것이다.

4. 보이차가 제안하는 삶의 풍요로움

보이차는 단순한 차가 아닌, 자연과 인간, 시간의 협력으로 탄생한 복합적 유산입니다. 생차·숙차·고수차·대수차 등 다양한 스펙트럼이 존재하며, 발효와 숙성 과정을 통해 맛과 향이 무궁무진하게 변합니다. 이 차를 우려내고, 천천히 음미하는 과정은 현대인의 삶에 느린 시간의 가치와 자연과 조화로운 태도를 제시합니다.

보이차가 주는 삶의 풍요로움은 단순히 입안을 채우는 맛과 향에서 끝나지 않는다. 발효와 숙성, 자연과 인간이 어우러진 시간의 산물인 보이차는 우리에게 훨씬 더 넓고 깊은 메시지를 전한다. 수백 년 동안 산과 숲, 비와 바람을 머금은 차나무가 만들어 낸 찻잎이 인간의 손길을 거쳐 부드럽고도 묵직한 차로 탄생하는 과정 속에는 살아 움직이는 자연의 이치와 그에 대한 인간의 예우가 담겨 있다. 그 차를 우려내고, 천천히 마시며, 그 맛과 향을 음미하는 행위 자체가 현대를 살아가는 우리에게 느린 시간의 가치를 상기시킨다.

바쁘게 흘러가는 일상 속에서 종종 우리는 무엇이 중요한지 잊어버린 채 살아간다. 해야 할 일들은 늘 새롭게 생기고, 스마트폰 알림과 온라인 소식에 시시각각 반응하며 분주하게 시간을 쏟는다. 삶의 모든 순간이 긴박한 레이스처럼 느껴지고, 몸과 마음에는 계속해서 피로가 쌓인다. 이런 환경에서 보이차가 전하는 가장 큰 가치는 일단 잠시 멈추자는 것이다. 차를 우려내려면 물을 끓이고, 찻잎 양을 조절하고, 우러나는 시간을 기다려야 하며, 뜨거운 차를 식히고 한 모금 머금는 과정을 천천히 반복해야 한다. 이 '느린 과정'을 받아들이지 않으면 보이차 고유의 깊이를 제대로 맛볼 수 없다. 그런데 그 과정을 억지로 빨리 해치우려 하다 보면, 결국 그 차가 주는 풍요를 놓치기 마련이다.

보이차가 다른 차와 구분되는 또 하나의 특징은 '시간을 마시는 차'라는 표현에서도 드러난다. 일반적인 녹차나 홍차가 주로 산지의 기후와 제조법에 따라 맛이 결정되는 반면, 보이차는 발효와 숙성이라는 긴 시간 축에서 스스로의 맛을 계속해서 변화시켜 간다. 오늘 마신 보이차와 내년에 마실 보이차가, 10년 뒤, 20년 뒤에 우려낼 보이차가 서로 다른 풍미를 갖게 된다. 그 사이 보이차는 서서히, 혹은 때론 급격히 변모하며, 묵은 흔적들을 키워나간다. 이처럼 숙성 과정을 통해 부드러운 단맛이 나타나기도 하고, 흙 내음이 좀 더 짙어지기도 하며, 향에 복합적인 뉘앙스가 더해지기도 한다.

이 특징은 우리 삶에도 많은 것을 시사한다. 우리는 흔히 무언가를 즉시 얻길 바라고, 빠른 결과를 추구하곤 한다. 그렇지만 보이차를 통해 배우게 되는 건 '시간이 만들어내는 여유와 깊이'다. 바로 얻는 기쁨이나 승리도 물론 좋겠지만, 오랜 기간 묵혀 내린 가치를 알아보는 안목은 훨씬 더 성숙한 태도다. 보이차가 자연스럽게 이끌어내는 기다림의 미학은 우리에게 스스로의 삶을 하나씩 되짚어 보라고 말해 준다. "과연 나는 나를 얼마나 기다려 줬는가?", "시간이 흘러감에 따라 내 모습은 어떻게 달라지고 있는가?" 같은 질문을 차 한 잔을 마시며 천천히 떠올리는 순간, 삶이 갖는 시간적 흐름과 인간적 성찰이 교차해 더 풍요로운 인식이 생긴다.

거기에 더해 보이차의 심층적인 매력은 자연과 인간, 전통적인 지혜가 함께 어우러져 있다는 점이다. 보이차는 운남성의 독특한 지리적·기후적 환경에서 자란 찻잎이 근본이 되며, 그런 찻잎을 다루는 인간의 기술과 정성이 결합해 만들어진다. 수백 년 묵은 고차나무에서 채엽한 잎을 전통적인 방식으로 덖거나 발효하고, 이를 모아 둥글거나 사각 형태로 압병해(떡차 모양으로) 보관한다. 그리고 시간이 흐를수록 차는 숙성 과정을 거쳐 점차 완성도 높은 풍미로 나아간다. 차에 담긴 자연의 기운과 인간의 지혜가 하나가 되어 시간이 흐를수록 더욱 깊고 너그러운 맛을 만들어 낸다.

"왜 이런 차가 나에게 '삶의 풍요'를 제안하는 걸까?"라고 생각해 보면, 그 답은 보이차가 지닌 다층적 가치에서 찾을 수 있다. 우선 보이차는 자연 친화적 농법으로 재배되는 경우가 많다. 고수차 숲에서 화학

비료를 최소화하고, 실제로 숲 생태계를 그대로 유지하면서 차나무가 자연스럽게 자라도록 돕는 전통 방식이 이어져 온다. 이런 자연친화적 재배 철학은 '인간이 자연에 빚지고 살아간다'는 인식에서 비롯한다. 인간의 편의를 위해 자연을 훼손하고, 그 대가를 돌려주지 않는다면 결국 피해는 인간에게 돌아온다는 지혜가 숨어 있다. 보이차가 품고 있는 맛과 향은 결국 숲이 내어준 것이고, 우리가 그것을 얻을 수 있으려면 숲의 건강이 전제되어야 한다. 이 연결 고리를 깨닫는 순간, 차 한 잔이 주는 의미는 더 이상 음료 수준을 넘어선다. 자연과 상생해야만 얻을 수 있는 참된 풍요가 바로 보이차에 체현되어 있다.

보이차는 시간이 지날수록 빈티지 가치가 높아진다. 이는 단순히 경제적인 개념이 아니라, 문화적·역사적 유산이 덧붙여지는 과정이기도 하다. 어느 해에 생산된 차, 혹은 어떤 산지의 어떤 나무에서 채취된 찻잎으로 만든 차인지에 따라 그 차를 둘러싼 이야기가 달라지기 때문이다. '이 차는 몇 대째 전해 내려오는 전통 농가에서 만들어졌는데, 그 해에는 비가 많이 와서 차의 맛이 어떻게 변했다더라' 하는 식의 이야기는 보이차에 담긴 시간의 흔적을 보다 생생하게 느끼게 만든다. 마치 오래된 와인이나 위스키가 각자 다른 빈티지 스토리를 품고 있듯, 보이차 역시 자연과 인간이 함께 걸어온 역사와 흔적을 잎사귀 한 장 한 장에 새겨 두는 것이다. 이런 이야기를 알고 마시는 차 한 잔은 단순히 혀로 맛보는 음료 이상의 기쁨을 선사한다. 삶이 풍요롭다는 건, 늘 새로운 것을 접하고 빠른 변화를 따라가는 것이 아니라, 이렇게 한 사물에 서린 세월과 이야기를 탐구하며 음미하는 태도에 있다고 해도 과언이 아니다.

또한, 보이차는 우리에게 '공유와 소통'의 가치를 일깨워주기도 한다. 차를 혼자 마시는 것도 좋지만, 여러 사람이 모여 함께 우려 마실 때 새롭게 피어나는 감각이 있기 때문이다. 전통적으로 중국 남방, 티베트 고원, 몽골 등의 다양한 지역에서 보이차가 교역되고 교류되면서 차를 나누어 마시는 문화권끼리도 자연스레 연결되고 소통할 수 있었다. 사람들이 둘러앉아 차를 서로 따라 주고, 한 모금 한 모금의 인상을 주고받는 모습 속엔 인간미가 고스란히 살아 있다. 오늘날에도 친구 혹은 가족, 동료들과 함께 보이차를 우리면서 수다를 나누다 보면, 어느새 긴장이 풀리고 마음의 문이 서서히 열리는 경험을 하게 된다. 이를 통해 우리는 "참된 풍요는 함께 누리는 기쁨에서 비롯된다"는 사실을 다시금 깨닫는다.

물론 보이차는 맛과 향뿐 아니라 건강적인 측면에서도 매력적이다. 앞서 다양한 연구 결과나 전통적 효능이 언급되었듯, 보이차는 항산화 효과를 비롯해 소화 촉진, 체중 관리, 혈당 조절, 심혈관 건강 개선 등 여러 이점으로 주목받고 있다. 그러나 여기서 중요한 건 과연 이를 얼마나 건강한 방식으로 즐기느냐다. 보이차가 아무리 몸에 좋다 해도, 맛이 쓰다고 각종 인공 감미료를 듬뿍 넣거나, 또 양을 과하게 마시면서 '보이차니까 괜찮겠지' 하는 식으로 무리하면 오히려 몸에 부담이 될 수 있다. 자연의 섭리를 따르듯, 차를 마시는 태도 역시 절제와 균형을 지켜야 한다. 다른 사람과 비교해 더 많이, 더 빨리 마시기보다는, 내 몸이 "이제 충분히 따뜻해졌어"라고 말할 때까지 음미하는 것이다. 이런 태도가 쌓여야만 참된 건강과 풍요가 함께 찾아온다.

보이차가 제안하는 삶의 풍요로움은 궁극적으로 내 몸과 마음, 자연과 타인, 시간이 어우러지는 순간을 체험하는 데서 비롯된다. 마음이 지칠 때 우리는 자극적이고 단시간에 즐거움을 주는 것들에 쉽게 의존할 때가 많다. 그런데 보이차는 오히려 그 반대편에 서 있다. 한순간 입안을 화려하게 채우는 것이 아니라, 서서히 스며드는 부드러운 향과 오랜 시간 차곡차곡 쌓인 깊이 있는 맛으로 다가온다. 그리고 우리에게 묻는다. "이 깊은 맛을 느낄 준비가 되었는가?", "바쁘고 복잡한 생각들을 잠시 내려놓고, 차 한 잔이 주는 여유를 받아들일 마음이 있는가?" 하고 말이다.

그 질문에 "예"라고 답할 수 있게 되는 순간, 삶은 놀라우리만치 달라진다. 예전에는 별다른 감흥 없이 지나쳤던 자연의 소리나 공기의 흐름, 일상 속 작은 변화와 같은 것들이 한층 선명하게 다가오기 시작한다. 차를 마시는 동안 고요히 집중하는 습관이 생기면, 점차 다른 삶의 영역에서도 천천히 들여다보는 태도를 갖게 된다. 걸음을 옮길 때도 서두르지 않고, 한 문장을 읽을 때도 그 깊이를 맛보고, 누군가의 말을 들을 때도 진득이 귀를 기울이게 된다. 이러한 변화를 경험한 뒤에는 이전처럼 호들갑스럽게 시간을 흘려보내는 게 아깝게 느껴진다. 보이차가 안내하는 자연스러운 속도로 삶을 재조정하고 나면, 사소한 순간에도 "아, 이게 행복이구나" 하는 감각이 울컥 찾아올 때가 있다.

또 다른 면에서 보이차는 전통과 현대가 공존하는 상징이기도 하다. 예전에는 오로지 전통 농가와 소수민족이 생산하고 소비하던 차였지만, 현대에 이르러 세계 시장에 유통되고, 다양한 브랜드와 가격대가 형성되면서 폭넓은 소비자에게 사랑받고 있다. 어떤 이는 고가의 빈티지 보이차를 수집하는 데 열중할 수도 있고, 또 어떤 이는 부담 없는 가격대의 대중적 보이차로 매일의 일상을 더욱 풍성하게 채울 수도 있다.

그러나 이 모든 경우에서 공통으로 드러나는 건 보이차가 지닌 오래된 시간의 가치에 대한 흥미와 존중이다. 보이차는 과거의 지혜와 현대적인 소비문화가 만나는 매개체로 기능하면서 자연과 인간, 전통과 현대를 연결해 주는 다리 역할을 담당한다.

게다가 보이차가 제안하는 삶의 풍요는 물질적 풍요와는 결이 다르다. 물론 고가의 보이차가 때론 자산 가치로 인정받아 시장에서 거래되는 일이 있지만, 거기에만 초점을 맞추는 건 이 차가 지닌 근본적 아름다움을 놓치는 일이다. 궁극적으로 보이차가 말하는 풍요란 각자가 누릴 수 있는 수준에서 자기 삶에 여유를 들이는 태도에 가깝다. 한 잔의 차를 우리의 삶에 불러들여 그 향기와 맛에 스며들고, 그 속에서 자연과 시간, 인간의 공존을 음미하는 것이다. 돈을 얼마나 들였느냐가 아니라, '얼마나 깊이 느끼고 즐기는가'가 이 풍요의 척도가 된다.

또한, 보이차는 '순환'에 대해서도 가르쳐 준다. 차나무가 대지를 딛고 뿌리를 뻗어 성장하고, 그 잎을 인간이 채엽해 발효와 숙성을 거쳐 차를 만들고, 그 차를 우리가 우려내어 마시고, 마신 뒤의 찌꺼기는 다시 흙으로 돌아간다. 이런 순환 과정에 있던 자연은 또 다른 생명을 키워내고, 인간은 그 자연에 감사하며 지혜를 얻는다. 이는 곧 보이차가 제안하는 '자연과 인간이 공존하며 스스로를 치유하고 살린다'는 메시지를 명확히 보여준다. 이 아름다운 순환을 이해하고 나면, 우리가 살아가는 삶에도 순환이 있음을 깨닫게 된다. 기쁨과 슬픔, 성공과 실패, 탄생과 죽음이 서로를 돌고 돌아 새로운 변주를 만들어내는 것이 바로 인생이라는 사실을 한층 겸허하게 받아들이게 된다.

여기에 더해 보이차를 마시는 것은 궁극적으로 자기 자신을 돌보는 일이기도 하다. 날이 갈수록 정신없이 몰아치는 경쟁과 정보의 홍수 속에서 많은 이들이 지쳐 나가떨어진다. 그럴 때 "조금만 쉬어 가도 괜찮다"고 말해 주는 존재가 바로 차 한 잔이다. 그 한 잔이 주는 따스함과 안정감이 고된 하루를 견딜 수 있는 작은 위로가 되어 준다. 그리고 스스로에게 "지금 이 순간을 충분히 음미해 보자. 마음의 허기를 달래고, 다시 한 번 일어설 용기를 내 보자" 하고 말하게 된다. 그 용기는 생각보다 큰 힘을 지닌다. 삶의 한 축이 무너질 것 같던 순간, 차와 함께 찾아온 작은 위안 덕분에 회복력을 되찾은 사례는 의외로 많다. 그래서 보이차가 제안하는 삶의 풍요로움은 '자기 자신을 살피고 타인을 보듬으며 자연에 감사하는 태도'로 귀결된다.

현대인들에게 필요한 건, 이처럼 '느림과 기다림, 그리고 공존'이라는 보이차의 정신일 수 있다. 매일 빛의 속도로 달리는 정보와 소식을 좇으며 피로해진 우리에게는 잠시 쉬어 가는 힘과 내면을 풍요롭게 채워 줄 감성이 절실하다. 누군가는 이를 예술 감상이나 여행, 운동으로 풀어내기도 하지만, 또 다른 누군가는 보이차를 통해 그 길을 찾기도 한다. 짙은 갈색 빛의 차가 잔 속에서 일렁거릴 때, 그 안에 녹아 있는 자연과 시간, 인간의 노력이 어우러진 서사를 떠올리면 가슴이 묵직해지면서도 따뜻해진다. 그 따뜻함이 곧 "내 안에도 이런 깊이가 숨 쉬고 있구나"라는 깨달음으로 이어지고, 삶을 대하는 태도에 변화를 가져온다.

이런 맥락에서 보면, 보이차가 제안하는 풍요롭고 건강한 삶은 결코 화려하거나 거창하지 않다. 오히려 지극히 담백하고 소박하며, "내 앞에 놓인 한 잔의 차를 온 마음으로 대하겠다"는 결심에서 시작된다. 그 결심을 조금씩 실천해 가다 보면, 어느새 날카로웠던 마음이 조금 더 둥글게 다듬어지고, 막혀 있던 생각의 길이 서서히 트이는 걸 느끼게 된다. 마치 찻잎이 뜨거운 물 속에서 조금씩 풀어지듯, 우리의 고정관념과 불안도 조용히 녹아내린다. 그 과정을 거치고 나면, 몸과 마음이 훨씬 가벼워진 상태로 일상에 복귀할 수 있다. 보이차가 주는 풍요로운 삶이란 자신만의 속도로 천천히 걸어가면서도 주변을 놓치지 않는 여유다.

바라보면 볼수록 깊이를 더해 가는 보이차의 세계는 인생과 많이 닮았다. 첫 모금의 떫은맛, 뒤이어 찾아오는 달콤함, 시간이 흐를수록 차츰 부드러워지는 여운. 때로는 예측하기 어려운 숙성의 변화를 보며 "세상에 예측 가능한 일이 어디 있겠나" 하고 웃어 보기도 한다. 차를 마시다가 그 속에 녹아 있는 오랜 역사와 사람들의 이야기를 떠올리면, 우리 각자 삶에도 저마다의 궤적이 있다는 사실을 새삼 느끼게 된다. 수많은 관계 속에서 상처받기도 하고, 다시 치유되며, 시간이 흐르는 동안 성숙해 가는 인간의 모습이 기나긴 후발효 과정을 거치는 보이차와 다르지 않다.

그래서 누군가는 '보이차 한 잔은 인생의 축소판'이라고 말하기도 한다. 극적인 반전 없이도 잔잔하지만 깊이 있는 스토리를 가지고 있고, 조금씩 변화를 만들어 가면서도 본질을 잃지 않는다. 그리고 마시는 이에게 "지금이야말로 풍요로워질 순간"이라고 이야기해 준다. 이것이 곧 보이차가 현대인에게 제안하는 삶의 모습이다. 너무 급하게 달리지 말고, 자기 자신의 리듬으로 충분히 음미하면서, 가능한 한 자연과 조화를 이루도록 노력하며, 주변 사람들과 차 한 잔의 여유를 나누라는 메시지다.

이 메시지를 받아들일 때, 우리는 차가 단순히 입맛을 달래 주는 음료가 아니라 삶을 바라보는 관점을 바꿔 줄 수 있다는 사실을 체험하게 된다. 요즘 들어 자기 계발을 위한 다양한 방법이 쏟아지지만, 때로는 가장 간단하고 오래된 길이 우리의 마음을 울릴 때가 많다. 보이차 한 잔을 손에 쥐고, 그 고요한 향에 몸을 맡기는 일은 어쩌면 우리가 너무도 당연시했던 가치들을 되찾도록 도와준다. '긴 호흡으로 자기 삶을 지켜보며, 조금씩 성장한다'는 기본 원리, '급하게 얻기보다 천천히 익혀 가는 것을 귀하게 여긴다'는 태도가 대표적이다.

나아가 보이차가 우리에게 안겨 주는 풍요로움은 궁극적으로 존재의 깊이를 확인하게 한다. 사람의 마음은 그렇게 쉽게 채워지지 않는다. 많은 물건이나 자극을 접해도 허전함은 사라지지 않는다. 그런데 묵묵히 자리를 지키는 보이차 한 잔을 마시면서, 그 허전함이 살짝 가라앉는 순간이 있다. 흙 내음 같은 구수함과 달콤함이 조화를 이루며, 한 번 입안을 맴돌고 나면 갑자기 '내가 지금 이대로도 괜찮구나'라는 안정감이 들기도 한다. 그럴 때면 비로소 "아, 이게 삶의 여유와 풍요로움이구나" 하고 느끼게 된다.

어쩌면 이 모든 것이 보이차가 제안하는 삶의 방식일 것이다. 서로 다른 지역과 민족, 시대를 가로지르며 교류가 이루어지는 차마고도에서 탄생한 이 차는 그 복합적이고 풍부한 사연만큼이나 우리의 삶에도 다양한 해석과 감흥을 선사한다. 조금 더 깊이 들여다보면, 그 안에는 단순히 물리적 조건을 넘어선 정신적·문화적 교류가 담겨 있다. 지켜보아야 할 전통, 시대에 따라 새롭게 조화되어야 할 혁신이 한데 어우러진 이 다원(茶園) 문화는 보이차를 통해 궁극적으로 '인간과 자연이 상호 존중하고 교감하며 영원히 함께 나아갈 수 있다'는 희망을 전한다.

보이차가 제안하는 삶의 풍요로움이란 무언가를 소유하거나 남보다 앞서는 것에 있지 않다. 차 한 잔에 농축된 자연·시간·역사·인간의 노고를 천천히, 기꺼이 받아들이는 태도, 그리고 그것을 함께 나누려는 마음에 있다. 그런 의미에서 보이차는 커다란 서사를 품고 있으면서도 그저 잔에 가만히 담긴 차 한 모금으로 우리를 움직인다. "이제는 조금 느긋하게 살아 봐도 돼. 너무 서두르지 않아도 충분히 아름답게 익어 갈 수 있어." 마치 이렇게 속삭이는 듯하다. 이 속삭임에 귀 기울이는 순간, 우리의 삶은 한결 너그러워지고, 마음의 풍요로움이 자라난다.

이 풍요로움을 매일의 일상에서 실천하려면 우선 조그맣게 시작해 볼 수 있다. 아침에 일어나 물을 끓이고, 다른 생각은 잠시 접어둔 채 물이 부글부글 끓어오르는 소리를 듣는다. 그 소리가 흐르면 찻잎을 꺼내 정성껏 뜨거운 물을 부어 준다. 우러나는 몇 분 동안, 온갖 걱정을 내려놓고 차향이 서서히 피어오르는 걸 지켜본다. 그리고 천천히 찻잔을 입에 대어 차의 기운이 몸을 감싸도록 한다. 이 단순해 보이는 의식을 반복하다 보면, 나는 물론이고 다른 사람과도 차 한 잔을 나눌 마음의 여유가 생긴다. "같이 마시겠느냐"고 묻는 그 순간, 이미 삶의 풍요로움은 어느 정도 실현되고 있는 것이다. 보이차가 제안하는 풍요는 '차 한 잔이면 충분하다'는 소박한 깨달음 속에 있다.

이 깨달음을 더 많은 사람이 공유할수록, 우리는 자연스럽게 서로의 삶을 존중하고, 자연과 공존하며, 느림의 가치를 인정할 줄 알게 된다. 서두르고 불안해하며 서로 앞서 가려고 하는 것보다는, 때로는 느리게 걸으면서 주변 풍경과 이웃을 둘러보는 미덕이 삶을 훨씬 윤택하게 만든다. 보이차가 보여 준 길이 바로 그러한 삶의 방향이다. 한 그릇의

밥처럼 차 한 잔이 우리 식탁에 늘 함께할 수 있다면, 삶 속의 소소한 행복을 놓치지 않고 곱씹을 수 있을 것이다.

　보이차는 우리에게 이렇게 말한다. "인간은 자연의 일부이며, 시간의 흐름을 역행할 수 없으니, 그 흐름에 몸을 맡겨 나를 익히듯, 삶도 천천히 익혀 가면 된다." 보이차 한 모금에서 시작된 이 통찰은 일상의 곳곳으로 퍼져 나가며, 마침내 우리가 깨닫지 못했던 새롭고 온전한 풍요로움을 싹틔운다. 그렇기에 보이차를 사랑하는 사람들은 이 한 잔에 담긴 자연과 인간, 전통과 현대, 빠름과 느림의 교차를 귀히 여기며, 매일의 삶을 조금 더 여유롭고 감사하게 바라볼 수 있게 된다. 그것이 곧 보이차가 제안하는 삶의 풍요로움의 정수라 할 수 있다.

부 록

부록 1. 보이차 관련 자주 묻는 질문(FAQ)

보이차를 처음 접하는 이들은 물론, 이미 어느 정도 마셔본 사람들도 종종 공통된 궁금증을 갖곤 한다. 보이차 관련 질문들을 모아 간단하면서도 명료하게 답해봄으로써, 독자들의 실용적 이해를 돕고자 한다. 앞선 장에서 이미 설명한 내용도 있겠지만, 여기서는 'FAQ' 형태로 정리함으로써 빠르게 찾아볼 수 있도록 구성했다.

Q1. 숙차는 몸에 정말 좋나요? 다이어트나 콜레스테롤 조절에 효과가 있다던데 사실인가?

A1. 숙차가 몸에 좋다는 이야기는 전통적으로 동양권에서 오랫동안 전해져 내려왔고, 현대에 들어서도 일부 연구에서 체지방 감소나 혈중 콜레스테롤 개선 등에 유의미한 결과가 보고되었다. 그러나 개인별 차이는 크며, 모든 증거가 완전히 과학적으로 확립된 것은 아니다. 다이어트 보조나 건강 음료로 보이차를 마시는 이들은 많지만, 기본적으로 식습관과 운동이 병행되어야 효과를 극대화할 수 있다. 무엇보다, 차를 과신해 '폭식 후에 차만 마시면 된다'는 식으로 접근하면 곤란하다.

Q2. 가짜 보이차를 어떻게 구별하나? 워낙 시장에 가짜가 많다던데 걱정이다.

A2. 가장 먼저 브랜드 신뢰도를 확인하고, 판매처에서 제공하는 라벨·QR코드·보안 스티커 등이 정품 인증이 가능한지 확인하라. 유명 브랜드(대익, 중차, etc.)는 대부분 정품 여부를 온라인 조회로 검증할 수 있다. 무명 브랜드라면, 생산자나 소규모 공장의 명성, 평판, 시음 결과를 꼼꼼히 비교해야 한다. "이건 정말 희귀한 XXX산 고수차다"라는 식으로만 강조하면서 구체적인 생산 정보를 제시 못 하면 일단 의심해보는 게 좋다. 또 지나치게 싼 가격에 파는 '명품 라벨 차'는 대부분 가짜일 가능성이 크다.

Q3. 생차와 숙차 중 초보자는 뭘 마셔야 할까?

A3. 당장 편하고 부드럽게 마시고 싶다면 숙차가 무난하다. 쓴맛과 떫은맛이 적고, 흙내음과 구수함이 도드라져 입문자에게도 친절한 편이다. 생차는 숙성되지 않으면 강렬하게 쓴맛을 느낄 수 있어 호불호가 갈린다. 하지만 생차 특유의 청향(淸香)과 '시간을 기다려 숙성시키는 재미'를 누리고 싶다면, 조금씩 도전해볼 만하다.

Q4. 차에서 곰팡이 냄새나 텁텁한 퀴퀴한 냄새가 난다. 이거 마셔도 되나?

A4. 어느 정도 숙차 특유의 발효취나 흙내음은 정상 범주일 수 있지

만, 코가 찌푸려질 정도로 곰팡이 냄새가 난다면 이미 미생물이 과도하게 번식했을 가능성이 크다. 안전한 음용을 보장하기 어려우니 피하는 게 좋다. 살짝 곰팡이 낀 정도라면 표면을 털어내고 다시 자연 건조했을 때 냄새가 없어지기도 하지만, 미생물이 깊숙이 파고들었다면 구제 불가능하다.

Q5. 차에 카페인이 많나? 밤에 마셔도 괜찮을지 궁금하다.

A5. 보이차에도 카페인이 존재하지만, 같은 양의 녹차나 홍차, 커피와 비교했을 때 후발효 과정으로 인해 카페인 함량이나 체내 작용 방식이 달라 좀 더 부드럽게 느껴진다는 의견이 많다. 그러나 개인차가 있으므로, 평소 카페인에 민감하다면 늦은 저녁보다는 오후까지 마시는 걸 추천한다. 숙차가 생차보다 카페인 체감이 덜하다는 이들도 있고, 반대로 몸을 더 따뜻하게 만들어 숙면을 방해한다고 느낄 수도 있으니 직접 테스트해보는 수밖에 없다.

Q6. 집에서 몇 년 숙성시키면 맛이 정말 좋아지나? 어느 정도 기간이 적절할까?

A6. 보관 환경(온도·습도·통풍)에 따라 다르다. 제대로 된 환경을 구축했다면, 보통 3~5년 후에도 맛에 꽤 큰 변화가 생긴다. 10년 이상 숙성하면 확실히 초기와 다른 풍미가 생기는데, 그 사이에 곰팡이나 변질 없이 잘 관리해야 한다. 막연히 '숙성 기간이 길면 다 좋다'고 믿기보다는, 매년 혹은 몇 달 간격으로 시음해보며 적절한 시점을 찾아 마시는 것이 좋다.

Q7. 보이차 가격 차이가 왜 이렇게 심하나? 어떤 건 몇천 원, 어떤 건 수십만 원이 넘는데.

A7. 원료(차나무 수령, 산지, 채엽 시기), 브랜드, 숙성 연도, 생산량과 희소성, 시장 트렌드와 투기 수요 등에 따라 가격이 천차만별이다. 예를 들어 고수차(수령 100년 이상)나 노반장 같은 희귀 산지 차는 극소량 생산되므로 고가가 형성되기 쉽다. 그러나 비싼 차가 반드시 맛이 최고라는 법은 없으니, 자신이 즐길 수 있는 가격대 안에서 다양한 차를 시도하는 것이 현명하다.

위 질문 외에도 무수히 많은 궁금증이 있을 수 있지만, 부록에서는 특히 자주 언급되는 이슈들을 중심으로 정리해보았다. 보이차는 여전히 발전 중인 문화이자 산업이고, 정보와 지식도 계속 갱신되는 영역이므로, 필요하다면 더 심층적인 자료나 전문가 의견을 참고하면 좋다. 가장 중요한 건 이 모든 정보를 바탕으로 스스로 시음하고 체험해보면서, 자신만의 차 세계관을 구축해가는 과정이다.

부록 2: 차마고도 여행 팁과 정보

차마고도는 독특한 역사적, 문화적 배경을 지닌 여행지로, 이곳을 방문하기 전에 몇 가지 중요한 팁과 정보를 알아두면 더욱 풍부한 여행 경험을 할 수 있다. 아래는 차마고도 여행을 계획하는 이들을 위한 유용한 팁과 정보를 정리한 것이다.

1. 여행 시기 선택

① 최적의 방문 시기

차마고도를 여행하기 가장 좋은 시기는 봄(3~5월)과 가을(9~11월)이다. 이 시기에는 기온이 적당하고 비가 적어 걷기 좋은 날씨가 이어진다. 여름철은 고온다습하며, 특히 장마철(6~8월)에는 비가 자주 내리므로 산악지대에서는 여행이 어려울 수 있다. 겨울(12~2월)에는 고산지대의 경우 기온이 낮아 추울 수 있으니 적절한 방한 준비가 필요하다.

② 계절별 특징

봄: 꽃이 만발하고 자연이 푸르름을 자랑하는 시기.
여름: 고온다습하며, 특히 6월~8월에는 장마철로 인해 비가 많이 내린다.
가을: 하늘이 맑고 기온이 적당하여 여행하기 좋다.
겨울: 일부 지역은 고산지대로 기온이 낮아 추울 수 있으니 방한 준비가 필요하다.

2. 여행 준비물

① 기본 준비물

여권 및 비자: 중국 입국 시 유효한 여권과 비자가 필요하다. 사전에 비자를 발급받아야 한다.

의류: 계절에 맞는 옷을 준비하되, 산악지대는 기온 차이가 크므로 겹쳐 입기 좋은 옷과 방수 재킷을 챙겨야 한다.

신발: 트레킹화나 편안한 운동화가 필요하다. 산길을 걸어야 하는 경우가 많아 발을 보호할 수 있는 신발이 좋다.

기타 용품: 모자, 선글라스, 자외선 차단제, 벌레 퇴치제, 기본 상비약(고산병 대비 약 포함), 개인 위생 용품 등을 준비해야 한다.

② 전자기기

휴대전화 및 충전기: 충전기를 챙기고, 필요 시 멀티탭과 전압 변환기를 준비해야 한다. 중국의 전압은 220V이다.

카메라: 풍경이 아름다우니 카메라를 준비해 멋진 사진을 남기면 좋다.

③ 현금과 카드

운남성의 주요 도시에서는 신용카드 사용이 가능하지만, 소도시나 시골 지역에서는 현금이 필요한 경우가 많다. 중국 위안화를 미리 준비해 갈 필요가 있다.

3. 숙박과 교통

①숙박

운남성의 주요 도시(곤명, 리장, 따리 등)에서는 다양한 호텔과 게스트하우스, 민박을 선택할 수 있다. 미리 예약하면 더 좋은 가격과 숙소를 확보할 수 있다.

고산지대나 작은 마을에서는 전통 민박이나 간이 숙소가 많으니, 현지인의 삶을 가까이에서 체험해보는 것도 좋다.

②교통

국내선 항공: 운남성 내 주요 도시 간 이동은 항공편이 가장 편리하다.
기차와 버스: 곤명, 리장, 따리 등 주요 도시 간 기차가 운행되며, 관광지 이동에는 시외버스를 이용할 수 있다.
택시 및 차량 렌트: 시내에서는 택시를 이용할 수 있으며, 차량을 렌트하여 여행하는 것도 가능하다. 단, 산악지대 도로는 구불구불하고 협소한 구간이 많으니 운전에 주의가 필요하다.

4. 음식과 식사

① 현지 음식

운남성은 다양한 소수민족의 음식 문화가 반영된 지역이다. 쌀국수, 따이족의 전통 요리, 운남성의 독특한 향신료를 사용한 음식들을 맛볼 수 있다. 다양한 요리를 체험하는 것도 좋지만, 향신료가 강한 음식이 많으니 자신의 입맛에 맞는지 확인하면 좋다.

② 식수

물은 반드시 생수를 구입해 마시는 것이 좋다. 여행 중 물을 많이 마셔 고산병 예방과 건강 관리를 해야 한다.

5. 건강과 안전

① 고산병 예방

운남성의 일부 지역은 고산지대에 위치해 있어 고산병에 걸릴 수 있다. 고산지대에 도착한 첫날에는 무리하지 말고, 수분을 충분히 섭취하며 천천히 적응해야 한다. 고산병 증상이 나타나면 즉시 해발이 낮은 곳으로 이동하고, 필요 시 의사의 진료를 받아야 한다.

② 기본 안전 수칙

산악지대에서는 날씨 변화가 빠르고 길이 험하므로 항상 주의가 필요하다. 일행과 떨어지지 않도록 하며, 혼자 여행할 경우 미리 일정을 공유해야 한다. 여행자 보험에 가입해 긴급 상황에 대비해야 한다.

6. 문화적 예절과 준비

운남성은 다양한 소수민족이 모여 사는 지역으로, 그들의 전통과 문화를 존중하는 것이 중요하다. 종교적 장소나 전통 의식에 참여할 때는 조용히 행동하고 사진을 찍을 때는 항상 허락을 구해야 한다. 기본적인 중국어 인사말이나 감사 표현을 배우고 사용하면, 현지인들과 더 따뜻한 교류를 나눌 수 있다.

7. 기타 여행 팁

① 언어

주요 관광지에서는 영어가 통하지만, 대부분의 지역에서는 중국어가 주로 사용된다. 번역 앱이나 간단한 중국어 표현집을 준비해 가면 유용하다.

② 로밍 및 인터넷

중국에서는 해외 로밍을 이용하거나 현지 SIM 카드를 구매하여 사용하면 편리하다. 와이파이는 호텔이나 카페에서 제공되지만, 안정적인 인터넷 연결을 위해 휴대용 와이파이를 준비하는 것도 좋다.

운남성은 아름다운 자연경관과 다채로운 문화가 어우러진 특별한 여행지이다. 철저한 준비와 현지 문화를 존중하는 마음가짐을 가지고 여행에 임한다면, 운남성에서의 시간은 더욱 풍부하고 의미 있는 경험이 될 것이다. 이 가이드가 여행을 준비하는 데 도움이 되길 바라며, 안전하고 즐거운 여행을 기원한다.

에필로그

　오랜 시간 보이차에 관한 이야기를 써 내려가며, 문득 처음 찻잎 한 장에서 시작된 작은 호기심이 얼마나 광대한 세계로 이어졌는지를 돌아보게 된다. 맨 처음 접했을 때는 단순히 '발효차'라는 개념 정도로만 이해했지만, 그 뒤로 운남성의 산맥과 차마고도를 넘나드는 옛 상인들의 여정, 수백 년을 이어 온 소수민족들의 삶, 발효와 숙성이라는 신비로운 시간 예술이 교차하는 보이차 세계를 마주하면서, 이 작은 찻잎에 얼마나 큰 우주가 담겨 있었는지 알게 되었다.

　시간이 빚어낸 예술이라는 말은 결코 과장이 아니다. 산속의 거대한 차나무는 사람과 자연이 공존해 온 결과물이고, 그 나무에서 채엽된 찻잎이 오랜 발효와 숙성을 거쳐 새로운 생명력을 부여받는 과정 또한 그 자체로 한 편의 서사시 같다. 명나라와 청나라 시절 차마고도를 오가던 상인들과 군인, 승려와 순례자들의 숨결까지도 이 보이차에 깃들어 있다고 생각하면, 차를 우려내는 행위는 단순한 음료 준비가 아니라 역사를 우려내는 의식처럼 느껴진다.

　무심코 입안에 차를 머금고 있을 때 퍼져 나오는 향, 목을 타고 내려간 후 서서히 배어 나오는 달큼함과 깊은 여운은 삶이 얼마나 다층적인지 가르쳐 준다. 단번에 느껴지는 자극이 아니라, 천천히 부드러워지고 어느새 감칠맛이 피어오르는 그 맛은 한 인간이 성숙해 가는 과정을 닮아 있다. 십수 년, 혹은 몇십 년을 견뎌야 비로소 제대로 된 풍미를 내는 장기 숙성 보이차는 인생에서 겪는 여러 시행착오와 굴곡을 생각나게 한다. 모든 것은 시간과 함께 변하고, 그 속에서 사람은 더욱 깊어진다. 보이차도 마찬가지다.

이 여정에서 만난 수많은 사람들의 이야기도 잊을 수 없다. 길가 작은 가게에서 가족 대대로 차밭을 운영해 온 농부, 차마고도에서 전해 내려오는 전설을 소중히 간직하는 소수민족 어르신까지. 그들은 저마다 다른 경험과 기억을 품고 있지만, 공통적으로 차를 대하는 태도에는 한 가지 원칙이 있었다. 자연을 거스르지 않는다는 것이다. 차나무는 사람의 손길이 아니라 자연의 섭리가 키워 내며, 사람은 그 섭리를 흐트러뜨리지 않도록 조심스레 보조 역할을 맡을 뿐이라는 생각이었다. 그래서 오래된 차나무가 흔들림 없이 숲속을 지켜 왔고, 그 뿌리와 줄기에 깃든 세월이 대를 이어 전해져 지금의 보이차를 만들어낸다고 한다.

하지만 급속한 산업화와 대규모 자본이 유입되면서 고수차나 빈티지 차에 대한 욕심으로 불법 벌목이 이루어지거나, 소수민족들이 전통 방식을 지키기 힘들게 되는 현실도 있었다. 이 책에서도 언급했듯이, 가짜 보이차 문제나 시장의 과열 현상, 단기 이윤을 좇는 투기 열풍은 보이차의 본질을 흐리고 있다. 이는 보이차가 근본적으로 가진 가치—자연과 시간, 인간이 함께 만들어내는 조화—를 근본적으로 훼손하는 일이기도 하다. 다행히도 점점 더 많은 사람이 이 문제를 인식하고, 투명한 유통과 공정 무역, 지속 가능한 재배 방식을 지지하는 운동에 동참하고 있다. 품질 보증을 위한 블록체인 추적 기술, 지리적 표시제 정착, 소비자 교육을 통한 책임 있는 소비문화 등은 모두 보이차의 미래를 지켜내기 위한 소중한 발걸음이다.

보이차를 마시며 '시간을 마신다'는 표현을 떠올려 보면, 그 안에 담긴 감각적·정신적 체험은 우리 삶에도 많은 영감을 준다. 세상은 점점 더 빠른 속도를 요구하고, 즉각적인 자극에 익숙해지도록 만든다. 그러나 '좋은 차'가 완성되려면 서두르는 것만으로는 결코 될 수 없다는 사실이 우리에게 시사하는 바는 크다. 기다림 없이 수확만을 바라는 태도, 혹은 짧은 시간에 인위적으로 맛을 뽑아내는 공정으로는 깊은 풍미에 도달하기 어렵다. 진정한 의미의 '숙성'은 시간을 뛰어넘을 만한 가치와 품격을 찾아가는 과정이다.

또한, 찻잎 한 장이 이렇게 큰 울림을 전해 줄 수 있다는 사실은 우리의 일상이 얼마나 다채로운 가능성을 품고 있는지 깨닫게 한다. 아무렇지 않게 지나치는 오늘 하루도, 쌓이고 쌓이면 내일의 성숙으로 이어질 수 있다. 보이차가 떫은맛을 내며 힘겹게 시작하지만, 세월이 흐를수록 부드럽고 깊어지는 이유를 알고 나면, 과연 인간의 삶도 이와 크게 다르지 않음을 깨닫는다. 처음에는 서투르고 모난 모습이었지만, 여러 계절을 겪으면서 자신만의 맛과 향을 찾아가듯이, 우리도 그렇게 조금씩 익어 가는 것이다.

그리고 무엇보다, 보이차가 지닌 문화·역사적 가치는 우리의 시야를 넓혀준다. 차마고도를 오가던 옛사람들의 애환이 깃든 길을 떠올리면, 이 작은 찻잎이 어떻게 티베트, 몽골, 동남아 여러 지역까지 퍼져 나가며 사람들을 연결해 왔는지 알게 된다. 차와 말, 험준한 산길의 교역이 단순한 물물교환에 그치지 않고, 문화와 종교, 생활양식을 주고받는 광대한 흐름이었다는 사실이 흥미롭다. 그 속에서 보이차는 어쩌면 '중재자'나 '메신저'의 역할을 맡았을지도 모른다. 지역 간 갈등을 풀고, 낯선 이들이 앉아 차를 마시며 우정을 나누는 장면을 상상해 보면, 이 차가 단순한 상품이 아니라 삶을 이어 주는 매개체였다는 사실을 깨닫는다.

오늘날 우리의 자리에서 보이차를 바라볼 때, 결국 우리는 과거의 유산을 이어받아 미래를 만들어 가는 존재라는 점을 다시금 떠올리게 된다. 대를 이어 내려온 차나무와 그 숲, 그리고 전통적 재배 방식을 지켜 온 농부들의 애정과 인내가 있었기에 이 풍성한 보이차 세계가 가능했다. 그렇다면 앞으로 이 귀중한 유산을 어떻게 전승할 것인지는 우리에게 달렸다. 지속 가능성을 추구하고, 윤리적 소비와 생산을 장려하며, 자연과 인간의 상생을 고민하는 움직임이 더욱 활성화되어야 한다. 그래야만 다음 세대도 이 차를 마시며 '시간과 자연, 그리고 인간의 협력'을 경험할 수 있게 된다.

마지막으로 이 긴 글을 마무리하며 보이차가 주는 한 가지 소박한 깨달음을 나누고 싶다. 차를 우려낼 때, 찻잎은 뜨거운 물에 담겨 색과 향을 천천히 뿜어내고, 우리는 그 물을 나누어 마시면서 풍미를 느낀다. 마치 우리 삶도 서로가 가진 것을 조금씩 녹여 내고, 그것을 함께 나누면서 비로소 의미를 찾게 되는 과정 같다는 생각이 든다. 혼자서는 알 수 없는 맛이 서로가 공유하는 그 순간에 더욱 깊어지고 풍부해진다. 자연이 우리에게 준 선물을 나누고, 또 그 선물을 더욱 풍성하게 가꾸는 일. 바로 이것이 보이차가 전 세계 사람들에게 던지는 메시지이자 우리 모두가 함께 만들어 가야 할 미래의 모습이라고 믿는다.

이제 에필로그의 끝자락에 이르렀다. 그렇다고 이 책(글)의 이야기가 실제로 끝났다는 의미는 아니다. 오히려 보이차의 세계는 여전히 확장되고 있으며, 더 많은 사람이 그 매력에 빠져들고 있다. 이 책을 덮는 순간부터 오히려 독자 각자가 자신만의 차를 우려내고, 또 다른 이들과 보이차에 관한 기억과 감상을 공유하는 새로운 이야기가 시작될 것이다. 그 이야기가 언젠가 다시금 한 권의 책이 될 수도 있고, 누군가는 실제로 운남성의 험준한 산길을 찾아 떠나 차밭의 현실을 눈으로 목격할지도 모른다. 모두가 차를 통해 서로의 시간과 경험을 교환하면서 이 세상이 조금 더 깊고 풍요로워지길 바란다.

보이차의 진정한 에필로그는 우리의 일상과 함께 쓰이는 것일 테다. 더 느린 걸음을 걸으며, 더 깊은 호흡으로 자연을 바라보고, 더 진솔한 마음으로 이웃과 교감하는 삶을 택할 때, 보이차가 말해 주었던 '시간이 만들어 낸 예술'의 가치도 한층 선명해질 것이다. 그 길 위에서 마주하게 될 수많은 찻잔 속 풍경이 앞으로 또 얼마나 다채롭고 인상적일지 기대해 본다.

2025년 7월
저자 오세록, 그리고 김연욱

보이차 향기를 따라 떠나는 차마고도(茶馬古道) 여행

초판인쇄_ 2025년 08월 15일
초판발행_ 2025년 08월 25일

지은이_ 오세록·김연욱
펴낸곳_ ㈜마이스터연구소
펴낸이_ 박혜은
주　소_ 서울시 성북구 성북로 4길 52, 스카이프라자 417동 718호

ISBN_ 979-11-88586-19-6 (03590)

정가_ 19,500원

※ 이 도서의 판권은 ㈜마이스터연구소와 저자에게 있으며,
　수록된 내용의 무단복사 및 전재를 금합니다.